D1640735

Karl-Heinz Seidel

Wörterbuch Stahlbau

Deutsch/Englisch
Englisch/Deutsch

Karl-Heinz Seidel

Wörterbuch Stahlbau

Deutsch/Englisch
Englisch/Deutsch

Redaktionelle Bearbeitung:
Fa. Krupp Fördertechnik GmbH, Duisburg

Die Deutsche Bibliothek – CIP-Einheitsaufnahme

Seidel, Karl-Heinz:
Wörterbuch Stahlbau : deutsch-englisch, englisch-deutsch/
Karl-Heinz Seidel. – 1. Aufl. – Berlin : Cornelsen Girardet, 1994
ISBN 3-464-49414-4
NE: HST

Bestellnummer 494144
1. Auflage
Druck 4 3 2 1 / 97 96 95 94

Gesamtherstellung: Parzeller, Fulda

ISBN 3-464-49414-4

Hinweise für den Benutzer

Dieses zweisprachige Fachwörterbuch ist aus der Arbeit der Sprachenabteilung eines mit dem Stahlbau befaßten Industrieunternehmens hervorgegangen, für das der Verfasser mehrere Jahre lang tätig war. Die Wortstellen des Buches sind einem umfassenderen Datenmaterial entnommen. Die Auswahl erfolgte unter dem Gesichtspunkt, neben reinen Facheinträgen auch solche allgemeineren technischen Begriffe aufzunehmen, die bei der Konstruktion und der Ausführung von Stahlbauarbeiten oft benötigt werden. Dies zielt insbesondere darauf ab, Praktiker rundum in ihrer fremdsprachlichen Kommunikation zu unterstützen. Das Buch kann also dort dienlich sein, wo bei Übersetzungs- oder technischen Dokumentationsarbeiten ausschließlich die einschlägigen Fachtermini nachgeschlagen werden müssen. Es hilft weitergehend auch den technischen Fachleuten, die sich bei ihrer Tagesarbeit mündlich oder schriftlich in englischer Sprache verständigen müssen, sei es bei der Abwicklung von Auslandsaufträgen, beim Einsatz im Ausland oder auch bei der Lektüre fremdsprachlicher Fachliteratur.

Vor allem in Hinblick auf diesen erweiterten Benutzerkreis sind nicht nur einfach die deutsch-englischen bzw. englisch-deutschen Begriffspaare aufgeführt, sondern es werden Synonyme berücksichtigt, Bedeutungsunterschiede (in Klammern) angegeben sowie die grammatischen Grundinformationen (Wortart und Geschlecht) genannt. Als Haupteinträge sind im wesentlichen einfache und zusammengesetzte Nomen und Verben berücksichtigt. Adjektive sind meist nicht als Einzelbegriffe, sondern in stehenden Wortverbindungen aufgenommen; der Benutzer kann also gängige Fachtermini, die aus Adjektiv und Nomen bestehen (z.B. abgespannter Schornstein) in der Lesefolge unter dem Adjektiv auffinden.

Verzeichnis der Abkürzungen

adj	Adjektiv
AE	amerikanisches Englisch
BE	britisches Englisch
f	Femininum
m	Maskulinum
n	Nomen
nt	Neutrum
v	Verb

Deutsch/Englisch

A

A v *(Kerbschlagzähigkeit);* Charpe-V notch *n (31 Joule ISO-V -40°C)*

a-Maß *n,nt (rechnerische Kehlnahtdicke);* theoretical fillet thickness; effective fillet thickness

A-Schweißer *n,m;* A-welder *n*

Abbildungsmaßstab *n,m (z.B. der Zeichnung);* scale *n*

abbrennen *v;* burn off *v;* torch-cut *v;* gas-cut *v;* cut autogenously; flame-cut *v*

abbrennstumpfgeschweißt *adj;* electric flash-welded

abbrennstumpfschweißen *v;* electric flash-weld

Abdeckhaube *n,f;* cover *n;* engine hood *n;* lid *n*

Abdeckung *n,f;* cap *n*

Abdeckung *n,f (Fußboden, Platte);* flooring *n (covering, deck)*

Abfallrohr *n,nt;* down pipe *n;* down spout *n* [AE]; rain water pipe *n*

abfangen *v (stützen);* underprop *v (prop up)*

Abflachung *n,f (des Radkranzes);* flat wheel

Abflußleiste *n,f (z.B. für Wasser u.a.);* drain strip *n*

abfräsen *v;* grind *v;* remove by milling; mill *v*

abgebrannt *adj (z.B. geschnittenes Metall);* flame-cut *adj*

abgespannter Schornstein; guyed smokestack

Abgleichung *n,f (durch Bearbeitung);* milling *n (by machining)*

abgraten *v;* burr *v;* fettle *v;* trim *v;* take the burr off; trim the edges off

Abhänger *n,m (z.B. seitlich an Brücke);* suspension *n (hangs in air)*

abhängige Veränderliche; dependent variable

Abheben *n,nt (z.B. eines Brückenlagers);* jacking up; lifting *n;* raising *n*

Abheben der Betonplatte; vertical separation of concrete slab from steel beam

abhobeln *v;* plane *v;* remove by planing

abkanten *v (Bleche umbiegen);* fold *v*

abkanten *v (Kanten abschrägen);* bevel *v;* chamfer *v*

Abkühlungskurve *n,f;* cooling curve *n*

Ablaufschacht *n,m;* discharge pit *n*

ablängen *v;* cross cut *v;* cut *v;* cut to length; length *v;* shear to length

Ablenkkraft *n,f;* deviation force *n*

Ablesefehler *n,m;* reading error *n*

Ablesung *n,f (einer Messung);* observation *n (e.g. on a measure instrument);* reading *n*

Ablichtung *n,f;* photo copy *n (photo print)*

Ablichtung *n,f (Foto);* print pause *n (light print)*

Ablichtung *n,f (Pause);* photo print *n (photo copy)*

Abmaß *n,nt;* margin *n;* off-size *n;* permissible variation

abmeißeln *v;* chip *v;* chisel *v;*
remove by chipping
abmessen *v;* dimension *v*
Abmessung *n,f;* measurement *n*
**Abmessungen festsetzen;*
proportion *v*
Abminderungsbeiwert *n,m;*
diminishing coefficient *n;*
reduction factor *n*
Abminderungsfaktor *n,m;*
reducing coefficient *n*
abmontieren *v;* dismantle *v*
Abnahme *n,f;* inspection *n*
Abnahmebescheinigung *n,f;*
acceptance certificate *n*
Abnahmeverweigerung *n,f;*
acceptance rejection *n*
Abnutzung *n,f;* wearing *n*
**Abnutzung und Verschleiß;*
wear and tear
Abscherbeanspruchung *n,f;*
shearing stress *n*
Abscheren *n,nt;* shear *n;*
shearing *n*
Abscherfestigkeit *n,f;* shearing
strength *n*
abschmirgeln *v;* grind *v (grind
with emery)*
Abschmirgeln *n,nt (mit
Sandpapier);* sanding *n (with
emery paper)*
abschneiden *v;* shear *v*
abschneiden *v (durch
Brennschneiden);* torch-cut *v*
abschneiden *v (schneiden);* cut *v*
Abschrägen *n,nt;* chamfering of
the edge; levelling of the edge
abschrägen *v;* bevel *v;* chamfer *v*
Abschrägung *n,f;* bevel *n;* level *n*
Abschreckalterung *n,f;* quench
aging *n*
abschrecken *v;* quench *v*

Abschrecken *n,nt (Härten);*
quenching *n*
absegeln *v (z.B. ein großes Zelt);*
guy *v (e.g. a big tent; anchor a
tent)*
Abspanndraht *n,m (Spannseil,
Abspannseil);* guy *n;* stay *n;* stay
rope *n*
Abspannmast *n,m;* anchor mast
n; guyed tower *n;* stay-pole *n;*
anchor support *n*
Abspannseil *n,nt;* guy *n*
Abspannung *n,f;* staying *n;*
guying *n*
Abspannungsseil *n,nt;* stay *n;*
stay rope *n;* stay wire *n;* guy *n*
Abstand *n,m;* spacing *n;* distance
n
Abstand *n,m (Zeitabstand);*
interval *n*
Abstandshalter *n,m;* spasing bar
n
Absteckungsplan *n,m;*
setting-out plan *n*
**abstehender Schenkel;*
outstanding flange
Absteifung *n,f;* shoring up *n;*
staying *n*
Abstufung *n,f;* gradation *n (e.g.
of values or dimensions)*
abstützen *v;* prop *v;* strut *v*
abstützen *v (Grabenwand durch
Verbau);* shoring *v (sheathing)*
Abstützung *n,f (Träger b. Bahn);*
beam *n (support, bracket)*
Abstützung *n,f (Versteifung);*
stiffening *n*
Abstützung *n,f (z.B.
Einsturzbedrohtes);* propping *n;*
strutting *n*
Abszisse *n,f (Koordinatenachse);*
abscissa *n*

Abszissenachse *n,f;* axis of
abscissas

Abwasserformstück *n,nt;*
sewage fitting *n*

Abwasserrohr *n,nt;* sewage pipe
n

Achse *n,f;* pin *n*

Achse *n,f (der Brücke);* center
line *n (of a bridge)*

achsial *adj;* axiale *adj*

achsiale Druckbelastung; axial
thrust; axiale compression

achsiale Last; axial load

achsialer Druck; axial thrust

Achsialkraft *n,f (zentrische
Kraft);* axial force; centered force

Achsstand *n,m;* axle spacing *n;*
wheel base *n*

adiabatisch *adj;* adiabatic *adj*

Affinieren *n,nt (Frischen);*
refining *n*

affinieren *v (frischen, säubern,
sintern);* refine *v (freshen, clean,
sinter)*

Akkordlohn *n,m;* contract rate
n; piece rate *n;* job rate *n*

aktiver Erddruck; active lateral
earth pressure

Alarmnetz *n,nt;* warning system
n

allgemeine Angaben;
generalities *n*

allgemeine Physik; general
physics

allgemeine Regelung; general
design rule

allgemeiner Baustahl; steel for
general structural purposes

altern *v;* age *v*

Alternativentwurf *n,m;*
alternative design

Alterung *n,f;* ageing *n (aging)*

**Alterung durch Kaltverfor-
mung;** cold work ageing *n*

Alterungsbeständigkeit *n,f;*
resistance to ageing

Alterungsempfindlichkeit *n,f;*
sensitivity to ageing

Aluminiumkonstruktion *n,f;*
aluminium construction *n*

**Amerikanische Schweißnor-
men;** American Welding
Standards

Analysengrenze *n,f (Umfang);*
scope of analysis

Analysenspanne *n,f;* range of
analyses

Anbau *n,m;* lean-to *n*

Anbau *n,m (an Hauptrahmen
anlehnend);* annex partly
supported by the main frame

Anbruch *n,m;* first ore *n;*
fracture *n;* incipient fracture

aneinanderstoßen *v;* be in
contact

aneinanderstoßen *v
(angrenzen);* abut *v*

aneinanderstoßen *v
(verbinden);* joint *v*

Anfahrkraft *n,f (bei
Fahrtbeginn);* starting force *n;*
starting power *n;* tractive force

Anfangsdurchbiegung *n,f;*
initial deflection

Anforderung an den Betrieb;
requirements on firms

Angaben *n,f (Daten);* data *n*

Angebot *n,nt;* tender *n;* bid *n*
[AE]

Angebot *n,nt (Ausschreibung);*
submission *n;* bid *n* [AE]

angefallene Statik; resulting
statics

angefallene Zeichnungen;

resulting drawings

angepaßter Prüfkopf; shaped probe; matched probe

angewandte Statistik; applied statistics

Anker-U *n,nt*; anchor bar *n*

Ankerbolzen *n,m* *(Ankerschraube)*; holding-down bolt *n*; anchor bolt *n*

Ankerplatte *n,f*; anchor plate *n*

Ankerschiene *n,f*; anchor bar *n*

Ankerschraube *n,f*; anchor bolt *n*; foundation bolt *n*

Ankerschraube *n,f* *(Ankerbolzen)*; holding-down bolt *n*; tie bolt *n*

ankörnen *v*; center *v* [AE]; centerpunch *v* [AE]; centrepunch *v* [BE]; mark *v*; punch *v*

Anlage *n,f*; installation *n*

Anlage *n,f*; plant *n*

Anlage *n,f (Korrespondenz)*; annex *n*; appendix *n*

Annahme *n,f (Hypothese)*; assumption *n*; hypothesis *n*

annähernd *adj (Näherungs...)*; approximate *adj*

Annäherungsverfahren *n,nt*; approximation *n*; approximate method

Anodenbelag *n,m*; anodic film

anodische Oxydation; anodizing *n*

Anordnung der Vorspannglieder; laying out of the tendons

Anordnungszeichnung *n,f*; arrangement drawing *n*

anpassen *v (ein Bauteil einsetzen)*; fit *v*; put in *v*; insert *v*; adjust *v*; install *v*

Anpassen *n,nt (Einpassen)*;

fitting *n (putting in, inserting)*

anpassen *v (z.B. mit Adapter)*; adapt *v*

anreißen *v*; lay out *v*; mark off *v*

Anreißen *n,nt*; laying out *n*; marking off *n*

Anriß *n,m*; laying out *n*; marking off *n*

Anriß *n,m (Beginn des Risses)*; crack initiation *n*

Anrißprüfung *n,f*; crack test *n*

Ansatzpunkt *n,m (Werkzeug ansetzen)*; application point *n*

Anschlagseil mit mehreren Trummen; sling with several legs

Anschliff *n,m*; polished section *(for microscopic examination)*

Anschluß *n,m*; connection *n*

Anschluß *n,m (steifer Anschluß)*; rigid connection

Anschluß *n,m (Verbindung)*; joint *n*; connection *n*

Anschlußblech *n,nt*; connection plate *n*; gusset plate *n*

Anschlußblech-Windverband *n,m*; connecting plate for wind brace

Anschlußknoten der Hänge-stangen; node joint for suspension bars

Anschlußlasche-Gabelkopf *n,m*; connecting plate for forked fixing head

Anschlußmaß *n,nt*; mating dimension *n*

Anschlußniet *n,m*; connecting rivet *n*

Anschlußstutzen *n,m*; connecting socket *n*

Anschlußverschraubung *n,f*; screw connection *n*

Anschlußwinkel n,m;
connection angle n
Anschlußwinkel n,m
(Beiwinkel); angle cleat n;
connection cleat n; lug angle n;
lug cleat n
anschwellender Anstrich;
intumescent paint
Ansicht n,f (Aufriß); elevation n
Ansprechspektrum n,nt;
response spectrum n
anstauchen v (stauchen); jump
v; upset v
Anstauchschweißen n,nt; cold
pressure upset welding n
Anteil n,m (Portion, Zuteilung);
portion n (share)
Antennenmast n,m; radio mast
n; radio tower n [AE]; wireless
mast [BE]
Antennentragwerke aus Stahl
; steel radiotowers n
antiseismische Berechnung;
earthquake calculation n
antisymmetrisch adj;
anti-symmetrical adj
**Anwendung von Feuerschutz-
mitteln**; fireproofing n
**Anwendung von gewogenen
Sicherheitsfaktoren**; applying
load factors
Anwendungsbereich n,m; field
of application [AE]; range of
application [BE]; scope n
Anzahl pro Zusammenstellung
; quantity per assembly
Anzeichnen n,nt; laying out n;
marking off n
Anzeichnen n,nt (Markieren);
match-marking n
Apparat n,m (Gerät); apparatus n
Arbeitsfuge n,f; construction

joint n
Arbeitsgang n,m; pour n
Arbeitsleitung n,f; work pipe n
Arbeitsscheinwerfer n,m;
working light n
Arbeitsvorgang n,m; operation
n (of machining); process n (of
machining); procedure n
(operation procedure)
armierter Beton; reinforced
concrete
Armierung n,f (Bewehrung);
reinforcement n
Asbestmantel-Elektrode n,f;
quasi arc-welding n
Asphaltanstrich n,m
(säurefester Asphaltanstrich);
acid-resistant asphalt coating
Asphaltkitt n,m; asphalt mastic n
asymmetrisch adj
(symmetrielos); asymmetrical
adj; unsymmetrical adj
atmosphärische Korrosion;
atmospheric corrosion
Atomenergie n,f (Kernenergie);
nuclear energy n
Atomkraftwerk n,nt; nuclear
power plant n [BE]; nuclear
power station n [AE]
Attika n,f (Gurtsims,
Dachverkleidung); fascia n (on
top of roof)
**auf Abscherung arbeitende
Verbindung**; bearing-type
connection
auf Keramikunterlage; ceramic
backing n
Aufbau n,m; erection n
Aufbau n,m (Montage); set-up n
aufbereiten v; dress v
aufbiegen v; bend up v
aufbohren v; bore v

aufbringen v; apply v
aufdornen v; drift v; enlarge with a drift
Auffahrt n,f; access n; approach n
aufgehängt adj; suspended adj
aufgehängte Fahrbahn; suspended deck
aufgerissenes Loch; reamed hole
aufgeschweißt adj; back-welded adj
aufgetragenes Schweißgut (Raupe); bead n
Aufhängung des Dachmittelpunkts; suspension of mid-points of roofs
Auflager n,nt (beweglich; z.B. Brückenende); roller n (e.g. support of roller bridge)
Auflager n,nt (bewegliches Auflager); expansion bearing n
Auflagerbedingung n,f; condition of support; support condition n
Auflagerdruck n,m; bearing pressure n; reaction n (at support)
Auflagerfläche n,f; bearing area n
Auflagerkonsole n,f; bearing bracket n; bracket n
Auflagerkraft n,f; support reaction n; reaction n (at support)
Auflagerlast n,f (Auflagerdruck); bearing pressure n
Auflagermitte n,f; centre of support
Auflagerplatte n,f (Lagerplatte); bearing plate n (bed plate)
Auflagerpunkt n,m; support point n

Auflagerpunkt n,m (Stützpunkt); point of support
Auflagerreaktion n,f; support reaction n
Auflagerstein n,m; padstone n
Auflagerung n,f; bearing n
Auflast n,f; imposed load; surcharge n
aufnehmbares Moment (widerstehendes Moment); moment of resistance; resisting moment
aufnehmen v; absorb v
aufnehmen v (aushalten, widerstehen); resist v; withstand v
aufnehmen v (stützen); support v
aufnehmen v (z.B. Druck usw.); hold v; stand v
Aufpanzerung n,f (Auftragschweißung); hard facing (hard top layer)
Aufreiben n,nt; reamering n; reaming n
aufreiben v; ream v
aufrichten v (z.B. eine Drehleiter); elevate v (e.g. a turnable ladder)
Aufriß n,m (Ansicht); profile n; elevation n
aufschweißen v; build up v (repair to get original shape)
aufschweißen v (mit Badsicherung); back weld v
Aufsetzwinkel n,m; bottom bracket n; seating angle n [AE]; seating cleat n
Aufspannvorrichtung n,f; fixture n; jig n
aufsteigende Flanke; rising flank
Aufstellen n,nt; assembly n

aufstellen v *(montieren)*; assemble v; erect v

Aufstellung n,f; erection n; installation n

Aufstelzung n,f *(Voute, Voutenbrücke)*; concrete haunch n

Aufstockung n,f; addition of new stories to an existing building

Auftrag Nr. n,f; Order No. n

Auftragschweißung n,f; steel facing n; deposit welding n

Auftragschweißung n,f *(Reparatur)*; resurfacing n *(by welding)*; build-up welding n

Auftragschweißung n,f *(z.B. auf Schaufel; Panzerung)*; hard facing *(hard top layer)*

Auftragsnummer n,f; Order No. n

Aufwand n,m *(Kosten)*; cost n *(expenditure)*

aufweiten v *(mit einem Dorn)*; enlarge with a drift pin

Aufweitversuch n,m *(von Rohren)*; bulging test n

aufwenden v; expend v *(force)*

Aufzugswinde n,f *(Winde)*; winch n [BE]; elevator winch n [AE]; lift winch n [BE]

Augenstab n,m; eyebar n

ausarbeiten v *(der Schweißwurzel)*; gouge v

ausbessern v *(z.B. Anstrich)*; touch up v *(paint)*

Ausbeulen n,nt; buckling n

Ausbeulen n,nt *(örtliches Werfen)*; local buckling

ausbeulen v *(z.B. Kotflügel)*; planish v; flatten v *(beat out dents)*; straighten v *(beat out dents)*

Ausbeulwerkzeug n,nt; dinging hammer n; dolly n

ausbohren v; bore v; bore out v; drill v

Ausdehnung n,f; elongation n

Ausdehnungsfähigkeit n,f; capacity for strain; expansivity n; strainability n

auseinanderliegende Maße; dimensions at different locations

Ausfachung n,f *(Fachwerk)*; web bracing n

ausfugen v *(z.B.Schweißnähte)*; gouge v

Ausfugzeichen n,nt; gouging symbol n

ausführende Firma; contractor n

Ausführung n,f; structural design

Ausführung n,f *(die eigentliche Arbeit)*; building n *(action of building)*

Ausführung n,f *(die Errichtung)*; construction n

Ausführung links; left hand

Ausführung rechts; right hand

ausgefugt adj *(z.B. bearbeiteter Riß)*; back gouged adj

ausgefüllt mit Beton; concrete-filled adj

ausgerundete Zugprobe; reduced section tension

ausgestanztes Stück; blank n

aushalten v *(widerstehen, aufnehmen)*; resist v; withstand v

auskleiden v *(z.B. einen Schacht)*; face v; line v

Auskleidung n,f *(Verkleidung)*; cladding n

ausklinken v *(Ausklinkung, Flansch)*; notch v

auskragender Fußweg;

cantilevered footway

Auskragung *n,f;* cantilever *n;* overhang *n;* projection *n;* cantilevering *n*

auskreuzen *v (z.B. Fuge vor Gegenschweißen);* chip *v*

Ausladung *n,f (eines Kranes);* working radius *n (of a crane)*

Ausladung *n,f (Überhang);* overhang *n*

Auslauf *n,m (der Schweißnaht);* runout *n;* phase out *n*

Auslaufblech *n,nt (nach dem Schweißen abtrennen);* run-out plate *n (cut off after weld)*

Auslaßschütz *n,nt;* outlet gate *n*

Ausleger *n,m;* boom *n*

Auslegerbrücke *n,f;* cantilever bridge *n*

Auslegerkran *n,m;* jib crane *n*

Auslegerträger *n,m;* cantilever beam *n;* cantilever girder *n*

ausmauern *v (Mauerwerk setzen);* brick up *v (lay bricks)*

Ausmauerung *n,f (Mauerwerk);* brickwork *n;* masonry *n*

Ausräumungsöffnung *n,f;* reaming opening *n (reaming taphole)*

Ausreißen *n,nt (eines Dübels);* tearing off *n (of shear connector)*

Ausreißversuch *n,m;* peel test *n;* slug test *n*

ausrichten *v;* align *v*

Ausrundung *n,f;* fillet *n;* rounding off *n*

Ausrüstung *n,f (Einrichtung);* tackle *n;* plant *n;* equipment *n*

Ausschreibung *n,f;* invitation to bid

Ausschreibungsunterlagen *n,f;* job specification *n;*

specification *n*

Ausschußblech *n,nt (zurückgewiesen);* rejected plate; rejected sheet

aussetzend *adj;* intermittent *adj*

Aussparung *n,f (Geländer, Rohr);* blockout *n*

Aussteifblech *n,nt;* stiffening plate *n*

aussteifen *v;* brace *v;* stiffen *v*

Aussteifung *n,f;* bridging *n (stiffening)*

Aussteifung *n,f (Steife);* stiffener *n*

Aussteifung *n,f (von Stegen);* stiffening *n (web stiffening)*

Aussteifungsbalken *n,m;* stiffening member *n*

Aussteifungslamelle *n,f;* stiffening fins *n;* stiffening rib *n*

Aussteifungsträger *n,m;* stiffener *n;* stiffening truss *n*

Aussteifungswinkel *n,m;* stiffener angle *n*

Ausstellungshalle *n,f;* exhibition hall *n*

Ausstrahlung *n,f (Emission);* emissivity *n*

**austenitischer Stahl;* austenitic steel

Auswechsschaube *n,f (bei Ermüdung);* replacement bolt *n*

Autobahnbrücke *n,f;* freeway bridge *n* [AE]; highway-bridge *n* [BE]; motorway bridge *n* [BE]

autogenes Schweißen; autogenous welding

Autogenschweißen *n,nt;* autogenous welding

Autogenschweißer *n,m;* autogenous welder

Autogenschweißung *n,f;* gas

welding *n*
Automobilkran *n,m;*
lorry-mounted crane;
truck-mounted crane
Außendurchmesser *n,m;*
outside diameter *n*
Außenkante Fundament; outer
edge of foundation
Außenöffnung *n,f (Endfeld);* end
span *n*
Außenpodest *n,nt;* outside
platform *n*
Außenputz *n,m;* plaster *n*
Außenschweißung *n,f;* external
welding
Außenspiegel *n,m (am Auto);*
outside rear mirror *n;* outside
rearview mirror *n*
Außenwand *n,f;* exterior wall
[AE]; external wall [BE]; outer
wall; outside wall *n*
außermittig *adj;* eccentric *adj;*
eccentrical *adj*
außermittige Belastung;
eccentric load
außermittige Druckbelastung;
eccentric compression
außermittige Zugbeanspruchung; eccentric tension
Außermittigkeit *n,f;* eccentricity
n
AWS *(Abk. f. Amerikanische
Schweißnormen);* AWS *(Abv);*
American Welding Standards
Azetylenschweißen *n,nt;*
oxyacetylene welding *n*

Ä

Änderung *n,f;* revision *n*
äußere Kehlnaht *(Ecknaht);*
corner weld *n;* fillet weld *n*

äußere Kraft; external force
äußere Rundnaht; outside
all-round weld
äußerster Wert; extreme value

B

Badsicherung *n,f (beim
Schweißen);* backing *n (e.g.
ceramic)*
Badsicherungsblech *n,nt (beim
Schweißen);* backing strip *n
(leave on after welding)*
Bahn *n,f (Spur, Fahrbahn);* lane
n; traffic lane *n*
Bailey-Brücke *n,f
(Behelfsbrücke);* Bailey bridge *n*
Bailey-Brückengerät *n,nt;*
Bailey bridging equipment *n*
Balken *n,m;* beam *n (support,
bracket)*
Balkenbrücke *n,f;* beam bridge
n [AE]; girder bridge *n* [BE]
Balkenlage *n,f;* framing of beams
Band *n,nt;* bands *n;* hoops *n;* strip
steel *n;* strips *n*
Bandeisen *n,nt;* band iron *n*
Bandförderer *n,m;* belt conveyor
n
Bandsäge *n,f;* band saw *n*
Bandstahl *n,m;* hoops *n*
Bauarten *n,f;* types of
construction
bauen *v;* build *v;* construct *v*
Baugerüst *n,nt;* scaffold *n;*
scaffolding *n*
Bauglied *n,nt;* structural member
**Bauglieder und Verbindungen
;** structural parts and
connections
Baugruppe *n,f;* unit *n (e.g. unit
welding)*

Bauherr n,m; building owner n
Bauhöhe n,f; construction depth n
Bauingenieur n,m; civil engineer n
Baulänge n,f (z.B. der Armatur); face-to-face dimension n
bauliche Ausbildung; structural design
bauliche Durchbildung; structural detailing
Baustahl n,m; structural steel
Baustahlgewebe n,nt; steel wire fabric n; wire fabric n; wire mesh n
Baustatik n,f; building mechanics n; building statics n
Baustelle n,f; building site n; building yard n; site n
Baustellenanschluß n,m; field connection n [AE]; site connection n [BE]
Baustellenanstrich n,m; site painting n
Baustelleneinrichtung n,f; building site equipment n; building yard equipment n; site equipment n
Baustellenniet n,f; field rivet n; site rivet n [BE]; site-driven rivet [BE]; field-driven rivet [AE]
Baustellenschweißung n,f; site welding n; field welding n
Baustellenstoß n,m (Montagestoß); field connection n [AE]; site connection n [BE]
Baustellenstoß n,m (nicht in der Werkstatt); field splice n; site joint n
Bautechnik n,f; structural engineering n

Bauunternehmer n,m; building contractor n
Bauvorschrift n,f; building regulation n; building code n
Bauweise n,f; design n; building system n
Bauwerk n,nt; construction n; building n
Bauwerksgrößen n,f; volume of the structures
Bauwerksklassen n,f; building classification n
Bauwesen n,nt; civil engineering n
Bauzeichnung n,f; construction drawing n
beanspruchen v; stress v
Beanspruchung n,f; loading n; stressing n; stress n
Beanspruchung n,f (innere Kraft); internal force (stressing)
Beanspruchungsweise n,f; type of stressing
bearbeitbar adj; machinable adj
bearbeiten v; machine v (e.g. turn)
bearbeitet adj; machined adj
Bearbeitung n,f; machining n
bearbeitungsfähig adj; machinable adj
Bearbeitungsverfahren n,nt; method n (of machining); procedure n
Bearbeitungszeit n,f; machining time n
Bearbeitungszugabe n,f; machining allowance n
Bearbeitungszulage ist schattiert gekennzeichnet; machining allowance is identified by shading
Bedachung n,f; roofing n

bedecken *v;* deck *v*
Bedienungslaufsteg *n,m;*
  service gangway *n*
Bedienungsstand *n,m (der*
  Drehleiter); operation position *n*
Bedienungssteg *n,m;* runway *n*
Befestigung *n,f;* fastening *n;*
  fixing *n*
Befestigungswinkel *n,m;* angle
  bracket *n*
Beharrungsvermögen *n,nt;*
  inertia *n*
Behälter *n,m;* container *n*
Behälter *n,m (Tank);* reservoir *n*
  [BE]; tank *n* [AE]
Behälterbau *n,m;* reservoir
  construction *n* [BE]; tank
  construction *n* [AE]
Behelfsbrücke *n,f (z.B.*
  Bailey-Brücke); Bailey bridge *n;*
  temporary bridge
beiderseitig eingespannter
  Träger; beam fixed at both ends
beidseitige Lagerung;
  double-sided bearing
Beilegblech *n,nt;* spacing piece *n*
Beiwert *n,m;* factor *n;* coefficient
  n
Beiwinkel *n,m;* lug angle *n;*
  connection cleat *n*
Beiwinkel *n,m*
  (Anschlußwinkel); angle cleat *n;*
  connection cleat *n;* lug cleat *n*
Beizanlage *n,f;* pickling plant *n*
Beizbad *n,nt;* pickling bath *n*
Beize *n,f;* pickling bath *n*
Beizen *n,nt;* pickling *n*
beizen *v;* pickle *v*
Beizerei *n,f;* pickling plant *n*
Belag *n,m;* screeding *n;* screed *n*
Belag *n,m (z.B. Fußboden);*
  flooring *n (floor)*

Belagstahl *n,m;* steel troughing
  n; zores steel *n*
Belastbarkeit *n,f;* carrying
  capacity *n*
belasten *v;* load *v*
belastete Länge; loaded length
Belastung *n,f (ruhende*
  Gewichtslast); static load
Belastung *n,f (schwellende*
  Gewichtslast); pulsating load
Belastung *n,f (wechselnde*
  Gewichtslast); alternating load
Belastung *n,f (z.B. durch*
  Gewicht); load *n;* loading *n*
Belastung *n,f (zulässige Ladung,*
  Last); safe load
Belastung einer Fahrspur;
  lane load *n*
Belastungsannahme *n,f;*
  assumed load; assumed loading;
  design loading *n*
Belastungsfall *n,m;* case of
  loading; loading case *n*
Belastungslänge *n,f;* loaded
  length
Belastungsversuch *n,m;* load
  test *n;* loading test *n*
Bemaßregelung *n,f;*
  dimensioning rule *n*
bemessen *v;* dimension *v;*
  proportion *v*
Bemessung *n,f;* dimensioning *n;*
  proportioning *n*
Bemusterung *n,f;* sampling *n*
Benennung der Zeichnung;
  name of drawing
Beratungsingenieur *n,m;*
  consulting engineer *n*
berechnen *v;* compute *v;*
  calculate *v*
Berechnung *n,f;* analysis *n;*
  computation *n;* calculation *n*

Berechnung durch schrittweise Näherung; calculation by successive approximation

Berechnungsgrundlage n,f; basis of design; calculating principle n; criteria for design and calculation; design base n; design fundamentals n; fundamentals of design; planning principles n

Berechnungsverfahren n,nt; method of computating; method of analysis

beruhigter Stahl; dead steel; fully killed steel; killed steel

Berührungsfuge n,f; steel-concrete interface

Beschaffenheit n,f; condition n

Beschädigungen schweißen; build-up welding n

Beschleunigung n,f; acceleration n

Beschleunigungskraft n,f; accelerating force; acceleration force n

Beschotterung n,f; ballasting n.

beschränkte Ausschreibung; limited submission

Bessemerstahl n,m; acid Bessemer steel

beständig adj; constant n

bestimmen v (festlegen); determine v

Bestimmung n,f; determination n

bestreichen v; coat v; paint v

Beton n,m (vorgespannter Beton); prestressed concrete

Betonbalken n,m; concrete beam n

Betonbrücke n,f; concrete bridge n

betongefüllt adj; concrete-filled adj

Betonstahl n,m; reinforcement n; reinforcing bar n; reinforcing rod n

Betonträger n,m; concrete beam n

Betrieb n,m (Werkstatt); shop n; workshop n [BE]

Betriebsversuch n,m; factory test n

Beulen n,nt (Ausbeulen); buckling of plates; local buckling

Beulsicherheit n,f; safety against local buckling; stability against local buckling

Beulspannung n,f; local buckling stress

Beulung n,f; bulging n

bewegliche Bohrplattform; mobile platform

bewegliche Brücke; movable bridge

bewegliche Last; moving load

beweglicher Schaummast; mobile fire tower

bewegliches Auflager; expansion bearing n; expansion support n

bewehrtes Elastometerlager; laminated elastomeric bearing

Bewehrung n,f (Armierung); reinforcement n

Bewehrungsrundstahl n,m; round reinforcing rod

Bewehrungsstahl n,m; armouring steel

Bewehrungsstahl n,m (Betonstahl); reinforcement n; reinforcing bar n; reinforcing rod n

Bezugsebene n,f; datum plane n

BF *(engl. Abk. für Hochofen);* BF
  (Abv); blast furnace *n*
BG *n,f (Abk);* unit *n (e.g. unit*
  welding)
BGLO *(Abk auf Zeichnung);* BL
  top
BGLU *(Abk auf Zeichnung);* BL
  bottom
Biegbarkeit *n,f;* flexibility *n*
Biegebeanspruchung *n,f;*
  bending *n;* flexure *n;* bending
  stress *n*
Biegedrillknicken *n,nt;*
  torsional-flexural buckling
Biegeebene *n,f;* plane of bending
Biegefaktor *n,m*
  (Querschnittsfläche,
  Widerstandsmoment); bending
  factor *n*
biegefester Rahmen; rigid
  frame
Biegefestigkeit *n,f;* bending
  strength *n*
Biegeknicken *n,nt;* flexural
  buckling
Biegeknickung *n,f;* flexural
  buckling
Biegelinie *n,f;* bending line *n;*
  bend-line *n*
Biegelinie oben *(auf einer*
  Zeichnung); bending line, top
Biegelinie unten *(auf einer*
  Zeichnung); bending line,
  bottom; bend-line, bottom
Biegemoment *n,nt;* bending
  moment *n;* flexural moment
Biegen *n,nt;* bending *n*
biegen *v (z.B. entlang der*
  Biegelinie); bend *v;* curve *v*
Biegeprobe *n,f;* bend test *n*
Biegeprobe *n,f (das verwendete*
  Stück); bend test specimen *n*

Biegeradien *n,f;* bending radii *n*
Biegespannung *n,f;* flexural
  stress; bending stress *n*
biegesteif *adj;* rigid *adj*
Biegesteifigkeit *n,f;* bending
  stiffness *n;* flexural rigidity;
  flexural stiffness
Biegeträger *n,m;* bending girder
  n
Biegeversuch *n,m;* bending test
  n
Biegeversuch *n,m (über*
  eingekerbte Decklage); notched
  weld bend test
biegeweicher Dübel; flexible
  shear connector
Biegfähigkeit *n,f;* flexibility
Biegsamkeit *n,f;* flexibility
Biegung *n,f;* flexure *n;* bending *n*
Biegung *n,f (leichte Überhöhung*
  der Straße); camber *n*
Biegung *n,f (reine Biegung);*
  simple bending
Biegung in einer Ebene; plane
  bending
Biegung mit Längskraft;
  combined axial and flexural
  stress
Biegung und Druckkraft;
  bending and compression
Bildhauergips *n,m (Stuck);*
  sculptor's plaster; stucco *n*
**Bildung von plastischen Gelen-
  ken**; formation of plastic hinges
Bildzeichen *n,nt;* graphical
  symbol
Bindeblech *n,nt;* batten *n;*
  batten plate *n;* stay plate *n* [AE];
  tie plate *n* [AE]
Bindefehler *n,m;* adhesive
  defect; binding defect *n*
Bindefehler *n,m (beim*

Schweißen); lack of fusion; incomplete fusion *(bonding defect)*

Bindemittel *n,nt;* bond *n*

Binder *n,m;* truss *n*

Binderabstand *n,m;* spacing of trusses

Bindezone *n,f (entlang der Schweißnaht);* joint area *n*

Bindung *n,f;* bond *n;* compound *n;* bounding *n (e.g. steel-concrete)*

blankgezogener Stahl; cold finished steel

Blankschleifen *n,nt;* brightening *n*

Blase *n,f (Gaseinschluß);* void *n*

Blase *n,f (Lunker);* blowhole *n*

Blase *n,f (Schadensart; am Fuß, im Stahl);* blister *n*

blasenfrei *adj (z.B. Stahl);* blister-free *adj;* non-blistered *adj (e.g. steel);* not blistered *adj (e.g. steel)*

Blatt Nr.; Sheet No.

Blaupause *n,f;* blueprint *n*

Blech *n,nt;* plate *n*

Blechbelag *n,m;* sheet covering *n*

Blechdicke *n,f;* gauge of sheet; plate of thickness; sheet gauge *n*

Blechecke *n,f;* sheet edge *n*

Blechkante *n,f;* edge of plate; edge of sheet

Blechkantenhobelmaschine *n,f;* edge planer *n*

Blechträger *n,m;* built-up girder *n* [BE]; plate girder *n*

Blechträgerbrücke *n,f;* plate girder bridge *n*

Blechträgersteg *n,m;* plate girder web *n*

Blechtrennung *n,f (Doppelung);* lamination *n (e.g. check for laminations)*

bleibende Dehnunng; permanent set

bleibende Durchbiegung; permanent deflection; residual deflection

bleibende Verformung; permanent deformation

Bleiblech *n,nt;* sheet lead *n*

Bleimennige *n,f (Mennige);* red lead

Bleischweißen *n,nt;* lead welding *n*

Bleiweiß *n,nt;* lead oxide *n;* white lead

Bock *n,m;* stand *n*

Bock *n,m (Bockgerüst, Bockgerät);* trestle *n (stand)*

Bock *n,m (Stützrahmen);* support frame *n*

Bockbrücke *n,f;* trestle bridge *n*

Bockgerät *n,nt (Bock);* trestle *n (stand)*

Bockgerüst *n,nt;* trestle *n (stand)*

Bockkran *n,m (Portalkran);* portal crane *n*

Bodenfläche *n,f;* floor area *n;* floor space *n*

Bodenmontage *n,f (Vormontage);* assembling *n (e.g. in factory, on site)*

Bodenpressung *n,f;* base compression *n;* pressure on the bottom

Bodensenkung *n,f;* subsidence of ground

Bogen *n,m;* arch *n;* arch rib *n*

Bogen *n,m (Lichtbogen);* arc *n*

Bogenachse *n,f;* arch axis *n*

Bogenbrücke *n,f;* arch bridge *n*

Bogenbrücke mit aufgeständerter Fahrbahn;

spandrel-braced arch bridge
**Bogenbrücke mit eingehäng-
ter Fahrbahn;** arched trough
bridge
Bogenfeld *n,nt (z.B. in
Bogenbrücke, Kreisbogen);* arch
panel *n*
Bogenhöhe *n,f (Bogenpfeil);* arch
rise *n;* height of arch
Bogenkreuzung *n,f (Leibung);*
intrados *n*
Bogenleibung *n,f (Leibung);*
intrados *n*
Bogenlinie *n,f;* arc *n (curvature)*
Bogenpfeil *n,m;* rise of arch
Bogenpfeil *n,m (Bogenhöhe);*
arch rise *n*
Bogenrücken *n,m;* extrados *n*
Bogenscheitel *n,m (Scheitel
eines Bogens);* crown *n (of an
arch)*
Bogenschub *n,m;* arch thrust *n;*
horizontal thrust; thrust *n;*
thrust of arch
Bogenträger *n,m;* arch beam *n;*
arch girder *n;* arch truss *n*
Bogenträger mit Zugband;
bowstring girder *n;* tied arch
Bohlenbelag *n,m;* timber
planking *n*
Bohr- und Fräsmaschine;
boring and milling machine
Bohrbuchse *n,f;* bush *n*
bohren *v (ausbohren);* bore out *v
(bore, drill)*
Bohrgrat *n,m;* burr *n;* fin *n*
Bohrinsel *n,f;* offshore drilling
platform *n*
Bohrloch *n,nt;* borehole *n;* drill
hole *n*
Bohrloch *n,nt (Bohrung fertig);*
drilled hole

Bohrschablone *n,f;* drilling
template *n*
Bohrturm *n,m;* boring tower *n*
Bohrung *n,f;* boring *n;* hole *n*
Bohrungsmittellinie *n,f;* center
line of bore
Bolzen *n,m;* pin *n;* bush *n;* bolt *n*
Bolzendübel *n,m
(Kopfbolzendübel);* stud shear
connector *n*
Bolzengelenk *n,nt;* pin joint *n*
Bolzenloch *n,nt;* pin hole *n*
Bolzenmutter *n,f
(Schraubenmutter);* nut *n*
Bolzenverbindung *n,f;* pin
connection *n*
bondern *v (phosphatieren);*
bonderize *v*
Bootrumpf *n,m (Unterschiff);*
body *n (of a boat);* hull *n*
Bordschwelle *n,f
(Schrammbord, Brücke);* curb *n*
[AE]; kerb *n* [BE]
Bördel *n,m;* raised edge
Bördelnaht *n,f;* flanged seam
Bördelung *n,f (Sicke);* beading *n*
Brandabschnitt *n,m;* fire
compartment *n*
Brandausbreitung *n,f;* fire
spreading *n (e.g. from one
building to another)*
Brandbekämpfung *n,f;*
fire-fighting *n*
brandbeständig *adj
(feuerbeständig);* fire-resistant
adj
Brandentdeckung *n,f;* fire
detection *n*
Brandgefahr *n,f;* fire danger *n*
Brandgeschwindigkeit *n,f;*
burning rate *n*
Brandhaus *n,nt;* fire room *n*

Brandherd *n,m;* seat of fire

Brandlast *n,f;* fire load *n*

Brandmauer *n,f;* fire wall *n;* party wall *n*

Brandmeldeanlage *n,f;* fire alarm system *n*

Brandmelder *n,m (Feuermelder);* fire alarm box *n*

Brandraum *n,m;* fire room *n*

Brandschaden *n,m;* fire losses *n*

Brandschott *n,m;* balkhead *n*

Brandschutz *n,m;* fire protection *n*

Brandschutztür *n,f;* fire door *n*

Brandsicherheit *n,f;* fire safety *n*

brandtechnische Bemessung; structural fire design

Brandverhütung *n,f;* fire prevention *n*

Brandversuch *n,m;* fire test *n*

Brandwiderstandsdauer *n,f (Feuerwiderstandsdauer);* fire resistance period *n*

brechen *v (vernichten, zerbrechen);* tear *v;* rupture *v;* fracture *v*

Breitflachstahl *n,m;* plates *n;* universal mill plate; wide plate; universal plate

Breitflanschträger *n,m;* broad flange beam [BE]; wide flange beam [AE]; H-beam *n*

Breitfußschiene *n,f;* flat bottom rail

breitfüßiger T-Stahl; wide-flange T

Bremskraft *n,f (z.B. Auffangen Kranbahn);* braking force *n (e.g. by brake structure)*

Bremsverband *n,m (im Fachwerk Hallenkran);* bracing

for braking thrust; brake structure *n*

Bremswirkung *n,f;* braking effect *n*

brennbar *adj;* combustible *adj*

brennbare Stoffe; combustible material

brennbarer Inhalt; combustible content

Brennbarkeitsversuch *n,m;* combustibility test

brennen *v (mit Flammen);* flame *v*

Brenner *n,m;* burner *n;* torch *n*

Brennschneidemaschine *n,f;* oxygen cutting machine *n*

brennschneiden *v;* flame cut *v;* torch-cut *v*

Brennschneiden *n,nt;* flame cutting *n;* gas cutting *n*

brennschweißen *v;* flame-cut *v;* torch-cut *v*

Brennstoffverbrauch *n,m;* fuel consumption *n*

Brennstoffverteilung *n,f;* combustible content arrangement

Brinell-Härte *n,f;* Brinell hardness *n*

Brinell-Härteprüfung *n,f;* Brinell test *n*

Brinell-Probe *n,f;* Brinell test *n*

Brinell-Zahl *n,f (Brinell-Härte);* Brinell hardness *n;* Brinell hardness number *n*

Bruch *n,m (z.B. Riß);* failure *n;* fracture *n*

Bruchaussehen *n,nt;* fracture appearance *n*

Bruchbeanspruchung *n,f;* breaking stress *n*

Bruchbelastung *n,f;* breaking

load n

Bruchberechnung n,f; collapse design n; ultimate strength design

Bruchdehnung n,f; elongation at fracture; elongation n

Bruchdehnung n,f (z.B. des Metalls); ultimate strength

Brucheinschnürung n,f; reduction in area at breaking point

Bruchfestigkeit n,f; breaking strength n; ultimate strength

Bruchfläche n,f; fracture surface n

Bruchgefüge n,nt; appearance of the fracture

Bruchlast n,f; breaking load n; maximum load n

Bruchlast eines Dübels; actual ultimate capacity of a shear connector

Bruchprobe n; breaking test n

Bruchspannung n,f; breaking stress n; rupture stress n

Bruchstelle n,f; breaking point n; fracture point n; fracture n

Brutto-Grundrißfläche n,f; gross floor area

Brutto-Rauminhalt n,m; gross volume

Bruttoquerschnitt n,m; gross section (gross sectional area)

Brüchigkeit n,f (Sprödigkeit); brittleness n

Brücke n,f; bridge n

Brücke n,f (was eine Brücke überspannt); span n (what a bridge spans)

Brücke mit mehreren Öffnungen; multi-span bridge

Brückenachse n,f; centre-line of bridge

Brückenauffahrt n,f; bridge access n; bridge approach n

Brückenbau n,m; bridge building n; bridge construction n

Brückenbaustahl n,m; steel for bridges

Brückenbelag n,m; bridge flooring n

Brückenbelag n,m (Fahrbahnabdeckung); roadway surfacing n

Brückenbogen n,m; arch of bridge

Brückenbreite n,f; bridge width n

Brückenfahrbahn n,f; bridge deck n; bridge floor n

Brückengeländer n,nt; bridge railing n

Brückengerät n,nt; bridging equipment n; demountable bridge; dismountable bridge

Brückenglied n,nt; bridge member n; part of a bridge

Brückengradiente n,f; bridge grade n; bridge gradient n [AE]; gradient of bridge

Brückenklasse n,f; class of bridge

Brückenkopf n,m; bridge head n

Brückenkran n,m; bridge crane n

Brückenlänge n,f; bridge length n; length of bridge

Brückenmeßwagen n,m; bridge testing car n

Brückenobergurt n,m; top chord of bridge truss

Brückenpfeiler n,m; bridge pier n

Brückenrampe n,f

(Zufahrtsrampe); bridge approach *n*

Brückensorten *n,f;* types of bridges

Brückenträger *n,m;* bridge girder *n;* bridge truss *n*

Brückenwaage *n,f (Lkw-Waage);* truck weigh-bridge *n* [AE]; weigh-bridge *n*

Brückenzufahrt *n,f;* approach *n (access to bridge)*

Brüstung *n,f (Fensterbrüstung);* wall below the window sill

Brüstung *n,f (Geländer);* balustrade *n;* parapet *n*

Brüstungsmauer *n,f (niedrig, z.B. Balkon);* parapet wall *n*

Buckelblech *n,nt;* buckle plate *n;* dished plate

Buhne *n,f (Flußregulierung, aus Maschine);* kid *n (groin)*

Bunker *n,m (Silo);* bunker *n;* silo *n*

Butzenscheibe *n,f;* bull's eye glass

Bügel *n,m (z.B. Steigbügel);* stirrup *n*

Bühne *n,f;* platform *n*

Bühnenträger *n,m (Hochofen);* platform girder *n*

Bürogebäude *n,nt;* office building *n*

C

Caissongründung *n,f (Senkkasten, Hohlkasten);* caisson foundation *n*

CO2-Schweißen *n,nt;* shielded metal arc welding; CO2-shielded metal-arc

welding; CO2-welding *n*

Cosinus *n,m;* cosine *n*

Cotangens *n,m;* cotangent *n*

Cowper *n,m (Heißlufterzeugung);* cowper *n (next to blast furnace)*

Cowperanlage *n,f (Heißlufterzeugung);* cowper plant *n (next to blast furnace)*

D

Dachaufsatz *n,m;* roof cap *n*

Dachbalken *n,m;* roof beam *n*

Dachbinder *n,m;* roof truss *n*

Dachbinder-Obergurt *n,m;* top chord; truss rafter *n*

Dachbinder-Untergurt *n,m;* bottom chord *n*

Dachbinderfuß *n,m;* roof truss shoe *n*

Dachebene *n,f;* roof plane *n*

Dacheindeckung *n,f;* roof covering *n*

Dacheindeckung *n,f (Bedachung);* roofing *n*

Dachfirst *n,m;* ridge *n;* ridging *n*

Dachfuß *n,m;* roof truss shoe *n*

Dachhaut *n,f;* roof sheathing *n;* roof sheeting *n*

Dachkonstruktion *n,f;* roof construction *n*

Dachlaterne *n,f (Dachreiter, Dachaufsatz);* lantern light *n* [BE]; ridge lantern *n* [AE]; monitor *n*

Dachlatte *n,f;* roof batten *n*

Dachneigung *n,f;* roof slope *n*

Dachpfette *n,f (Pfette);* purlin *n*

Dachplatte *n,f;* roof slap *n*

Dachreiter *n,m;* ridge turret *n*

Dachrinne *n,f (Regenrinne);* eaves gutter *n*

Dachsparren *n,m;* rafter *n*
Dachstuhl *n,m;* cupola *n;* roof framework *n;* roof truss *n*
Dachträger *n,m;* roof girder *n*
Damm *n,m (Staudamm, Stauwehr);* dam *n* [AE]; dike *n;* dyke *n* [BE]; embankment *n*
Dampfabzugshaube *n,f;* steam exhaust *n*
Dampfkraftwerk *n,nt;* steam power plant *n* [BE]; steam power station *n* [AE]
Darstellungsfeld *n,nt;* display area *n*
Dauer *n,f;* endurance *n*
Dauerbeanspruchung *n,f;* alternating stress *n;* fatigue stressing *n;* repeated stress
Dauerbelastung *n,f (Schwingbelastung);* repeated load
Dauerbiegeversuch *n,m;* fatigue bend test *n*
Dauerbruch *n,m (Ermüdungsbruch);* fatigue crack *n;* fatigue fracture *n;* endurance failure *n*
dauerelastisch *adj;* permanent-flexible *adj*
Dauerfestigkeit *n,f (Ermüdungsfestigkeit);* fatigue resistance *n;* fatigue strength *n*
Dauerfestigkeitsschaubild *n,nt;* fatigue strength diagram *n*
Dauerkerbschlagversuch *n,m;* repeated notched-bar impact bending test
Dauerschwingbeanspruchung *n,f;* repetitive stressing; repeated stress; alternating stress *n*
Dauerschwingbelastung *n,f;*

repeated load
Dauerstandfestigkeit *n,f;* creep characteristics *n;* creep properties *n*
Dauerversuch *n,m (Ermüdungsversuch);* fatigue test *n;* endurance test *n*
Dauerzugversuch *n,m;* repeated tensile test; repeated tension test
Dämpfung *n,f;* damping *n*
Deckanstrich *n,m;* finishing coat *(top coat)*
Deckbrücke *n,f;* deck bridge *n*
Decke *n,f (Fußboden);* floor *n*
Deckenbelastung *n,f;* floor loading *n*
Deckenlast *n,f;* floor loading *n*
Deckenträger *n,m;* ceiling beam *n;* floor beam *n;* joist *n* [AE]; secondary beam [BE]
Decklage *n,f (oberste Schweißschicht);* top seam
Decklasche *n,f;* butt strap *n*
Decklasche *n,f (Stoßlasche);* splice plate *n*
Deckvermögen *n,nt;* covering capacity *n*
dehnbar *adj;* dilatibile *adj*
Dehnbarkeit *n,f;* dilatibility *n;* ductility *n*
Dehnbarkeitsfaktor *n,m;* ductility factor *n*
Dehnschaft *n,f;* reduced shank
Dehnschraube *n,f;* anti-fatigue screw *n (bolt)*
Dehnung *n,f;* expansion *n*
Dehnung *n,f (Bruchdehnung);* elongation *n*
Dehnung *n,f (durch Temperatur);* strain *n (strain)*
Dehnungsfuge *n,f (Vorsorge Temperatur);* expansion joint *n*

(e.g. rly track, beam)

Dehnungsmesser *n,m;*
extensometer *n*

Dehnungsmeßstreifen *n,m*
(DMS); strain gage *n (strain*
gauge)

Dehnungszahl *n,f (Dehnzahl);*
modulus of elongation

Dehnzahl *n,f (Dehnungszahl);*
modulus of elongation

Derrick *n,m (Ladebaum,*
Lademast); derrick *n*

Derrick mit Fachwerkmast;
derrick with latticed mast

Derrick mit Vollwandmast;
derrick with solid-web pole

Derrickkran *n,m;* derrick crane
n

Derrickkrane mit 270
Schwenkbereich; scotch
derrick *n* [BE]; stiff-leg derrick
n [AE]

Dezimalbruch *n,m;* decimal *n*

DHV-Naht *n,f (Schweißnaht);*
double bevel seam

DHY-Naht *n,f (K-Naht);* double
bevel

diagonal *adj (schräg);* diagonal
adj

Diagonale *n,f;* diagonal strut

Diagonale *n,f (Strebe);* diagonal *n*

Diagramm *n,nt (Schaubild);*
diagram *n*

Dichtschweißung *n,f;* seal weld
n

Dichtungsschweißung *n,f;*
caulk welding *n*

Dicke *n,f;* gage *n;* gauge *n*

Dicke *n,f (bei T-Stahl);* size
stemm *n*

Differentialquotient *n,m*
(Ableitung); derivative *n*

Diffusionsschweißen *n,nt;*
diffusion welding *n*

dimensionieren *v (bemessen);*
dimension *v;* proportion *v*

Dimensionierung *n,f*
(Bemessung); dimensioning *n;*
proportioning *n*

dimensionslos *adj;*
dimensionless *adj*

dimensionslose Darstellung;
dimensionless representation

diskontinuierlich *adj;*
intermittent *adj*

Distanzprofil *n,nt;* distance
profil *n*

Distanzstück *n,nt;* separator *n;*
spacer *n*

Docktor *n,nt;* dock gate *n*

Dopp(e)lung *n,f (z.B. Trennung*
im Walzwerk); lamination *n (e.g.*
check for laminations)

Doppel-HY-Naht *n,f ("K-Naht");*
double bevel

Doppel-T-Profil *n,nt;* I-section *n*
(H-section, I-steel)

Doppel-T-Profil *n,nt*
(Doppel-T-Träger); standard
I-beam *n;* universal beam [AE]

Doppel-T-Träger *n,m;* I-beam *n*

Doppel-T-Träger *n,m;* rolled
steel joist

Doppel-T-Träger *n,m*
(Doppel-T-Profil); standard
I-beam *n;* universal beam [AE]

Doppel-U-Naht *n,f;* double-U

Doppel-V-Naht *n ("X-Naht");*
double-V

Doppelbrücke *n,f;* twin bridge *n*

Doppeldecke *n,f (abgehängte*
Decke); false ceiling *n* [BE];
suspended ceiling

Doppelkehlnaht *n,f;* double fillet

Doppelpendellager *n,nt;* double rocker bearing

doppelwandig *adj;* double-walled *adj*

Dopplung *n,f (Fehler beim Beschichten);* laminar defect *n (no longer weldable)*

Dorn *n,m (für Faltversuch);* mandrel *n (for cold bend test)*

Dorn *n,m (z.B. zum Aufweiten);* drift pin *n (to widen a hole);* drift *n*

dornen *v;* drift *v*

Döpper *n,m (drückt z.B. die Niete zusammen);* snap die *n;* header *n;* heading set *n*

Draht *n,m;* wire *n*

Drahtgeflecht *n,nt;* wire netting *n*

Drahtgewebe *n,nt;* wire cloth *n;* wire gauze *n*

Drahtglas *n,nt;* wired rolled glass

Drahtring *n,m;* wire coil *n*

Drahtseil *n,nt;* wire cable *n*

Drahtseilbahn *n,f;* aerial ropeway; cableway *n*

Drahtseilbahnstütze *n,f;* cableway post *n*

Draufsicht *n,f;* plan view *n*

Drehachse *n,f;* axis of rotation

drehbarer Haken; shivel hook *n*

Drehbeanspruchung *n,f;* torsional stress

Drehbrücke *n,f (z.B. Bremerhaven);* swing bridge *n*

drehen *v;* revolve *v*

Drehkran *n,m;* rotary crane *n;* slewing crane *n;* turning crane *n*

Drehleiter *n,f (fahrbare Leiter);* turntable ladder *n* [BE]; aerial ladder [AE]

Drehmoment *n,nt*

(Drillmoment); torque *n;* twisting moment *n*

Drehmoment *n,nt (Torsionsmoment);* torsional moment

Drehpfeiler *n,m;* pivot pier *n (of a swing bridge);* turn pillar *n*

Drehpol *n,m (Drehpunkt);* centre of rotation; pivot *n*

Drehpunkt *n,m (Drehpol);* centre of rotation; pivot *n*

Drehpunktbolzen *n,m;* pivot pin *n*

Drehpunktbuchse *n,f;* pivot pin *n*

Drehrichtung *n,f;* sense of rotation

Drehscheibe *n,f;* turntable *n*

Drehschütz *n,m;* balanced gate

Drehsinn *n,m;* direction of rotation

Drehstrom *n,m;* three-phase current *n*

Drehstütze *n,f;* bearing allowing rotation about a vertical axis

Drehvorrichtung *n,f;* rotating jig *n;* turning device *n*

Drehwinkel *n,m;* angle of rotation

dreiachsig *adj;* triaxial *adj*

dreiachsige Spannung; triaxial stress

dreiachsiger Spannungszu-stand; triaxial stress condition

Dreiblechstoß *n,m;* joint between three plates

Dreieckslast *n,f;* triangulated load

Dreiecksverband *n,m;* triangulated bracing

Dreigelenkbogen *n,m;* three-hinged arch

Dreigelenkrahmen *n,m;* three-hinged frame

Drift *n,m (waagerechte Durchbiegung);* drift *n* [AE] *(of a building or structure);* sway *n*

Driftzahl *n,f;* deflection index *n*

Drilling *n,nt (Torsion);* torsion *n;* torque *n;* twisting *n*

Drillknicken *n,nt;* torsional buckling

Drillmoment *n,nt (Drehmoment);* torque *n;* twisting *n*

Drillmoment *n,nt (Torsionsmoment);* torsional moment

Drittelpunkt *n,m;* third point *n*

Druck *n,m (auf einer Fläche);* compression *n (pressure)*

Druckbeanspruchung *n,f;* compressive stress; compressive stressing

Druckdiagonale *n,f;* compression diagonal

Druckfaser *n,f;* compressive fibre

Druckfaser *n,f (Metallurgiebegriff);* compression fibre *n*

Druckfestigkeit *n,f;* compression strength *n*

Druckflansch *n,m;* compression flange *n;* flange in compression

Druckgurt *n,m;* torsional buckling

Druckgurt *n,m (Fachwerkträger);* compression chord *n*

Druckgurt *n,m (Träger);* compression flange *n*

Druckgurt *n,m (z.B. eines Blechträgers);* compression flange *n*

Druckkammer *n,f;* surge tank *n*

Druckkraft *n,f;* compressive force; thrust *n*

Druckprobe *n,f;* compressive test

Druckprüfung *n,f;* compressive test

Druckquerschnitt *n,m;* compressed cross section; compression section *n*

Druckrohrleitung *n,f;* penstock *n*

Druckschweißung *n,f;* pressure welding *n*

Druckspannung *n,f;* compressive stress

Druckstab *n,m (im Fachwerkverband);* compression bar *n;* compression member *n;* strut *n*

Druckstollen *n,m;* pressure tunnel *n*

Druckversuch *n,m;* compressive test

Druckverteilung *n,f;* pressure distribution *n*

Druckwasseranlage *n,f;* pressure water installation *n*

Druckzone *n,f;* compression zone *n;* zone of compression

drücken *v;* compress *v*

drücken *v (pressen);* press *v (squeeze forcefully)*

durch Gurtplatten verstärkter Träger; compound beam *n*

durch Gurtplatten verstärkter Träger; compound beam *n*

Durchbiegung *n,f;* sag *n;* set *n (material testing);* deflection *n*

Durchbiegungsmesser *n,nt;* deflection gauge *n;* deflection indicator *n*

Durchbildung *n,f;* completion *n;*

design n
durchbohren v; perforate v;
  drill v
Durchbruchszeichnung n,f;
  penetration drawing n
Durchflutungsverfahren n,nt;
  magnetic crack detection;
  magnetic particle test
durchgehend adj; continuous
  adj
durchgehende Schweißnaht;
  continuous weld
Durchhang n,m (eines Bauteils,
  z.B. Kabel); sag n (e.g. of cable)
durchlaufend adj; continuous
  adj
Durchlaufpfette n,f; continuous
  purlin
Durchlaufträger n,m;
  continuous beam; continuous
  girder
durchlochen v; punch v
Durchschnitt n,m (Mittel);
  mean n (average)
Durchschnitt n,m (Schnitt);
  section n
Durchschnittstonnenpreis
  n,m; average price per ton
durchschweißen v; weld with
  full penetration; weld through v;
  penetrate v
Durchstrahlungsprüfung n,f;
  radiographic inspection
Dübel n,m; shear connector n
dünner Mörtel; grout n
Dünnschliff n,m; thin section
  (e.g. for microscopic
  examination)
dünnstegig adj; thin-webbed adj
dünnwandig adj; thin-walled adj
dünnwandige Scheibe; thin
  plate

**dünnwandiges Rundsilo aus
  Stahl**; round thin-walled steel
  silo
Düsenschweißen n,nt (DIN
  1910); orifice welding n
DV-Naht n,f; double-V seam;
  double-V; double-V groove-weld
dynamische Beanspruchung;
  dynamic effect
dynamische Belastung;
  dynamic load
Dynamometer n,nt (Meßdose);
  dynamometer n

E

E-Schweißen n,nt; SMAW (Abv);
  electric welding
E-Schweißer n,m; E-welder n
eben adj (z.B. nicht holperige
  Straße); plane adj (e.g. not a
  bumpy road)
Ebene n,f; plane n
Ebene n,f (schiefe Ebene, Gefälle);
  gradient n
ebene Fläche; flat surface; plane
  surface
Eckblech n,nt; corner gusset
  plate n; corner plate n; knee
  bracket n [BE]
Ecke n,f; corner n
Ecken n,nt (der Vorgang des
  Eckens); crabbing n
Eckmast n,m; angle pole n; angle
  support n; angle tower n
Ecknaht n,f (äußere Kehlnaht);
  corner joint n; fillet weld n (e.g.
  in a corner joint); corner weld n
Eckpfosten n,m (z.B. an der
  Fachwerkbrücke); corner post n;
  hip vertical n
Eckstoß n,m (Eckverbindung);

corner joint *n*
Eckstütze *n,f;* corner column *n;* corner post *n*
Eckverbindung *n,f;* edge joint *n*
Eckverbindung *n,f (Eckstoß);* corner joint *n*
Eichmaß *n,nt;* gauge *n*
Eigenfrequenz *n,f;* characteristic frequency
Eigengewicht *n,nt;* dead weight; self weight *n*
Eigenlast *n,f;* dead load
Eigenschwingungsperiode *n,f;* characteristic vibration period
Eigenspannung *n,f (Restspannung);* residual stress *n*
Eignungsnachweis zum Schweißen; certification for welding
einbauen *v;* build in *v;* install *v*
Einbrand *n,m;* penetration *n*
Einbrandkerbe *n,f;* penetration cut *n*
Einbrandkerbe *n,f (Rand der Schweißnaht);* undercut *n*
Einbrandkerbriß *n,m (Riß an der Einbrandkerbe);* toe crack *n*
Einbrandzone *n,f;* zone of penetration
eine Linie durchziehen; draw a continuous line
einfache Biegung; simple bending; uniaxial bending
einfaches Anschlagseil; plain sling with two hard eyes
einfaches Lager; simple support
Einfassung *n,f (Rand, Kante);* bordering *n*
einfeldrig *adj;* single-span *adj*
Einfeldträger *n,m;* single-span girder *n*

Einflußfläche *n,f;* influence diagram *n;* influence surface *n*
Einflußlinie *n,f;* influence line *n*
Eingang Süd *n,m;* south entrance *n*
eingehängt *adj;* hinged *adj;* suspended *adj*
eingespannt *adj;* fixed *adj*
eingespannte Auflagerung; built-in support *n;* fixed support
eingespannte Stütze; fixed-ended column
eingespannter Bogen; fixed ended arch; hingeless arch; rigid arch
eingespannter Schornstein; rigid chimney *(rigid smokestack)*
eingespannter Träger; constrained beam
eingleisig *adj;* single track *n*
einhaken *v;* hook on *v*
Einhängeträger *n,m (einer Gerberbrücke);* suspended span
Einheits-Extra-Feingewinde *n,nt;* unified extra-fine thread series
Einheits-Feingewinde *n,nt;* unified fine thread series
Einheits-Grobgewinde *n,nt;* unified coarse thread series
Einheitsgewinde mit konstanter Steigung; unified constant-pitch thread series
einkerben *v (z.B. mit Feile);* notch *v*
Einlagenschweißung *n,f;* single-run welding *n;* single-pass welding *n*
Einlaufschütz *n,m;* intake gate *n*
Einpassen *n,nt (z.B. Anpassen eines Bauteiles);* fitting *n (putting in, inserting)*

einpassen *v (z.B. ein Bauteil anpassen);* adjust *v;* inch *v;* fit *v*

einprägsame Darstellung; expensive representation

einreihig *adj (z.B. Nietverbindung);* single row *n (e.g. rivet connection)*

Einrichtung *n,f;* installation *n*

Einrichtung *n,f (Ausrüstung);* equipment *n;* plant *n;* tackle *n*

Einrollenlager *n,nt;* single-roller bearing *n*

Einschallwinkel *n,m;* refraction angle *n*

Einschienenbahn *n,f;* monorail *n*

einschiffig *adj (z.B. Halle);* one-bayed *adj (e.g. hall)*

einschiffige Halle; one-bayed hall; one-bayed shed

Einschluß *n,m;* inclusion *n*

Einschnitt *n,m (Kerbe);* notch *n*

einschnittig *adj (z.B. Nietverbindung);* in single shear

Einschnürung *n,f;* reduction in area

Einschweißnippel *n,m;* welded-stub connection; welded-in stub

Einschweißverschraubung *n,f;* welded screw-coupling

einseitig eingespannter Träger; propped-cantilever beam

Einspannbedingung *n,f;* end restraint condition *n;* fixed condition; restraint condition *n*

einspannen *v;* build in *v;* fix *v;* restrain *v*

Einspannmoment *n,nt;* end-fixing moment *n* [BE]; end-restraint moment *n;* fixed-end moment *n;* restraint moment *n*

Einspannung *n,f;* end restraint *n;* fixing *n;* restraint *n*

Einspannvorrichtung *n,f (Haltevorrichtung);* fixture *n;* jig *n*

einspringender Winkel; re-entrant angle

Einsteckstoß *n,m;* sleeve joint *n;* slip joint *n*

einstürzen *v;* collapse *v (e.g. a structure)*

Einzelbauteil *n,nt;* individual component *(e.g. in a drawing)*

Einzellast *n,f (Punktlast);* concentrated load; point load *n*

Einzelversuch *n,m;* single test *n*

Eisen *n,nt;* iron *n*

Eisen- und Stahlerzeugnisse; iron and steel products

Eisenbahnschiene *n,f;* track rail *n (railway rail)*

Eisenbahnstrecke *n,f;* line *n*

Eisenbeton *n,m (Stahlbeton);* reinforced concrete

Eisensalzlichtpausverfahren *n,nt;* ferro-salt method of reproduction

Eislast *n,f (z.B. auf Dach);* ice load *n*

elastische Bettung; continuous elastic support; elastic bending [BE]

elastische Durchbiegung; elastic deflection

elastische Grenze zu 0.2%; offset yield point *n;* 0.2% proof stress

elastische Spannung; working stress *n (permissible stress)*

elastische Stütze; elastic support

elastische Verformung; elastic

deformation

elastischer Bereich; elastic range

Elastizität *n,f;* elasticity *n*

Elastizitätsberechnung *n,f;* elastic design

Elastizitätsgleichung *n,f;* elasticity equation *n*

Elastizitätsgrenze *n,f;* elastic limit

Elastizitätsmodul *n,nt;* modulus of elasticity; elastic modulus; Young's modulus

elektrische Beheizung; electric heating

elektrische Leitung; electricity line *n;* transmission line *n*

elektrischer Widerstand; electrical resistance

elektrisches Kraftwerk; electric power station [BE]; electric power plant [AE]

Elektro-Lichtbogenofen *n,m;* electric arc furnace

Elektrode *n,f;* electrode *n*

Elektrodenhalter *n,m;* rod holder *n*

Elektrodenköcher *n,m;* electrode quiver *n*

Elektrogas *n,nt;* electrogas *n*

Elektrogasschweißen *n,nt;* electrogas welding *n*

elektrogeschweißt *adj;* electro-welded *adj*

Elektrokarren *n,m;* electric truck

Elektronenrechner *n,m (Computer);* computer *n*

Elektronenstrahlschweißen *n,nt (DIN 1910);* electron beam welding *n*

elektronische Berechnung; electronic computation

elektronische Schweißung; electric welding

Elektroschlackeschweißen *n,nt;* electroslag welding *n*

elektroschweißen *v;* electro weld *v*

Elektroschweißen *n,nt;* shield metal arc welding *n;* electric welding

Elektrostahl *n,m;* electric steel

Elektrostahlguß *n,m;* electric steel casting

Ellipse *n,f;* ellipse *n*

Ellira-Schweißung *n,f;* submerged arch welding; unionmelt welding *n*

Emission *n,f (Ausstrahlung);* emissivity *n*

Emissionswert *n,m;* emissivity coefficient *n*

Empfangsprüfkopf *n,m;* receiver probe *n*

Empfindlichkeit gegen ...; sensitivity to ...

empirische Formel *(Faustformel);* empirical formula

Endaussteifung *n,f;* end stiffener *n*

Endbindeblech *n,nt;* end batten *n;* end batten plate *n;* end stay plate *n;* end tie plate *n*

Endbolzen *n,m;* end bush *n*

Endbuchse *n,f;* end bush *n*

Endfeld *n,nt (Außenöffnung);* end panel *n*

Endfeld *n,nt (z.B. einer Stahlbrücke);* end span *n;* end-field *n*

Endklötze *n,m (beim Schweißen);* end blocks *n (welding)*

Endkrater *n,m;* end crater *n;* crater at end of weld pass

Endkraterblech *n,nt;* crater plates at end of weld pass

Endmast *n,m;* terminal pole *n;* terminal support *n;* terminal tower *n* [BE]; dead-end tower *n* [AE]

Endmast *n,m (z.B. Lichtmast auf Brücke);* dead-end pole *n;* terminal pole *n*

Endplatte *n,f;* end plate *n*

Endquerträger *n,m;* end cross girder *n;* end floor beam *n*

Endrahmen *n,m;* end frame *n*

Endstrebe *n,f;* end kneebrace *n;* end post *n*

Endstrebe *n,f (z.B. Fachwerkbrücke);* end raker *n;* inclined end post

Endstütze *n,f;* end support *n*

Energieaufnahme *n,f;* absorption of energy

Energiebefreiung *n,f;* liberation of energy

Energieverbrauch *n,m;* energy consumption *n*

Energieverstreuung *n,f;* energy dissipation *n*

Entfernung *n,f;* distance *n*

entfetten *v;* degrease *v*

entflammen *v;* initiate flaming

entgegengesetzt *adj (Spiegelbild);* opposite *n*

entgegenwirken *v;* counteract *v*

Entgraten *n,nt;* fettling *n;* trimming *n*

entgraten *v (abgraten);* fettle *v;* take the burr off; trim *v;* trim the edges off

Enthalpie *n,f (mittlerer Informationsgehalt einer Nachricht);* enthalpy *n*

Enthärtung *n,f (Weichmachen);* softening *n;* tempering *n*

Entlüftungsfilter *n,nt;* air filter *n*

Entlüftungsventil *n,nt (automatisch);* air bleeding *n*

Entropie *n,f (Begriff der Thermodynamik);* entropy *n*

entrosten *v;* derust *v;* remove rust

Entrostung *n,f;* removal of rust; rust removal *n*

entsprechende Schweißdaten; relevant welding parameters

Entwässerung *n,f;* drainage *n*

Entwässerungsanlage *n,f;* sewage system *n*

Entwässerungskanal *n,m;* sewage channel *n*

Entwässerungsleitung *n,f;* sewage pipe line *n*

Entwässerungsventil *n,nt;* drainage valve *n*

Entwurf *n,m;* design *n;* project *n;* sketch *n*

Entwurfszeichnung *n,f;* design drawing *n;* preliminary drawing; outline drawing *n*

entzundern *v;* descale *v*

Entzündung *n,f;* ignition *n*

Entzündungstemperatur *n,f (Zündpunkt);* ignition point *n;* ignition temperature *n*

erbauen *v (errichten);* construct *v;* build *v*

Erbauer *n,m;* builder *n;* constructor *n*

erdbebensichere Bauten; earthquake-proof buildings *n*

Erdbebenstoß *n,m;* earth tremor *n*

Erdbebenzone *n,f;* earthquake zone *n*

Erddruck *n,m;* earth pressure *n*

Erfahrungswahrscheinlichkeit *n,f;* empirical probability

Erhöhungsbeiwert *n,m;* increase factor *n*

Erhöhungsfaktor *n,m;* increase factor *n*

ermitteln *v (bestimmen, festlegen);* determine *v*

Ermüdungsbruch *n,m (Dauerbruch);* fatigue crack *n;* fatigue fracture *n*

Ermüdungsfestigkeit *n,f (Dauerfestigkeit);* fatigue resistance *n;* fatigue strength *n*

Ermüdungsgrenze *n,f;* endurance limit *n;* fatigue limit *n*

Ermüdungsversuch *n,m (Dauerversuch);* fatigue test *n*

errichten *v (erbauen);* construct *v*

Ersatzlast *n,f (zusätzliche Kraft für 10-fach erhöhte Last);* equivalent load; lane loading *n*

Ersatzteile *n,nt;* spare parts *n*

Erschütterung *n,f;* vibration *n (shock)*

**ersetzt durch;* superseded by

**Ersteller einer Zeichnung;* draughtsman *n*

Ertrag *n,m;* yield *n*

Erwärmungskurve *n,f;* heating curve *n*

Erweiterung *n,f;* expansion *n;* extension *n*

Erweiterungsfeld *n,nt;* extension block *n*

Erzbunker *n,m;* ore bunker *n*

Etage *n,f (Geschoß, Stockwerk);* storey *n* [BE]; story *n* [AE]

Euler'sche Knickspannung *n,f;* Euler's critical stress *n;* Euler's stress *n (calculate formula)*

Eulerspannung *n,f;* Euler's stress *n (calculate formula)*

Explosionsschweißen *n,nt;* explosion welding *n*

extrahart *adj (Härteangabe für Stahl);* extra hard

Exzentrizitätszahl *n,f;* eccentricity coefficient *n;* eccentricity factor *n*

F

F.S. *(Abk. f. Fabrikschweißung);* shop welding *n*

Fabrikanlage *n,f;* plant *n*

Fabrikgebäude *n,nt;* factory building *n*

Fabrikschweißung *n,f;* shop welding *n*

Fach *n,nt;* panel *n (truss)*

Fachwand *n,f (Fachwerkwand);* panel wall *n*

Fachwerk *n,nt (Baugerippe);* truss *n*

Fachwerk *n,nt (Rahmengerüst);* framework *n*

Fachwerk *n,nt (Stützen und Träger);* lattice work *n*

Fachwerk-Deckbrücke *n,f;* deck truss bridge *n*

Fachwerkbinder *n,m;* lattice truss *n;* roof truss *n*

Fachwerkbogen *n,m;* latticed arch; trussed arch; braced arch

Fachwerkbrücke *n,f;* lattice bridge *n*

Fachwerkbrücke *n,f (oben offene Fachwerkbrücke);* pony truss bridge *n*

Fachwerkbrücke *n,f (z.B. aus Metall)*; truss bridge *n;* lattice girder bridge *n*

Fachwerkpfette *n,f (Gitterpfette)*; lattice purlin *n*

Fachwerkselement *n,nt;* truss member *n*

Fachwerkstab *n,m (Gerüstteil)*; truss member *n*

Fachwerkstütze *n,f (meist senkrecht)*; lattice column *n;* lattice stanchion *n;* braced column

Fachwerkträger *n,m (leichter R-Träger)*; lattice girder *n;* truss *n;* open-web girder

Fachwerkträger *n,m (meist waagerecht)*; girder *n;* lattice *n;* truss girder *n*

Fachwerkträgerbrücke *n,f (z.B. aus Metall)*; lattice girder bridge *n;* truss bridge *n;* girder bridge *n* [BE]

Fachwerkwand *n,f (Fachwand)*; panel wall *n*

Fahrbahn *n,f (auf der Brücke)*; decking *n;* flooring *n;* roadway *n*

Fahrbahn *n,f (Bahn, Spur)*; traffic lane *n (lane)*

Fahrbahn *n,f (z.B. auf Stahlbrücke)*; deck *n;* floor *n (e.g. on a bridge)*

Fahrbahnabdeckung *n,f;* roadway covering *n*

Fahrbahnabdeckung *n,f (Brückenbelag)*; roadway surfacing *n*

Fahrbahnbreite *n,f;* roadway width *n;* width of roadway

Fahrbahnentwässerung *n,f;* roadway drainage *n*

Fahrbahnplatte *n,f;* floor plate *n;* floor slab *n;* platform *n*

Fahrbahnplatte *n,f (Fahrbahntafel)*; deck *n*

Fahrbahnrost *n,nt;* floor grid *n;* floor system *n*

Fahrbahntafel *n,f;* decking *n (e.g. of a bridge)*

Fahrbahntafel *n,f (Fahrbahnplatte)*; deck *n*

Fahrbahnträger *n,m;* floor girder *n;* platform girder *n*

Fahrbahnträgerbrücke *n,f (Längsträgerbrücke)*; deck-girder bridge *n*

fahrbare Leiter *(Drehleiter)*; aerial ladder [AE]; turntable ladder *n* [BE]

fahrbarer Kran *(Rollkran)*; mobile crane

Fahrbrücke *n,f;* loading bridge *n*

Fahrradweg *n,m;* bicycle track *n* [AE]; cycle track *n* [BE]

Fahrspur *n,f;* lane *n*

Fallnaht *n,f;* vertically down; downhand welding *n*

falls nicht anders angegeben; unless otherwise specified

Faltversuch *n,m;* bend test *n;* flat bend test *n;* folding test *n*

Faltwerk *n,nt;* folded structure; folded plate

Fase *n,f;* chamfer *n (chamfer heel)*

Faser *n,f;* fibre *n*

Faustformel *n,f (empirische Formel)*; empirical formula

Faustregel *n,f;* empirical rule

Fayence *n,f (Majolika; Scherbe mit Glasur)*; fayance *n (faience; fine earthenware)*

Fayenceblau *n,nt (Englischblau)*; porcelain blue *n (English porcelain-blue)*

Fährbrücke n,f (Schwebefähre);
aerial ferry n
FCAW (Abk); (MAGM;
Schweißarten); FCAW (Abv)
federhart adj (Härteangabe für
Stahl); cold beaten
**Federkraftlichtbogenschweiß-
en** n,nt; arc welding with spring
press electric feed
Federstahl n,m; spring steel n
Federstahldraht n,m; spring
wire n
fehlende Nähte; missing seams
fehlerfreie Schweißnaht; seam
free from any discontinuities
fehlerfreie Schweißnähte;
seams free from any
discontinuities
fehlerhaft adj; defective adj;
faulty adj
Fehlerquelle n,f; source of error
Fehlstelle n,f; crack n; defect n
Fehmarnsund-Brücke n,f
(Vogelfluglinie); Fehmarn Sund
Bridge n (built by Dunsche)
Feilspäne n,m; filings n
Feinblech n,nt; sheet n; sheet
steel n; thin sheet n
Feinkornstahl n,m; fine-grained
steel
feinkörniger Bruch;
fine-grained fracture
Feld n,nt (Brücke, Träger); bay n;
panel n; span n
Feldlänge n,f; panel length n
Feldmitte n,f; midspan n
Feldmoment n,nt; moment at
midspan; moment in a span
Feldweite n,f (Fachwerk); panel
length n
Fenster n,nt (Einstieg im
Stahlbauteil); manhole n

Fensterbank n,f; window sill n
Fensterbrett n,nt; window sill n
Fensterbrüstung n,f; wall below
the window sill
Fensterladen n,m; shutter n
Fensterrahmen n,m; window
frame n
Fenstersprosse n,f; glazing bar n
Fernleitung n,f; transmission
line n
Fernwärmeversorgung n,f;
distant heating n
ferritischer Stahl; ferritic steel
Fertigbau n,m (im Rohbau);
prefabrication elements made by
a subcontractor
Fertigbau n,m (schlüsselfertig);
prefabrication elements made by
the main-contractor
Fertigbauteil n,nt; prefabricated
element; prefabricated member
Fertigteilträger n,m;
prefabricated girder
Fertigung n,f (Herstellung);
manufacture n; production n
Fertigungszeit n,f;
manufacturing time n;
production time n
festes Auflager; fixed bearing
Festigkeit n,f; resistance n;
strength n
**Festigkeit gegen schwellende
Belastung**; resistance to
fluctuating stresses
Festigkeitsberechnung n,f;
strength calculation n; stress
analysis n
Festigkeitseigenschaft n,f;
strength-property n
Festigkeitsprüfung n,f;
strength test n
Festigkeitswert n,m;

mechanical property
Festwert *n,m (Konstante);*
constant *n*
Festwert *n,m (z.B. zum Festwert
gekauft);* fixed value
Feuchtigkeitsgehalt *n,m;*
hygroscopic content; hygroscopic
coefficient
feuerbeständig *adj
(brandbeständig);* fire-resistant
adj
Feuerbeständigkeit *n,f
(Feuerwiderstand);* fire
resistance *n*
feuerfest *adj (feuersicher);*
refractory *adj*
feuerhemmend *adj;*
fire-shielding *adj;* fire-resisting
adj; fire-stopping *adj*
Feuerlöschbrause *n,f
(Sprinkler);* sprinkler *n*
Feuerlöscher *n,m;* extinguisher
n
Feuerlöschmittel *n,nt;*
extinguishing agent
Feuerschutzanstrich *n,m;*
fire-resistant paint
feuerschützend *adj;* fire-proof
adj
Feuerschweißen *n,nt;* forge
welding *n*
feuersicher *adj (feuerfest);*
fire-proof *adj;* refractory *adj*
Feuersicherheit *n,f;* fire
resistance *n*
Feuerübersprung *n,m;* flash
over *n*
Feuerverhalten *n,nt;* fire
behaviour *n*
feuerverzinken *v;* hot dip
galvanize; hot galvanize
Feuerwiderstand *n,m*

(Feuerbeständigkeit); fire
resistance *n*
Feuerwiderstandsdauer *n,f;*
fire resistance period *n*
Feuerwiderstandsklasse *n,f;*
fire-resistance grading *n*
fiktiver Modul; fictitious
modulus
Fingerfutter *n,nt;* finger lining *n*
Firmenname *n,m;* name of
company *n*
Firmenschild *n,nt;* name plate *n*
Firstbalken *n,m;* ridge purlin *n*
Firstpfette *n,f;* ridge purlin *n;*
ridge tree *n*
Firstriegel *n,m;* ridge transom *n*
Fischbauchträger *n,m;* fish
bellied beam *n;* fish bellied
girder *n;* fish girder *n;* fishbelly
girder *n;* fish bellied truss *n*
Fixierung *n,f;* fixing *n*
Flacheisen *n,nt;* flat iron *n*
Flacheisen *n,nt (Flachstahl,
Flachstab);* flat *n;* flat bar *n;* flat
steel *n*
Flacheisen *n,nt (mit
Gummibelag; schützt
Glasbalustrade);* flats *n*
Flachrundniet *n,m;* truss-head
rivet *n*
Flachrundschraube *n,f;* flat
head bolt *n*
Flachstab *n,m (Flachstahl,
Flacheisen);* flat *n;* flat member
n; flat bar *n;* flat steel *n*
Flachwulststahl *n,m;* flat bulb
steel *n*
Flamme *n,f;* flame *n*
Flammenmelder *n,m;* flame
detector *n*
Flammenschutz *n,m;* flame
arresting *n*

flammgehärtet *adj;*
flame-hardened *adj*
flammhärten *v;* flame-harden *v*
Flammstrahlen *n,f;* flame
cleaning *n*
flammstrahlen *v;* flame clean *v*
Flankenbindefehler *n,m*
(Schweißtechnik); lack of
side-fusion *(welding)*
Flankenkehlnaht *n,f;* fillet weld
n
Flansch *n,m;* flange *n (e.g. of a*
beam)
Flanschbreite *n,f;* flange width
n; width of flange
Flanschdicke *n,f;* flange
thickness *n;* thickness of flange
Flanschneigung *n,f;* flange
slope *n;* flange taper *n*
Flaschenzug *n,m;* tackle *n;*
pulley block *n*
Flaschnerei *n,f*
(Feinblechverarbeitung); fine
sheet processing *n*
Flaschnerei *n,f (Spenglerei,*
Klempnerei); tinning *n*
Flattern *n,nt (z.B.*
Schwingungen der Brücke);
flutter *n;* oscillation *n*
Fläche *n,f;* area *n*
Flächenbelastung *n,f;* load per
unit area
Flächenberechnung *n,f;*
calculation of areas
Flächenbiegungsprobe *n,f;*
face bend test *n*
Flächenbrand *n,m;*
conflagration *n*
Flächendruck *n,m;* unit
pressure *n*
Flächeninhalt *n,m;* superficial
contents

Flächenpressung *n,f;* surface
pressure *n*
Fliehkraft *n,f (Zentrifugalkraft);*
centrifugal force *n*
Fließarbeit *n,f (z.B. am*
Fließband); line assembly work
n (e.g. serial production)
Fließbild *n,nt;* flow sheet *n*
Fließbildarten *n,f;* types of flow
sheets
Fließgrenze *n,f (z.B. bei Stahl St*
37); yield point *n;* offset point *n*
Fließpreßschweißen *n,nt;* cold
pressure extrusion welding *n*
Fließspannung *n,f;* yield stress *n*
Fließvorgang *n,m;* yielding *n*
Fluchtlinie *n,f;* alignment *n;*
flush *n*
Fluchtweg *n,m (z.B. aus dem*
Gefahrenbereich); escape way *n;*
emergency exit *n*
Flugzeughalle *n,f;* aeroplane
hangar *n* [BE]; aircraft shed *n;*
airplane hangar *n* [AE]; hangar
n
Flutbrücke *n,f;* flood span *n;* tide
span *n*
Flußmittel *n,nt (für Schlacke*
und Schweißen); fluxes *n (for*
slag and welding)
Flußstahl *n,m;* low carbon steel;
soft steel; mild steel
Flußstahlelektrode *n,f;* mild
steel electrode
flüchten *v (z.B. im Gefahrenfall);*
escape *v*
Folge *n,f (Schweißfolge);*
sequence *n (welding sequence)*
Formänderung *n,f;* deformation
n; strain *n*
Formänderungsarbeit *n,f*
(Verformungsarbeit); strain

energy *n*
Formänderungsvermögen
  n,nt; capacity of deformation;
  deformability *n*
formbearbeitete Flanke; forms
  other than square; prepared
  edge
Formbühne *n,f (z.B.*
  Masselbühne); pig iron platform
  n
formen *v (gestalten);* form *v;*
  shape *v*
Formen der Flanke; forming
  the edges
Formgebung *n,f;* forming *n;*
  shaped steel
Formschräge *n,f (aus der*
  Gußform); draught *n (draft; of*
  the mould)
Formstahl *n,m;* sectional steel;
  sections *n*
Formstahl *n,m (Profilstahl);*
  section *n;* shape *n*
fortdauernd *adj;* permanent *adj*
Foyer *n,nt;* foyer *n*
Förderbrücke *n,f;* transporter
  bridge *n*
Förderer *n,m (Transportanlage);*
  conveyor *n*
Fördergerüst *n,nt;* headgear *n*
Förderkette *n,f;* conveyor chain
  n
Förderkorb *n,m;* conveyor cage *n*
Förderturm *n,m;* hoist frame *n;*
  pit-head frame *n;* winding tower
  n
Fräsmaschine *n,f;* milling
  machine *n*
frei *adj;* clear *adj*
frei aufliegend; simply
  supported
freie Durchfahrtshöhe;

clearance height *n;* clear height
  [AE]
freie Höhe *(lichte Höhe);* clear
  height
Freihandlinie *n,f (ohne Lineal);*
  freehand line *n*
Freihandskizze *n,f (ohne*
  Lineal); freehand drawing *n*
  (freehand sketch)
Freileitungsmast *n,m;*
  transmission-line tower *n*
freistehend *adj (isoliert, alleine);*
  isolated *adj;* detached *adj*
freistehend *adj (ohne Stützen);*
  free standing *adj*
freitragend *adj (z.B. Kragplatte);*
  cantilevered *adj*
Freivorbau *n,m;* cantilever
  erection *n;* cantilevered
  construction
Fremdteilzeichnung *n,f;* foreign
  part drawing
Frischen *n,nt (Affinieren);*
  refining *n*
Frontabschnitt *n,m;* frontal
  section
Fuge *n,f (Nut beim Schweißen);*
  groove *n*
Fuge *n,f (Stoß);* joint *n*
Fuge *n,f (Stoßfuge);* clearance *n*
  (in but splice)
Fundament *n,nt (Gründung);*
  base *n;* foundation *n*
Fundamentplan *n,m;*
  foundation plan *n*
Fundamentplatte *n,f;* base plate
  n; bed plate *n*
Fundamentschraube *n,f;*
  foundation bolt *n*
Fundamentzeichnung *n,f;*
  foundation drawing *n*
Funkenschweißen *n,nt;*

percussion welding *n*

Funkmast *n,m (Antennenmast);* radio mast *n;* radio tower *n* [AE]; wireless mast [BE]

funktionsbedingtes Maß; functionally significant dimension

funktionsbezogene Bezugsebene; functionally important datum plane

funktionsbezogene Maßeintragung; function-related dimensioning

Funktionsplan *n,m;* function plan *n*

Funktionsschema *n,nt;* function diagram *n*

Futter *n,nt (Ausfutterungsplatte);* filler plate *n;* packing *n;* filler *n*

Futter *n,nt (des Hochofens, Brechers);* lining *n*

Futterring *n,m (z.B. Unterlegscheibe);* washer *n*

Fußboden *n,m (Oberkante Fußboden);* flooring *n (floor,*

Fußbodenbelag *n,m;* floor finish *n* [BE]; flooring *n* [AE]

Fußgängerbrücke *n,f;* foot bridge *n;* pedestrian bridge *n.*

Fußleiste *n,f;* skirting board *n;* toe plate *n*

Fußplatte *n,f (Grundplatte);* bed plate *n;* base plate *n*

Fußweg *n,m;* walkway *n;* sidewalk *n* [AE]; footway *n* [AE]

Fußweggeländer *n,nt;* footway railing *n;* sidewalk railing *n* [AE]

Fußwegkonsole *n,f;* sidewalk bracket *n* [AE]

Führungsschraube *n,f;* locating screw *n*

Führungsstange *n,f;* guide rod *n;* locating rod *n*

Füllstab *n,m (Fachwerk);* web member *n*

Füllungsstab *n,m (Gitterstab);* web member *n*

G

Gabelkopf *n,m;* forked fixing head

Gabellagerung *n,f;* fork bearing *n;* yoke bearing *n*

ganz geschweißt; all-welded *adj*

Gas *n,nt;* gas *n*

Gasbehälter *n,m;* gas holder *n;* gasholder *n* [AE]; gasometer *n* [BE]

Gasbeheizung *n,f (Ölfeuerung);* gas-fired heating

Gasblase *n,f;* blowhole *n;* gas pocket *n;* void *n*

Gasbrenner *n,m;* gas burner *n*

Gasfeuerung *n,f (Ölbeheizung);* gas-fired heating

Gasleitung *n,f;* gas pipeline *n*

Gaspreßschweißen *n,nt (DIN 1910);* pressure gas welding *n*

Gaspulverschweißen *n,nt;* gas-powder welding *n*

Gasschmelzschweißung *n,f;* gas welding *n*

gasschweißen *v;* gas weld *v*

Gasschweißung *n,f;* gas welding *n*

Gasverteilungsanlage *n,f;* gas-distribution plant *n*

Gärfutterbehälter aus Stahl; tower silo in steel

Gärfuttersilo *n,m;* fodder fermenting silo *n*

Gebrauchslast *n,f (Nutzlast);*

service load *n;* working load *n*

Gebrauchsspannung *n,f;*
service stress *n;* working stress
n; service-load stress *n*

gedrehte Schmiedestange;
forged steel turned stanchion

gedrehte Schraube; turned bolt

gedrückter Bauteil;
compression member *n*

gedrückter Bauteil *(unter
Druck stehend);* compressed
member

Gefälle *n,nt (Steilstelle);* slope *n
(e.g. downwards slope)*

Gefügebild *n,nt (Schliffbild);*
micrograph *n*

Gegendiagonale *n,f
(Wechselstab);* counter diagonal
n [AE]; counterbrace *n* [BE]

Gegenfeuer *n,nt;* counterfire *n;*
fire-proof barrier *n*

gegengeschweißt *adj;*
back-welded *adj (e.g. from
opposite side)*

Gegengewicht *n,nt;*
counterweight *n*

Gegengewicht eines Kranes;
crane counterweight *n* [BE];
kentledge *n* [AE]

Gegengewichtsschütz *n,m;*
counterweight gate *n*

Gegenhalter *n,m;* dolly *n*

Gegenmutter *n,f
(Sicherungsmutter);* lock-nut *n*

Gegenprobe *n,f;* duplicate test
specimen *n*

Gegenprobe *n,f
(Wiederholungsversuch);* retest *n*

gegenschweißen *v (von der
Gegenseite);* back weld *v (from
the opposite side)*

Gegenstab *n,m (Fachwerk);*

counter *n*

geglüht *adj (Härteangabe für
Stahl);* annealed *adj*

gehärteter Stahl; tempered steel

Gehbahn *n,f;* sidewalk *n* [AE]

Gehrungsschnitt *n,m;* angle cut
n; mitre cut *n*

gekürzt zeichnen; draw in
shortened form

Geländer *n,nt;* hand railing *n;*
railing *n*

Geländer *n,nt (niedrig);* parapet
n (e.g. on balcony)

Geländerpfosten *n,m;* railing
post *n*

Gelenk *n,nt (z.B. Scharnier);* link
n; join *n;* hinge *n*

Gelenkbolzen *n,m;* hinge-bolt *n;*
joint bolt *n;* pin *n;* link pin *n*

Gelenkbolzenfachwerk *n,nt;*
hinge-bolt framework *n;*
pin-connected truss; pin-joint
truss *n*

gelenkig gelagert; hinged *adj;*
pin-ended *adj*

Gelenkpfette *n,f (bewegt sich bei
Ausdehnung);* articulated purlin

Gelenkrahmen *n,m;* hinged
frame

Gelenkträger *n,m;* articulated
girder

Gelenkträgerbrücke *n,f
(Auslegerbrücke);* cantilever
bridge *n*

Geltungsbereich *n,m;* scope *n;*
validity range *n*

gemeiner Bruch; fractional crack

**genaues Berechnungsverfah-
ren;** exact method of analysis

Genauigkeitsgrad *n,m;* degree
of accuracy; degree of precision

Geometrie *n,f;* geometry *n*

geometrische Imperfektion;
geometrical imperfection
geprüft *adj;* checked *adj*
geprüfter Handschweißer;
certified welder
geprüfter Schweißer; certified
welder
Geraderichten *n,nt;*
straightening *n*
geraderichten *v;* straighten *v*
geradliniger Nietabstand;
straight-line pitch *n*
Geräte *n,nt;* implements *n*
Gerberbrücke *n,f;* cantilever
bridge *n*
Gerbergelenk *n,nt;* gerber-joint
n
Gerberpfette *n,f;* cantilever
purlin *n*
Gerberträger *n,m*
(Auslegerträger); cantilever
beam *n;* cantilever girder *n*
gerissene Schweißung; cracked
welding
Gerüst *n,nt;* falsework *n;* scaffold
n
Gerüstmittelteil *n,nt;* center of
scaffolding
Gesamtbelastung *n,f;* total load
Gesamtgewicht *n,nt;* total
weight
Gesamthöhe *n,f;* overall depth
(e.g. of a beam); overall height;
total height
Gesamtmaß *n,nt;* overall
dimension
Gesamtprogramm *n,nt;* product
line *n*
Gesamtprüfstück *n,nt (z.B. für
Schweißprobe);* test assembly *n;*
assembly *n*
Gesamtspannung *n,f;* total

stress
Gesamtzeichnung *n,f;* general
arrangement drawing
**geschliffener und polierter
Stahl;** ground and polished steel
**geschlossenes Gaspreß-
schweißen** *(DIN 1910);* closed
square pressure gas welding
geschmiedeter Stahl; forged
steel
Geschoß *n,nt (Etage, Stockwerk);*
storey *n* [BE]; story *n* [AE]
Geschoßdecke *n,f (Decke);*
ceiling *n (floor decking)*
geschweißt *adj;* welded *adj*
geschweißte Wand; welded wall
geschweißter Behälter; welded
tank
geschweißtes Rohr; welded tube
gespritzter Asbest; asbestos
spray *n*
gestalten *v (formen);* form *v;*
shape *v*
Gestehungskosten *n*
(Selbstkosten); net price *n*
gestreckte Länge; developed
length
gestützt *adj;* supported *adj*
getränktes Papier; impregnated
paper
**Gewicht per Kubikmeter um-
bauten Raumes;** weight per
cubic metre of enclosed space;
weight per cubic metre built
space
Gewicht pro laufenden Meter;
weight per current meter;
weight per linear meter
Gewicht pro Zeichnung; weight
per drawing
Gewichtstoleranz *n,f;* weight
tolerance *n*

Gewinde *n,nt;* thread *n*
Gewindebolzen *n,m;* screwed bolt
Gewindegang *n,m;* thread fillet *n*
Gewindegang *n,m (Gewindesteigung);* pitch of thread
Gewindekern *n,m;* root of thread
Gewindespitze *n,f;* crest of thread
Gewindesteigung *n,f (Gewindegang);* pitch of thread
Gewindetiefe *n,f;* depth of thread
gewogene Belastung; factored load
gewogene Sicherheitsfaktoren anwenden; apply load factors
gewogene Spannung; factored stress
gewogener Sicherheitsfaktor; load factor *n*
gewölbt *adj;* arched *adj*
gezeichnet *adj;* drawn *adj*
gezogener Bauteil; member in tension
gezogener Querschnittsteil *(Zugzone);* tension zone *n*
gezogener Stahl; drawn steel
Gichtbühne *n,f (z.B. des Hochofens);* blast furnace platform *n;* charging platform *n*
Gichtgas *n,nt;* blast furnace gas *n*
Giebelstütze *n,f;* gable post *n;* gable stanchion *n* [BE]
Giebelwandverband *n,m (z.B. von Haus, Halle);* gable wall girder *n*
Gierwinkel *n,m;* angle of yaw

Gießbühne *n,f;* casting platform *n*
Gießhalle *n,f;* foundry casting bay *n*
Gießpreßschweißen *n,nt (DIN 1910);* pressure-welding with thermo-chemical energy; means of heat transfer
Gießschmelzschweißen *n,nt;* fusion welding with liquid heat transfer
Gießschweißen *n,nt;* cast welding *n*
Gitter *n,nt;* lattice *n;* trellis *n*
Gitterbinder *n,m;* lattice truss *n*
Gittermast *n,m;* lattice tower *n*
Gittermastausleger *n,m;* lattice boom *n*
Gitterpfette *n,f;* lattice purlin *n*
Gitterrost *n,nt;* grate *n;* grating *n;* grid *n;* grillage *n*
Gitterrostbelag *n,m;* interlock flooring *n*
Gitterstab *n,m;* laced member; latticed member
Gitterstab *n,m (Füllungsstab);* web member *n*
Gitterträger *n,m;* lattice truss *n;* lattice girder *n;* open-web girder
Gitterwerk *n,nt;* lattice work *n;* trellis work *n*
Glasdach *n,nt;* glas roof *n*
Glasdachkonstruktion *n,f;* glass roof structure *n;* glazed roof
Glasdachsprosse *n,f (Sprossenstahl);* sash bar *n;* glazing bar *n*
Glaserkitt *n,m;* mastic *n*
Glaswand *n,f;* glass wall *n*
Glattstrich auf Putz; skimming coat *n*
Glättbalken *n,m;* screed *n*
Glätten *n,nt (Planieren);* roll

flattening *n*
gleiche Sicherheit; consistent
degree of safety
Gleichgewicht *n,nt;* balance *n;*
equilibrium *n*
Gleichgewichtsbedingung *n,f;*
balance condition *n;* static
equilibrium conditions
Gleichgewichtsgleichung *n,f;*
equation of equilibrium
Gleichgewichtslage *n,f;*
equilibrium position *n*
Gleichgewichtslage *n,f (z.B.
des Flugzeugs);* trim *n*
Gleichgewichtsstörung *n,f;*
divergence of equilibrium
Gleichgewichtsverzweigung
n,f; bifurcation of equilibrium
Gleichgewichtszustand *n,m;*
state of equilibrium
Gleichmaßdehnung *n,f;*
elongation before reduction of
area
**gleichmäßig verteilte Bela-
stung;** uniformly distributed
load
gleichmäßig verteilte Last;
uniformly distributed load
**gleichmäßig verteilte Porosi-
tät;** uniformly scattered porosity
**gleichmäßig verteilte Porosi-
tät;** uniformly scattered porosity
**gleichschenkliger rundkanti-
ger Winkelstahl;** round-edged
equal angle
**gleichschenkliger scharfkanti-
ger Winkelstahl;** square-edged
equal angle
gleichschenkliger Winkelstahl
equal-leg angle; equal angle
Gleisanschluß *n,m;* siding *n*
Gleiten *n,nt (Rutschen,*

Ausrutschen); sliding *n;* slippage
n
Gleitlager *n,nt;* friction bearing
n; sliding bearing *n*
Gleitlinie *n,f;* slide line *n;* slip
line *n*
Gleitmodul *n,nt;* modulus of
transverse elasticity; shearing
modulus of elasticity
Gleitmodul *n,nt (Schubmodul);*
shear modulus *n*
Gleitsicherheit *n,f;* stability
against sliding
Gleitstange *n,f;* sliding pole *n*
Glied *n,nt;* section *n (member)*
Glockenkurve *n,f;* bell-shaped
curve
Glut *n,f;* glowing *n*
GMAW *(Abk);* GMAW *(Abv);* gas
metal arc welding *n*
Gradiente *n,f;* gradient *n*
graphische Darstellung;
graphical representation; plot *n*
graphisches Symbol; graphical
symbol
Grat *n,m;* burr *n;* fin *n*
Grauguß *n,m;* grey cast iron;
grey iron easting
Grautönung *n,f;* grey shading
Grenzfall *n,m;* limiting case
Grenzlast *n,f (z.B. in der
Architektur);* M.C.R. *(Abv);*
maximum continuous rating;
maximum load *n*
**Grenzlastmoment im Verbund-
querschnitt;** ultimate moment
of resistance of a composite
section
Grenzmaß *n,nt;* limit *n*
Grenzwert *n,m;* limit value *n*
Grenzzustand *n,m;* limit state *n*
Grenzzustandsberechnung *n,f;*

limit states design *n*
Grobblech *n,nt;* heavy plate;
plate *n;* thick plate
Großversuch *n,m;* large-scale
test
Grundanstrich *n,m (z.B. der
Rolltreppe);* primary coat; prime
coat *n*
Grundfläche *n,f;* base area *n*
Grundlage *n,f (Basis);* basis *n*
Grundlagen *n,f;* general
regulations
Grundlinie *n,f;* base-line *n;*
ground line *n*
Grundplatte *n,f (z.B. Fußplatte);*
base *n;* sole plate
Grundriß *n,m;* horizontal
projection; plan *n;* projection *n*
Grundspannung *n,f;* basic stress
Grundwerkstoff *n,m;* base
metal *n;* parent metal *n*
Gründung *n,f (Fundament);*
base *n;* foundation *n*
Gurt *n,m (z.B. eines
Blechträgers);* flange *n (e.g. of
plate girder)*
Gurt *n,m (z.B. Fachwerk,
Fachwerkträger);* boom *n;* chord
n
Gurtbreite *n,f (z.B. eines
Blechträgers);* flange width *n
(e.g. of plate girder)*
Gurtplatte *n,f;* cover plate *n;*
flange plate *n*
Gurtplattenstoß *n,m;* flange
plate joint *n*
Gurtquerschnitt *n,m
(Blechträger);* flange section *n*
Gurtquerschnitt *n,m
(Fachwerk);* chord section *n*
Gurtstab *n,m;* chord member *n*
Gurtstoß *n,m (Gurtplattenstoß);*

flange joint *n;* flange splice *n*
Gurtversteifung *n,f;* flange
stiffening *n*
Gurtwinkel *n,m;* flange angle *n*
Gurtwinkelstoß *n,m;*
flange-angle splice *n*
Gußasphalt *n,m;* mastic asphalt
n; sheet asphalt *n*
Gußfehler *n,m;* casting defect *n*
Gußkalotte *n,f;* cast spherical
segment cap
Gußstahl *n,m;* cast steel *n*
Gußstücke *n,nt;* castings *n*
Güte *n,f;* grade *n*
Gütegrad *n,m;* grade *n*
Gütenorm *n,f;* quality standard *n*
Gütewert *n,m;* mechanical
property
Gütezahl *n,f;* quality factor *n*

H

H-Kraft *n,f (horizontale Drücke,
Wind);* H-force *n (storm from the
side)*
Haarriß *n,m;* capillary crack *n;*
hairline crack *n;* micro-crack *n*
Haftfähigkeit *n,f;* bond *n*
halbautomatische Schweißung
; touch welding *n*
halbberuhigter Stahl; balanced
steel; semi-killed steel
Halbbinder *n,m;* half-truss *n*
**halbe Nietteilung einer ver-
setzten Nietung;** pitch of
staggered rivets
halber I-Träger; split beam *n*
halbes I-Profil; split tee *n*
halbhart *adj;* half-hard *adj*
halbharter Stahl; medium-hard
steel
Halbparabelträger *n,m;*

half-parabolic girder;
half-parabolic truss;
semi-parabolic girder

Halbrundblechschraube *n,f;*
self-tapping screw

Halbrundkopfniet *n,m;*
button-head rivet *n*

Halbrundniet *n,m;* half-round
rivet; round-head rivet *n;*
button-head rivet *n*

Halbrundstahl *n,m;* half-round
steel

Halbschnitt *n,m;* half section

Halbschnittzeichnung *n,f;*
half-section drawing *n*

Halbsteilflankennaht *n,f;*
half-open single seam

Halbzeug *n,nt;* semi-finished
products; semis *n*

Halle *n,f (Fabrikhalle);* bay *n;*
shed *n;* single storey industrial
building

Halsnaht *n,f;* seam *n*

Halteblech *n,nt;* fixing sheet *n*

Haltevorrichtung *n,f;* fixture *n;*
jig *n*

Hammernietung *n,f;* hammer
riveting *n*

Handelsbaustahl *n,m;* mild steel

Handelsgüte *n,f;* commercial
grade; commercial quality

Handelsstabstahl *n,m;*
hot-rolled bar; merchant bar *n*

handfest geschraubt*;*
hand-screwed *adj*

Handkran *n,m;* hand crane *n*

Handkreuz *n,nt (Spinne, Stern);*
spider *n*

Handlaufschiene *n,f;* retaining
rail *n*

Handlichtbogenschweißen
n,nt; manual shielded metal arc

welding

handnieten *v;* hand rivet *v*

Handnietung *n,f;* hand riveting *n*

Handschild *n,m*
(Schweißerschild); face shield *n;*
hand screen *n;* hand shield *n*

Handschweißgerät *n,nt;* welder
n

Handschweißung *n,f;* manual
welding *n*

Handwinde *n,f;* hand winch *n*

Hartblei *n,nt;* hard lead

harter Stahl; hard steel

Hartlöten *n,nt;* brazing *n*

Hauptachse *n,f;* principal axis *n*

Hauptlasten *n,f;* principal loads *n*

Hauptöffnung *n,f (Brücke);* main
span *n*

Hauptspannung *n,f;* principal
stress *n*

Hauptträger *n,m;* main girder *n;*
main truss *n*

Hauptzusammenstellung *n,f;*
main assembly *n*

Hängedach *n,nt;* suspended roof

Hängedecke *n,f;* suspended
ceiling

Hänger *n,m (Hängestange);*
suspension rod *n;* hanger *n;*
suspender *n*

Hängestange aus Vollstahl*;*
solid steel suspension rod

Hängewerk *n,nt;* Queen-post
truss *n;* Queentruss *n*

**Härtebestimmung in der Wär-
meeinflußzone***;* hardness test
in the heat-affected zone

Härtegrad *n,m;* degree of
hardness

Härten *n,nt;* quenching *n*

Härtung durch Kalthämmern*;*
hammer hardening *n;* hardening

by peening

Häufigkeit *n,f;* frequency *n (e.g. in statistics)*

Häufigkeitskurve *n,f;* frequency curve *n*

Hebezeug *n,nt;* hoisting equipment *n*

Hebezeug *n,nt (Kran);* crane *n*

Heften der Kanten; tacking of edges

Heftklammern *n,f (beim Rohrschweißen);* bridge bars *n (tube welding)*

Heftniet *n,m;* stitch rivet *n* [AE]; tack rivet *n* [BE]

Heftnietung *n,f;* stitch riveting *n* [AE]; tack riveting *n* [BE]

Heftrand *n,m (z.B. einer Zeichnung);* filing margin *n*

heftschweißen *v;* tack weld *v*

Heftschweißen *n,nt;* tack weld *n*

Heftschweißer *n,m;* tacker *n;* tack welder *n*

Heftschweißung *n,f;* stitch welding *n;* tack welding *n*

Heftstelle *n,f;* tack weld *n*

Heizelementschweißen *n,nt (DIN 1910);* thermo-compression welding *n;* heated tool welding

Heizkeilschweißen *n,nt (DIN 1910);* heated wedge pressure welding

Heizwert *n,m;* heating value *n*

herauszeichnen *v;* draw separately *(e.g. details)*

Herstellung *n,f (Fertigung);* production *n*

Herstellungsverfahren *n,nt;* production method *n*

HF-geschweißt *adj;* pressure-welded *adj*

hierzu gehören die Zeichnungen ...; also see the drawings ...

Hilfsstab *n,m;* auxiliary member *n*

Hilfsstab *n,m (schräger Hilfsstab);* auxiliary diagonal *n;* sub-diagonal *n*

Hilfsstab *n,m (senkrechter Hilfsstab);* sub-vertical *n*

Hitzemesser *n,m (Pyrometer);* pyrometer *n*

Hobelmaschine *n,f;* planer *n;* planing machine *n*

hobeln *v;* plane *v*

Hoch- und Tiefbau *(Bauwesen);* civil engineering *n*

Hoch- und Tiefbaukonstruktionen; civil engineering work *n*

Hochbau *n,m;* building construction *n;* superstructure *n (building)*

Hochbehälter *n,m;* high-level tank *n* [BE] *(elevated tank)*

hochfest *adj;* high-strength; high-tensile *adj*

hochfeste Schraube *(HV-Schraube);* high-strength bolt *n* [AE]; high-tensile bolt [BE]

hochfeste Schraubverbindung; high-strength bolted joint

hochfester Baustahl; high-tensile structural steel

hochfester Stahl; high-strength steel *n;* high-tensile steel

hochgekohlter Stahl; high-carbon steel *n*

Hochgeschwindigkeitsstahl *n,m;* high-speed steel *n*

Hochhaus *n,nt (Wolkenkratzer);* skyscraper *n*

hochkant stellen; place on edge

hochkantig *adj;* edgewise *adj;*
on edge

hochlegierter Stahl; high-alloy
steel *n*

Hochofen *n,m;* blast furnace *n*

Hochofen *n,m (als Erz-
beziehungsweise
Eisenkonverter);* converter *n*

Hochofencharge *n,f;* blast
furnace charge *n;* furnace
charge *n*

Hochofengas *n,nt;* blast furnace
gas *n*

Hochspannung *n,f;* high tension
n

Hochspannungsleitung *n,f;*
high-tension line *n*

Hochspannungsmast *n,m;*
high-tension line tower *n;*
high-tension tower *n*

hochstegig *adj;* deep-webbed *adj*

hochstegiger T-Stahl; deep-web
T

hochwertig *adj;* high-strength

hochzugfester Stahl;
high-tensile steel

Hohlblockstein *n,m;* hollow
block

Hohlkastengründung *n,f
(Senkkastengründung,
Caissong);* caisson foundation *n*

Hohlkehlnaht *n,f (Hohlkehle);*
concave fillet weld

Hohlkehlschweißung *n,f;* fillet
weld *n*

Hohlmauer *n,f;* cavity wall *n*

Hohlniet *n,m;* tubular rivet *n*

Hohlquerschnitt *n,m
(Rohrquerschnitt);* hollow
section; tubular section

Hohlschraube *n,f;* hollow screw

Hohlstütze *n,f;* hollow column

Hohlstütze *n,f (rund);* hollow
stanchion

Hohlträger *n,m;* hollow girder

Hohlträger *n,m (Kastenträger);*
box girder *n*

Hohlwand *n,f;* cavity wall *n*

Hohlziegel *n,m;* hollow brick

Holz *n,nt (Nutzholz);* timber *n*

Holzbohle *n,f;* timber plank *n*

Holzfahrbahn *n,f;* timber deck *n;*
timber decking *n;* timber floor *n*

Hookesches Gesetz; Hooke's law

Horizontalbeschleunigung *n,f;*
horizontal acceleration

Horizontalverband *n,m (des
Mauerwerks);* horizontal bond
(wall bond)

Höchstbelastung *n,f;* maximum
load *n*

Höchstspannung *n,f (z.B. eines
Drahtseils);* maximum stress *n*

Höhe *n,f;* height *n*

Höhe *n,f (eines U-Stahls);* depth
channel *n*

HSS *(Abk);* HSS *(Abv)*

Hubbrücke *n,f;* lift bridge *n;*
vertical lift bridge

Hubgeschwindigkeit *n,f;*
hoisting speed *n*

Hubmagnet *n,m
(Lasthebemagnet);*
electro-magnet *n;* lifting magnet
n

Hubspindel *n,f;* jack *n;* lifting
spindle *n*

Hubtor *n,nt;* lifting gate *n*

Hubwerk *n,nt;* lifting gear *n
(hoisting gear)*

Hutträger *n,m;* head beam detail
n

Hutventilbühne *n,f;* blidder *n*

HV-Naht *n,f;* bevel seam *n*

HV-Schraube *n,f (hochfeste Schraube);* high-strength bolt *n* [AE]; high-tensile grip bolt [BE]

HV-Verbindung *n,f (DIN 6916);* friction-type connection *n*

HY-Naht *n,f;* single bevel with root face

Hybridstahlträger *n,m;* hybrid beam *n;* hybrid girder *n*

Hydrant *n,m;* hydrant *n (fire hydrant)*

Hydraulikraum *n,m (Hydraulikstation);* hydraulic room *(hydraulic station)*

hydraulische Hubspindel; hydraulic jack

hydraulische Presse; hydraulic press

Hyperbel *n,f;* hyperbola *n*

Hypothese *n,f (Annahme, Gedanke);* assumption *n;* hypothesis *n*

Hysterese *n,f (Hysteresis);* hysteresis *n*

Hysteresisschleife *n,f;* hysteresis loop *n*

I

I-Naht *n,f;* square weld *n*

I-Profil *n,nt;* I-section *n* [BE]; I-shape *n* [AE]

I-Träger *n,m;* I-beam *n*

I-Träger *n,m (I-Profil);* I-section *n* [BE]; I-shape *n* [AE]

idealvollkommener Stab; ideal bar [AE]; ideal member

Imperfektion *n,f (Mangel);* imperfection *n*

in gewalztem Zustand *(wie gewalzt);* as rolled

Industriebau *n,m;* industrial construction

Industriebau *n,m;* design and construction of industrial buildings

Industriegase *n,nt;* industrial gasses

Industriegebäude *n,nt;* industrial building

Industriekamin *n,m;* industrial smokestack

ineinanderzeichnen *v;* draw in the mated condition

Infinitesimalrechnung *n,f;* infinitesimal calculus

Informationsinhalt *n,m;* informative content

Informationszentrum *n,nt;* information centre *n (AE: center)*

Ingenieurbauwerke *n,nt;* engineering structures *n*

Innenflanschlasche *n,f;* side plate *n*

Innenlängsfehler *n,m;* internal longitudinal flaw

Innenriß *n,m;* internal crack

Innenschweißen *n,nt;* internal welding

Innenspiegel *n,m (im Auto, usw.);* inside rear mirror *n*

innere Kraft *(Beanspruchung);* internal force; stressing *n*

innere Rundnaht; inside all-round weld

ins Gleichgewicht bringen; balance *v (balance out);* equilibrate *v* [AE]

Instabilität *n,f;* instability *n*

Instandhaltung *n,f (Pflege, Erhalt);* upkeep *n (maintenance)*

Integralrechnung *n,f;* integral calculus

Integrationskonstante *n,f;*

constant of integration
IPB-Profil *n,nt;* H-section *n*
Irrstrom *n,m (Kriechstrom);*
stray current
ISO-V *(Kerbschlagzähigkeit);*
Charpe-V notch *n (e.g. 31*
Joule,-40°C)
Isolator *n,m;* insulator *n*
isometrische Darstellung;
isometric projection
Isoseisten *n,f;* isoseismal lines
Istmaß *n,nt;* actual dimension

J

J-Naht *n,f;* J-weld *n*
Jalousie *n,f;* blind *n;* shutter *n*
Joch *n,nt (z.B. der Jochbrücke);*
piling *n (on pile bridge);* pile *n*
(pilework on pile bridge)
Jutestreifen *n,m;* hessian scrim
n

K

K-Fachwerk *n,nt;* K-shaped
lattice work; K-truss *n*
Kabel *n,nt (Seil);* cable *n (wire*
rope)
Kabelbrücke *n,f (Seilbrücke);*
cable suspension bridge *n*
Kabeldraht *n,m;* cable wire *n*
Kabelklemme *n,f;* bulldog clamp
n
Kachelofen *n,m;* tiled stove
kadmieren *v*
(Oberflächenbehandlung);
cadmium-plate *v*
Kalorimeter *n,m*
(Wärmemesser); calorimeter *n*
kalt nieten; cold rivet *v*

kalt schlagen; cold drive *v*
Kaltbiegeversuch *n,m;* cold
bend test *n*
Kaltbrüchigkeit *n,f;*
cold-brittleness *n;* cold-shortness
n
Kaltformgebung *n,f;* cold
shaping *n;* cold forming *n*
Kaltformung *n,f;* cold forming *n*
kaltgewalzter Stahl; cold rolled
steel
kaltgezogener Stahl; cold
drawn steel
Kalthärtung *n,f;* strain
hardening *n;* work hardening *n*
Kaltkleber *n,m;* cold adhesive *n*
Kaltpreßschweißen *n,nt;* cold
pressure welding *n*
Kaltprofil *n,nt;* cold-formed
section
kaltrecken *v;* cold stretch *v*
kaltschlagen *v (z.B. Niete);*
cold-drive *v;* cold-form *v*
Kaltschweißung *n,f;* stuck weld
n
kaltstrecken *v;* cold stretch *v*
Kamin *n,m (Fabrikschornstein);*
smokestack *n (chimney)*
Kaminhalterung *n,f (z.B. am*
Industriekamin); chimney
support *n*
Kammer des Prüfblocks;
chamber of the probe block
Kammträger *n,m;* comb support
n
Kanadischer Normenausschuß
(CSA); Canadian Standards
Association
Kanal *n,m;* channel *n*
Kanalbrücke *n,f;* canal bridge *n*
Kanalisation *n,f (Verrohrung);*
piping and conduit

Kantenträger n,m *(Randträger)*; edge girder n

Kastenbrücke n,f *(Stahlbrücke)*; box-type bridge n *(welded steel bridge)*

Kastenquerschnitt n,m; box girder cross section n; box section n; box-type cross section n

Kastenträger n,m; box-type girder n

Kastenträger n,m *(Hohlträger)*; box girder n

Kämpfer n,m *(Firmenname)*; abutment n; springing n

Kämpfergelenk n,nt *(nach Kämpfer)*; skewback hinge n; springing hinge n; abutment hinge n

Kegeleindruck n,m; cone impression n *(Rockwell test)*

kegelförmig adj *(konisch)*; conical adj

Kehle n,f *(Rille)*; groove n

Kehlnaht n,f *(z.B. an senkrecht aufeinanderstehenden Blechen)*; fillet weld n; fillet n

Kehlnaht am Überlappstoß; fillet weld in a lap joint

Kehlnahtdicke n,f; throat depth n

Kehlnahtprüfstück n,nt; fillet weld test specimen n

Kehlnahtschweißung n,f; fillet welding n

Kehlschweißung n,f *(Kehlschweißnaht)*; fillet weld n

Keilprobe n,f; wedge test n

kennzeichnende Angaben; characteristics n

Keramikunterlage n,f; ceramic backing n

Kerbbiegeprobe n,f *(z.B. für Blech)*; notch bend test n *(e.g. for plate)*

Kerbbiegeversuch n,m; nick-bend test n; notch bend test n

Kerbschlag n,m; notch impact n

Kerbschlagbiegeversuch n,m; notched bar impact bending test; notched bar impact test

Kerbschlagempfindlichkeit n,f; notch sensitivity n

Kerbschlagfestigkeit n,f; notch impact strength n; notched bar impact strength

Kerbschlagfestigkeit n,f *(Kerbschlagzähigkeit)*; impact value n; notch toughness n; notch value n

Kerbschlagversuch n,m; notched bar impact bending test; notched bar impact test

Kerbschlagzähigkeit n,f; notch impact strength n; notched bar impact strength

Kerbschlagzähigkeit n,f *(Kerbschlagfestigkeit)*; impact value n; notch toughness n; notch value n

Kerbstab n,m; notched bar

Kerbstab n,m; notched test bar; notched test specimem

Kerbwirkung n,f; notch effect n

Kerbwirkungszahl n,f; notched bar impact value

Kerndurchmesser n,m *(z.B. einer Schraube)*; root diameter n; core diameter n; minor diameter

Kernpunkt n,m; kernel point n

Kernquerschnitt n,m; area at bottom of thread; area at root of thread [BE]

Kernquerschnitt *n,m (z.B. einer Schraube);* core section *n*

Kesselbauwerkstatt *n,f;* vessel shop *n*

Kesselhaus *n,nt;* boiler house *n* [BE]; boiler room *n* [AE]

Kesselschweißen *n,nt;* boiler welding *n*

Kettenbrücke *n,f;* chain suspension bridge *n*

Kettenflaschenzug *n,m;* chain pulley block *n*

Kettenschlinge *n,f;* chain sling *n*

Kippen *n,nt (z.B. von Trägern.);* lateral-torsional buckling *(e.g. of beams);* lateral buckling

Kipplager *n,nt;* rocker bearing *n*

Kippmoment *n,nt;* overturning moment *n*

Kippsicherheit *n,f;* safety against overturning

Kippsicherheit *n,f;* stability against lateral-torsional buckling

Kippung *n,f;* overturning *n*

Kippzapfen *n,m;* rocker pin *n*

Kirchenschiff *n,nt (Längsschiff);* nave *n (of a church)*

Kitt *n,m;* mastic *n;* putty *n*

kittlos *adj;* non-puttied; puttyless *adj;* unputtied *adj;* not puttied; without mastic

klaffender Querriß; open transverse crack

Klappbrücke *n,f;* bascule bridge *n*

Klappe *n,f (einer Klappbrücke);* leaf *n (of a bascule bridge)*

Klappschütz *n,m;* tilting gate *n*

Klapptor *n,nt;* flap gate *n;* trap

door *n*

Klebemittel *n,nt (Klebstoff);* adhesive *n*

Kleben *n,nt;* fastening with adhesive

kleben *v;* join by adhesive

Klebeverbindung *n,f;* fastening with adhesive

Klebevermögen *n,nt;* adhesiveness *n*

Klebstoff *n,m (Klebemittel);* adhesive *n*

Klemmkraft *n,f;* champing force *n;* clamping force *n*

Klemmlänge *n,f;* grip *n;* grip length *n*

Klemmlänge bei einer Nietung ; grip of rivet

Knagge *n,f (hält z.B. eine Schiene);* bar shear connector *n* [AE]; block shear connector *n;* cleat *n*

Knickbeanspruchung *n,f;* buckling stress *n*

Knickbelastung *n,f;* buckling load *n*

knicken *v;* buckle *v*

Knicken *n,nt;* buckling *n*

Knicken auf elastischer Bettung; buckling in an elastic medium

Knickfestigkeit *n,f;* buckling strength *n*

Knicklast *n,f (Traglast);* buckling load *n;* collapse load *n*

Knicklänge *n,f;* effective length *n*

Knickspannung *n,f;* buckling stress *n*

Knickung *n,f;* buckling *n*

Knickverhältnis *n,nt;* buckling ratio *n*

Knickversuch *n,m;* buckling test

n

Knickversuch *n,m;* column test *n;* compression member test *n*

Knickvorgang *n,m;* buckling phenomenon *n*

Knickzahl *n,f;* buckling coefficient *n*

Knickzahl *n,f;* column buckling factor *n*

Knie *n,nt;* angle *n*

Knieleiste *n,f;* midrail *n*

Kniestück *n,nt (Knie);* angle *n;* knee *n (elbow)*

Knoten *n,m (Knotenpunkt);* panel point *n;* node *n*

Knotenblech *n,nt;* gusset plate *n*

Knotenblechverbindung *n,f;* guss connection *n;* gusseted connection

Knotenblechverbindung *n,f;* gusset plate joint *n*

Knotenpunkt *n,m (Fachwerk);* apex *n;* panel point *n*

Knotenpunkt *n,m (Knoten);* node *n (panel point)*

Koeffizient *n,m;* coefficient *n*

Kohlelichtbogenschweißen *n,nt;* carbon arc-welding *n*

Kohlenbunker *n,m;* coal bunker *n*

kohlenstoffarmer Stahl

Kohlenstoffgehalt *n,m;* carbon content *n*

kohlenstoffreicher Stahl; high-carbon steel *n;* high-carbon steel *n*

Kohlenstoffstahl *n,m;* carbon steel *n*

Komponente *n,f;* component *n*

Kondensatableiter *n,m;* steam traps *n*

konisch *adj;* bevelled *adj*

konisch *adj (kegelförmig);* conical *adj;* tapered *adj*

konische Unterlegscheibe; bevelled washer; tapered washer

Konstante *n,f (Festwert);* constant *n*

konstanter Beiwert; constant coefficient

Konstrukteur *n,m;* designer *n*

Konstruktion *n,f;* design *n;* structure *n;* construction *n*

Konstruktionsbüro *n,nt;* design office *n*

Konstruktionseinzelheit *n,f;* design detail *n*

Konstruktionspunkt *n,m;* point of construction

Konstruktionsstunde *n,f (Ingenieurstunde);* design hours *n (hours spent on designing);* time spent on designing

Konstruktionsteil *n,nt;* structural part

Konstruktionszeichnung *n,f (Werkstattzeichnung);* shop drawing *n;* workshop drawing *n*

Kontaktschweißen *n,nt;* contact welding *n*

kontern *v (eine zweite Mutter aufsetzen);* counter *v (by a second nut)*

kontinuierliche Drahtzuführung *(bei Schutzgas);* continuous wire feed

Kontraktion *n,f;* contraction *n*

Kontraktionszahl *n,f;* contraction coefficient *n*

kontrastreiche Wiedergabe; high-contrast reproduction *n*

Kontrollanalyse *n,f;* check analysis *n*

Kontrolle *n,f (Überwachung);*

control n

Kontrollkörper n,m *(Teststück für Prüfungen; USA)*; reference block n

Kontrollversuch n,m; control test n

Konvektion n,f; heat convection n; convection n

Konvektionsbeiwert n,m; convection coefficient n

Konverter n,m; converter n

Konverterstahl n,m; converter steel n

konzentrisch zu ...; concentric to ...

Koordinate n,f; coordinate n

Koordinatenachse n,f; coordinate axis n

Kopf n,m; end n

Kopfband n,nt *(Kopfstrebe)*; kneebrace n

Kopfbolzen n,m; set bolt n

Kopfbolzendübel n,m *(Bolzendübel)*; stud shear connector n

Kopfplatte n,f; closing plate n

Kopfplatte n,f *(Stütze)*; cap plate n; end plate n

Kopfschraube n,f; cap screw n; set screw n

Kopfstrebe n,f *(Kopfband)*; kneebrace n

kopierfähige Zeichnung; copyable drawing

Koppelträger n,m; suspended span

Korngefüge n,nt; grain structure n

korrodieren v; corrode v

Korrosion n,f; corrosion n

Korrosion unter mechanischer Beanspruchug; stress

corrosion n

korrosionsbeständig adj *(rostbeständig)*; stainless adj; rust-proof adj; rust-resisting adj

Korrosionsbeständigkeit n,f *(Rostbeständigkeit)*; corrosion resistance n; rust resistance n

Korrosionsschutz n,m; protection against corrosion

Korrosionsschutz von Stahlbauten; protection of steel structures from corrosion

korrosionsschutzgerechte Gestaltung; corrosion-proof design of st. structure

Kosten n *(Aufwand)*; cost n; expenditure n

Kostenrechnung n,f; cost accounting n; costing n

Königsstuhl n,m *(Königsbolzen)*; center support n [AE]

Königsstuhl n,m *(Königsbolzenlagerung)*; pivot bearing of swing bridge

Körner n,m; centre punch n

Körperkante n,f; edge of the object

Kraft n,f; force n

Kraftangriff n,m; application of load

Kraftangriffspunkt n,m; point of application of load

Krafteck n,nt; force polygon n; polygon of forces

Kraftlinie n,f; force line n; force trajectory n; line of force

Kraftlinienverlauf n,m; force line course n; shape of force trajectories

Kraftniet n,m; load-carrying rivet; rivet carrying stress

Kraftrichtung n,f; direction of

force
Kraftübertragung *n,f;*
transmission of force
Kragarm *n,m;* cantilever arm *n*
Kragarmbrückenträger *n,m;*
cantilevered arm of bridge truss
Kragdach *n,nt (Vordach, z.B.*
über einer Tankstelle); canopy *n;*
cantilever roof *n*
Kragstütze *n,f;* bracket support *n*
Kragträger *n,m;* cantilever *n;*
cantilever beam *n;* cantilever
girder *n*
Kran mit Selbstantrieb;
self-propelled crane
Kranarm *n,m;* crane arm *n (jib*
arm)
Kranausrüstung *n,f;* crane
equipment *n*
Kranbahn *n,f;* crane gantry *n;*
crane runway *n;* craneway *n*
Kranbahnkatze *n,f;* trolley *n*
Kranbahnschiene *n,f*
(Kranschiene, Laufschiene);
crane rail *n;* running rail *n*
Kranbahnstütze *n,f;* crane
column *n;* crane runway column
n; crane stanchion *n*
Kranbahnträger *n,m;*
crane-runway girder *n;* gantry
girder *n;* craneway-girder *n*
Kranfahrbahn *n,f;* crane
runway *n*
Kranführer *n,m;* crane driver *n;*
crane operator *n*
Kranlaufbahn *n,f;* travelling
crab *n;* trolley *n*
Kranschiene *n,f*
(Kranbahnschiene,
Laufschiene); crane rail *n;*
running rail *n*
Kranspurweite *n,f (Spurweite);*

crane track gauge *n*
Krater *n,m;* crater *n*
Kraterblech *n,nt;* crater plate *n*
Kraterriß *n,m (z.B. an einer*
Schweißnaht); crater crack *n*
Kräftebestimmung *n,f;* stress
analysis *n*
Kräftedreieck *n,nt;* force
triangle *n;* triangle of forces
Kräfteermittlung *n,f;*
member-force analysis *n*
Kräftegleichgewicht *n,nt;*
equilibrium of forces
Kräftemaßstab *n,m;* force scale *n*
Kräftepaar *n,nt;* force-couple *n*
Kräfteparallelogramm *n,nt;*
force parallelogram *n;*
parallelogram of forces
Kräfteplan *n,m;* force diagram *n;*
force system *n;* stress diagram *n;*
stress sheet *n*
Kräftezerlegung *n,f;* resolution
of forces
Kräftezusammensetzung *n,f;*
composition of forces
Krähenfüße *n,m (Schweißen);*
wrinkles *n;* crow's feet
Kreisbogen *n,m;* arc of circle
Krempe *n,f;* lip *n*
Krempe *n,f (durch Stanzen);*
flange *n*
Kreuzprobestück *n,nt;*
cruciform testpiece *n*
Kreuzstoß *n,m;* cross joint *n;*
cruciform joint *n*
Kreuzstoß *n,m (Stumpfnaht an*
kreuzartig verschweißten
Blechen); cross butt joint *n*
Kreuzverband *n,m;* cross
bracing *n* [BE]; diagonal bracing
Kreuzwerk *n,nt;* grid structure *n*
Kreuzwerk *n,nt (Trägerrost);*

grid n; grillage n
Kriechen n,nt (Beton); creep n;
    plastic flow n; time yield n
Kriechstrom n,m (Irrstrom);
    stray current
Kristallunterlage n,f; crystal
    backing n
kritische Spannung (elastische
    Spannung); critical stress
kritische Temperatur; critical
    temperature
kritischer Bereich; critical
    range
Kronenmutter n,f; castellated
    nut
kröpfen v; crimb v; joggle v
Krümmungshalbmesser n,m;
    radius of curvature
Kugeldruckversuch n,m; ball
    hardness test n; indentation test
    n
Kugelzapfen n,m; ball joint n
Kunstbauten n (z.B. Brücke
    oder Tunnel); works n (other
    than buildings)
Kunstharzklebstoff n,m;
    synthetic adhesive
Kupferkonstantan n,nt;
    copper-constantan n
Kupferstahl n,m; copper steel n
Kuppel n,f; cupola n; dome n
Kupplung n,f; clutch n; coupling
    n
Kupplungsflansch n,m;
    coupling flange n
Kupplungskopf mit Stift;
    coupling head with stud
Kurvenlineal n,nt; drawing
    curve n; French drawing curve
Kurzzeichen n,nt; designation n

L

L-Stahl n,m; section n (angle sections)
labiles Gleichgewicht
    (unsicheres Gleichgewicht);
    unstable equilibrium
Ladebrücke n,f; charging bridge
    n; loading bridge n
Ladebühne n,f; loading platform n
Lademaß n,nt; loading gauge n
Ladung n,f; loading n
Lage n,f; position n
Lage n,f (Schweißlage); layer n;
    pass n; run n
Lageplan n,m; site plan n
Lager n,nt (Schuppen, Magazin);
    storage shed n [AE]; store shed
    n [BE]
Lager n,nt (Stütze, Abstützung);
    bearing n; support n
Lager im Bauwesen; structural
    bearings
Lagerfuge n,f; grouting space n
Lagerfuge n,f (unterteilt,
    vergossen); bearing joint n
Lagerkörper n,m; bearing body
    n; pedestal body n
Lagerkörper n,m (Auflager);
    bearing n; support n
Lagermetall n,nt; babbit n;
    babbit metal n; bearing metal n;
    white metal
Lagerpendel n,nt; rocker n
Lagerplatte n,f (Auflagerplatte);
    bearing plate n; bed plate n
Lagerpressung n,f; bearing
    compression n; bearing pressure
    n; bearing stress n
Lagerreibung n,f; bearing
    friction n
Lagerschale n,f; bearing lining n
Lagerschuppen n,m; storage

building *n*; storage shed *n* [AE]

Lagerstoff *n,m*; store material *n*

Lagerstuhl *n,m*; pedestal *n*

Lagerträger *n,m*; bearing support *n*

Lagerung *n,f*; bearing *n*; bearing support *n*; storage *n*; support *n*; support bearing *n*

Lagerung für Hochbauten; bearing systems for buildings

Landungsbrücke *n,f*; landing stage *n*

Landvermesser *n,m*; surveyor *n*

landwirtschaftliches Gebäude ; agricultural building; farm building *n*

Langloch *n,nt (zum Korrigieren eines Spaltes)*; oblong hole *n*

Langlochnaht *n,f*; slot weld *n*

Lanze *n,f*; lance *n* [BE]

Lasche *n,f*; butt strap *n*; splice *n*; splice plate *n*

Laschenbolzen *n,m*; splice-plate bolt *n*

Laschennietung *n,f*; butt joint riveting *n*; butt riveting *n*; butt-strap riveting *n*; splice-plate riveting *n*

Laschenstoß *n,m*; joint with butt strap; joint with cover plate

Laschenstoß *n,m (Laschenverbindung)*; butt joint with splice plates; splice *n*; splice joint *n*

Laschenverbindung *n,f*; butt-strap joint *n*

Laschenverbindung *n,f (Laschenstoß)*; butt joint with splice plates; splice *n*

lasergeschweißt *adj (DIN 1910)*; laser-welded *adj (e.g. tubes, pipes)*

Laserschweißen *n,nt (DIN 1910)*; laser welding *n (e.g. tubes, pipes)*

Laserstrahlschweißen *n,nt (DIN 1910)*; laser welding *n (e.g. tubes, pipes)*

Last *n,f*; load *n*

Lastangriffspunkt *n,m*; point of application of load; loading point *n*

Lastannahme *n,f*; assumed load

Lastannahmen für Bauten; design loads for buildings

Lastenaufzug *n,m*; elevator *n*; hoist *n*

Lastenaufzug *n,m (auf der Baustelle)*; freight elevator *n* [AE]; goods lift *n* [BE]

Lastenheft *n,nt (Leistungsverzeichnis)*; specification *n*; tender specification *n*

Lastenheft *n,nt (Pflichtenheft)*; job specification *n*; specification *n*

Lastenzug *n,m*; load train *n* [BE]; loading *n*; train load *n* [AE]

Lastfaktor *n,m (gewogener Sicherheitsfaktor)*; load factor *n*

Lastfaktoren anwenden; apply load factors

Lastfall *n,m*; loading case *n*

Lasthaken *n,m*; crane hook *n*

Lastöse *n,f (Ösenhaken)*; C-hook *n*

Lastspiel *n,nt (Dauerversuch)*; load cycle *n*; cycle *n*; stress cycle *n*

Lastspielzahl *n,f (Schwingungszahl)*; number of alternations

Laststellung *n,f*; load position *n*; position of load

Lastverteilung *n,f*; dispersion of

load; load dispersion *n*

Lastwechsel *n,m;* load reversal *n;* alternating load; reversal of stress

Laufkatze *n,f;* crane trolley *n;* travelling carriage *n;* trolley *n*

Laufkran *n,m;* overhead travelling crane *n*

Laufkranz *n,m;* flange *n (e.g. of a wheel);* travelling rim *n*

Laufrad *n,nt (Laufrolle);* crane wheel *n*

Laufrolle *n,f;* face roller *n*

Laufrolle *n,f (Laufrad);* crane wheel *n*

Laufschiene *n,f;* guide rail *n*

Laufschiene *n,f (Kranbahnschiene, Kranschiene);* crane rail *n;* running rail *n*

Laufsteg *n,m;* passage *n* [AE]; passage way *n (gangway)*

Laufsteg *n,m (Bedienungssteg);* gangway *n* [BE]; runway *n*

Laufsteg *n,m (Fußweg);* footpath *n;* footway *n* [AE]

Laufwand *n,f;* curtain wall *n*

Länge *n,f;* length *n*

Längeneinheit *n,f;* unit of length

Längenmaßstab *n,m;* length scale *n*

Längs... *affix;* longitudinal *adj*

Längsbelastung *n,f (achsiale Last);* axial load

Längsdehnung *n,f;* linear expansion; longitudinal elongation

Längsdruck *n,m;* axial force; thrust *n*

Längskraft *n,f;* axial force; longitudinal force

Längsnaht *n,f;* straight seam; longitudinal seam

Längsprobe *n,f;* longitudinal test specimen

Längsrippe *n,f;* longitudinal rib

Längsriß *n,m (der Schweißnaht);* throat crack *n;* longitudinal crack

Längsschnitt *n,m (Zeichnung);* longitudinal section *(drawing)*

Längsschubkraft *n,f;* longitudinal shear

Längsschweiße *n,f;* longitudinal weld

Längssteife *n,f;* longitudinal stiffener

Längsträger *n,m;* longitudinal beam; longitudinal girder; stringer *n*

Längsträgerbeiwinkel *n,m;* angle cleat *n*

Längsträgerbrücke *n,f (Fahrbahnträgerbrücke);* deck-girder bridge *n*

Längsverband *n,m;* longitudinal bracing

Längsvorspannung *n,f;* longitudinal prestressing

Lebensdauer *n,f;* life *n*

leeseitig *adj (windabgekehrte Seite);* leeward *adj (not in luff)*

legierter Stahl; alloy steel *n;* alloyed steel

Legierung *n,f;* alloy *n*

Lehre *n,f;* gage *n*

Lehrgerüst *n,nt;* centering *n;* falsework *n;* formwork *n*

Leibung *n,f (Bogenleibung);* intrados *n*

Leibungsdruck *n,m (Schraube);* bearing *n*

Leichtbau *n,m;* light gauge design; light-weight construction *n*

Leichtfahrbahn *n,f;*
light-weight bridge deck *n*

Leichtmetall *n,nt;* light metal

Leichtmetallegierung *n,f;* light
alloy

Leichtprofil *n,nt;* light section

Leinenbindung *n,f (z.B. von
Schläuchen);* canvas water pipe
n

Leinöl *n,nt;* linseed oil

Leistungsfähigkeit *n,f;* capacity
n

Leistungsfähigkeit *n,f (z.B.
einer Werkstatt);* production
capacity *n*

Leistungslohn *n,m;* production
bonus *n*

Leitbalken *n,m (z.B. der
Brücke);* guard timber *n*

Leitbalken *n,m (z.B.
Leitplanke);* guard rail *n*

Leitplanke *n,f (Leitbalken);*
guard rail *n*

Leitschiene *n,f (Radlenker);*
guide bar *n;* guide rail *n*

Leitung *n,f (elektrisch);* conduct
n; line *n*

**Lichtbbolzenpreßschweißen
mit magnetisch bewegli-
chem Lichtbogen;** arc
pressure welding with magnetic
moved arc

**Lichtbbolzenschweißen mit
Hubzündung;** drawn arc stud
welding

**Lichtbbolzenschweißen mit
Spitzenzündung;**
condenser-discharged arc stud
welding

Lichtbogen *n,m (z.B. beim
Schweißen);* arc *n;* electric arc

Lichtbogenbolzenschweißen
n,nt; arc stud welding *n*

**Lichtbogenbolzenschweißen
mit Ringzündung;** arc stud
welding with initiation by collar

Lichtbogenhandschweißen
n,nt; shielded metal arc welding;
manual arc welding with
covered electrode; arc welding *n*

Lichtbogenofen *n,m;* arc
furnace *n*

Lichtbogenpreßschweißen
n,nt; arc pressure welding *n*

Lichtbogenschmelzschweißen
n,nt; arc welding *n*

Lichtbogenschweißen *n,nt;* arc
welding *n;* metallic arc welding

Lichtbogenschweißung *n,f;*
electric arc welding; arc welding
n

lichte Breite *(z.B. einer
Trogbrücke);* clear width *(e.g. of
a trough bridge)*

lichte Höhe *(freie Höhe);* clear
height *(passage height)*

lichte Weite; clear span

Lichtkuppel *n,f;* domelight *n*

Lichtpause *n,f;* print pause *n;*
light print *n;* negative *n*

Lichtraumprofil *n,nt;* clearance
diagram *n;* clearance gauge *n*

Lichtraumumgrenzung *n,f;*
clearance gauge *n*

Lichtstrahlschweißen *n,nt
(DIN 1910);* light radiation
welding *n*

Lieferart *n,f;* delivery *n*

Liefertermin *n,m;* delivery
promise *n*

linear verteilte Porosität;
linear porosity

Linienführung *n,f;* course *n;* line

n; location *n*

Linienkipplager *n,nt;* pin bearing *n*

Linienlast *n,f (Streckenlast);* knife-edge load *n* [BE]; line load *n*

linke Ausführung*;* left type

linksdrehend *adj;* counter clockwise *adj* [AE] *(Abv:ccw)*

Linsendurchmesser *n,m (beim Schweißen);* weld nugget diameter *n*

Linsensenkniet *n,m;* oval heat countersunk rivet; raised headed countersunk rivet

Linsensenkschraube *n,f;* countersunk screw *n;* oval head countersunk screw; raised countersunk head

Lochabstand *n,m (bei Nieten);* pitch *n (of hole)*

Lochabzug *n,m;* deduction for holes; deduction of holes; deduction of rivet holes

Lochdurchmesser *n,m;* diameter of the hole; hole diameter *n*

lochen *v;* hole *v*

Lochleibungsdruck *n,m;* bearing *n;* intrados pressure *n*

Lochleibungsfläche *n,f;* effective bearing area

Lochnaht *n,f;* plug weld *n*

Lochnaht mit Schlitz*;* slot weld *n*

Lochplatte *n,f;* swage block *n*

Lochreihe *n,f;* line of holes; row of holes

Lochschweißung *n,f;* slot weld *n*

Lochschweißung *n,f (Pfropfenschweißung);* plug weld *n*

Lochstempel *n,m;* punch *n*

Lockerung *n,f (beim Niet);* loosening *n;* slackening *n*

Lokomotivkran *n,m;* locomotive crane *n*

Los- und Festflansch*;* removable top plate and fixed plate

Losflanschring *n,m;* removable ring flange

lotrecht *adj (senkrecht);* perpendicular *adj (vertical)*

Löschturm *n,m (Wasserturm);* water tower *n*

Löschwasserversorgung *n,f;* water supply *n*

Löschwasservorrat *n,m;* water reserve *n*

Lötrohr *n,nt;* blow pipe *n*

Lunker *n,m (Hohlraumbildung, Schrumpfung);* shrinkage hole *n;* shrinkhole *n;* blowhole *n;* flaw *n;* shrinkage cavity *n*

lunkerfrei *adj;* without cavities

lunkerfreier Guß*;* casting free from blowholes; casting free of shrinkholes

luvseitig *adj (windseitig);* windward *adj*

Lüftung *n,f (Be- und Entlüftung);* ventilation *n*

Lüftungsklappe *n,f;* air shutter *n;* air valve *n*

M

M.S. *(Abk. f. Montageschweißung);* site welding *n*

MAG *(Abk.; Aktivgas wie z.B. CO2);* MAG *(Abv.; active gas, like e.g. CO2)*

Magerbeton *n,m;* poor concrete
Magerkalk *n,m;* poor lime
MAGM *(Abk.;*
Schutzgasschweißen); GMAW
(gas metal arc welding)
Magnetimpulsschweißen *n,nt;*
magnetic pulse welding
magnetisches Prüfverfahren*;*
magnetic crack detection;
magnetic particle test
Magnetkran *n,m;* magnet crane
n
Magnetpulververfahren *n,nt;*
magnaflux testing method *n;*
magnetic powder method
Magnetpulververfahren *n,nt*
(Schweißprüfung); magnetic
particle inspection; magnetic
method
makroseismischer Maßstab*;*
macroseismic scale
makroskopisch *adj;*
macroscopic *adj*
Manganstahl *n,m;* manganese
steel *n*
Mangel *n,m (Imperfektion);*
imperfection *n*
mangelhafte Schweißung*;*
defective welding
Mansardendach *n,nt;* mansard
roof *n*
Mantelblech *n,nt;* sheet steel
casing *n*
Mantelelektrode *n,f;* coated
electrode
Markieren *n,nt (Anzeichnen);*
match-marking *n*
Markierung *n,f;* marking *n*
Masche *n,f (Netzmasche);* mesh *n*
(of lattice work)
Maschendraht *n,m*
(Streckmetall); lath *n (expended*

metal)
maschinelle Einrichtung*;*
mechanical equipment
Maschinenbaustahl *n,m;*
machine steel *n*
Maschinenschraube *n,f;* bolt *n*
Maschinenschweißer *n,m;*
welding operator *n*
Maschinenschweißerzulas-
sung *n,f;* welding operator
qualification *n*
Massel *n,f;* ground wire *n*
Masselbett *n,nt;* pig bed *n*
Masselbühne *n,f;* pig iron
platform *n*
Masseleisen *n,nt (Roheisen);* pig
iron *n*
Masselgießbett *n,nt;* pig bed *n*
Massenbeschleunigung *n,f;*
acceleration *n;* mass
acceleration *n*
Massenplan *n,m*
(Übersichtszeichnung); general
arrangement; layout *n*
Massenstahl *n,m;* steel in
common use
Mast *n,m;* pole *n;* mast *n;* tower *n*
Materialbestellung *n,f;* ordering
of material
Materialfehler *n,m;* material
defect *n*
Materialliste *n,f;* bill of materials
Materialprobe *n,f;* material
testing *n*
Materialprüfung *n,f*
(Werkstoffprüfung); material
testing *n*
Mathematik *n,f;* mathematics *n*
mathematische Achse
(technische Achse); axis *n*
Matrize *n,f;* die *n;* matrix *n*
Mauerwerk *n,nt (Ausmauerung);*

brickwork n; masonry n

Maß n,nt; gauge n; dimension n

Maßabweichung n,f; offsize n
(outside tolerance)

Maßbezeichnung n,f; dimension
n

Maßbuchstabe n,m; dimension
letter n

Maßeinheit n,f; dimension unit n

Maßgenauigkeit n,f; tolerance n

maßgerecht adj; true to size

Maßkennzeichen n,nt;
identification marking of
dimensions

Maßlinienbegrenzung n,f;
dimension line termination n

maßstabsgerechte Zeichnung;
scaled drawing

Maßtoleranz n,f; dimensional
tolerance

Mängelgruppe n,f; group of
defects

Mechanik n,f (z.B. als
Gewerbezweig); mechanics n
(e.g. as a trade)

mechanische Eigenschaft;
mechanical property

**mechanische Eigenschaften
des Stahls**; mechanical
properties of steel

mechanische Werkstatt;
mechanical workshop [BE]

Meereshöhe n,f (Meeresspiegel);
level n; sea level n

**mehrachsiger Spannungszu-
stand**; multi-axial state of stress

mehrdornige Stanze; multiple
punch

mehrfach adj; multiple adj

mehrfeldrig adj (z.B. Rahmen);
multiple-span adj; multi-bay adj

mehrfeldriger Rahmen;

multi-bay frame

Mehrlagenschweißung n,f;
multi-run welding n; multi-pass
welding n; multi-pass weld n

mehrschiffig adj (z.B. Halle);
multi-bay adj; multi-nave adj

mehrschiffige Halle; multi-nave
hall; multi-nave shed; multi-bay
industrial building n

Mehrspindelbohrmaschine n,f
(Reihenbohrmaschine); multiple
drill

mehrstöckig adj (z.B. Rahmen);
multi-story adj [AE];
multi-storey adj [BE]

mehrstöckiger Rahmen
(Stockwerksrahmen);
multi-storey frame n

mehrteilig adj (Stab, Stütze);
built-up adj; compound adj

mehrteiliges Pfostenfachwerk;
pettit truss n; whipple truss n

Meister n,m (Werkmeister);
foreman n

Meißel n,m (Kaltmeißel); chisel n
(cold chisel)

meißeln v; chip v; chisel v

Membranwirkung n,f;
membrane effect n

Mennige n,f (Bleimennige);
minium n; red lead n

Messer n,nt (Schneide); blade n;
cutter n

Messing n,nt; brass n

Messung n,f; measurement n

Metall-Aktivgas-Schweißen
n,nt; active gas metal arc
welding

Metall-Inertgas-Schweißen
n,nt; MIG-welding n; inert-gas
metal-arc welding n

Metallichtbogenschweißen

n,nt; metal arc welding *n*

Metallichtbogenschweißen mit Fülldruckelektrode; flux-cored metal arc welding

metrisches Gewinde; metric thread

Meßapparat *n,m (Meßgerät);* measuring instrument *n*

Meßbereich *n,m;* measuring range *n*

Meßdose *n,f (Dynamometer);* dynamometer *n*

Meßeinrichtung *n,f;* measuring apparatus *n (measuring device)*

Meßfehler *n,m;* measuring error *n*

Meßgerät *n,nt (Meßapparat);* measuring instrument *n*

Meßlänge *n,f (z.B. eines Prüfstabs);* gauge length *n*

Meßstelle *n,f;* gauge point *n;* measuring point *n*

MIG *(Abk.; inertes Gas, z.B. Argon);* inert-gas metal-arc welding *n*

Mikroriß *n,m;* micro crack *n*

Mikroschliff *n,m;* micro section *n*

mikroskopisch *adj;* microscopic *adj*

Mischgasschweißen *n,nt;* gas-mixture shielded metal-arc welding

Mistgabel *n,f (Stütze an einer Stahlbrücke);* pitchfork *n (prevents vibrating; Y-type);* support *n (later added prop; Y-shaped)*

mit Beton ummantelt; cased in concrete [BE]; encased in concrete

mit Bindeblechen zusammen-

gesetzte Stütze; battened column

mit einem Dorn aufweiten; enlarge with a drift pin

Mittel *n,nt (Durchschnitt);* average *n;* mean *n*

Mittelblech *n,nt;* medium plate *n;* medium sheet *n*

Mittelfeld *n,nt (Mittelöffnung);* center span *n* [AE]; centre span *n* [BE]

Mittelfeld *n,nt (z.B. einer Stahlbrücke);* middle-field *n*

Mittelgelenk *n,nt;* centre hinge *n*

Mittelhalle *n,f (Mittelschiff);* middle hall *n;* center bay *n* [AE]; middle bay *n* [BE]

Mittelkraft *n,f;* resultant *n*

Mittellinie *n,f;* center line *n* [AE]

Mittelöffnung *n,f (Mittelfeld der Brücke);* center span *n* [AE]

Mittelpfeiler *n,m;* center pier *n* [AE]; centre pier *n* [BE]

Mittelpunkt *n,m;* centre *n* [BE]; center point *n* [AE]

Mittelschiff *n,nt (Mittelhalle);* middle hall *n;* centre bay *n* [BE]; middle bay *n*

Mittelstütze *n,f;* central support *n*

Mittelwert *n,m;* mean value *n*

Mittenabstand *n,m;* center-to-center distance [AE]; centre-to-centre distance [BE]; spacing *n*

Mittentoleranz *n,f;* center tolerance *n* [AE]

mittig *adj (zentrisch);* axial *adj;* central *adj*

mittig gedrückter Stab; axially loaded compression member

mittige Beanspruchung; axial

stress
mittiger Druck *(achsialer Druck)*; axial compression; axial thrust
mittlere Abweichung; average deviation *n*; mean deviation *n*
mittlere quadratische Abweichung; mean square deviation *n*
mittlerer Abstand; average distance *n*
mittlerer Fehler; mean error *n*
mitwirkende Plattenbreite; effective width *(of concrete slab)*
Modellversuch *n,m*; model test *n*
Modul *n,m*; modulus *n*
Moment *n,nt*; moment *n*
Momentenausgleichsverfahren *n,nt*; cross method *n*; moment distribution method *n*
Momentenfläche *n,f*; moment diagram *n*; moment diagram area *n*
Momentenlinie *n,f*; moment curve *n*; moment diagram *n*
Momentennullpunkt *n,m*; center of moments [AE]; centre of moments [BE]
Moniereisen *n,nt*; armouring bars *n*; reinforcing bars *n*
Montage *n,f*; electing *n*
Montage *n,f (Zusammenbau)*; assembly *n*; erection *n*; mounting *n*
Montageabschnitt *n,m (Schuß)*; assembled section
Montagebolzen *n,m*; erection bolt *n*; temporary bolt
Montagegerüst *n,nt*; erecting scaffold *n*; falsework *n*
Montagegerüst *n,nt (Stahlbau)*; assembly scaffolding *n*; assembly strut *n*; assembly

support *n*
Montagegriffloch *n,nt*; handling slot for assembly
Montagehalle *n,f*; assembling hall *n*; erecting shop *n*
Montagerechnung *n,f*; invoice for assembly; invoice for erection
Montageschraube *n,f*; erection bolt *n*
Montageschweißung *n,f*; erection welding *n*; site welding *n*
Montagestoß *n,m (Baustellenstoß)*; field joint *n*; field connection *n* [AE]; site connection *n* [BE]
Montagestütze *n,f*; assembly strut *n*
Montageunternehmer *n,m*; steelwork erector *n*
Monteur *n,m*; erector *n*; mounting foreman *n*
montieren *v (aufstellen)*; erect *v (assemble, commission)*; mount *v (fit)*
montierte Zeichnung; assembled drawing
Motorpumpe *n,f (Motorspritze)*; motor pump *n*
Motorspritze *n,f (Motorpumpe)*; motor pump *n*
Motorwinde *n,f*; electric winch
Möller *n,m (Chargiergut für Hochofen)*; batch *n (burden)*; charge *n (ore and fluxes)*
möllern *v (Chargiergut mischen)*; blend *v*; mix *v*
Möllerung *n,f (Mischung von Chargiergut)*; charge blending *n (charge mixing)*
Möllerwagen *n,m (am Hochofen)*; charging carriage *n*

N

N-Fachwerk *n,nt;* Baltimore
    truss *n;* N-truss *n*
N-Fachwerkträger *n,m;*
    Baltimore truss *n;* Parker truss
    n
Nachbehandlung *n,f;*
    subsequent treatment
nachbessern *v (z.B. einen
    Anstrich ausbessern);* touch up *v
    (paint)*
Nachbesserungsschweißen
    n,nt; touch-up welding *n*
Nachbohrmaschine *n,f;* reamer
    n; reaming machine *n*
nachbrennen *v (als Reparatur);*
    repair-weld *v*
nachbrennen *v (nachträgliche
    Arbeit);* subsequent
    flame-cutting
nachgespannt *adj;*
    post-tensioned *adj*
Nachmessen *n,nt;* remeasure *n*
Nachprüfung *n,f;* check *n;*
    verification *n*
Nachprüfungsmusterstück
    n,nt; retest specimen *n*
Nachrechnung *n,f;*
    recalculation *n*
nachschweißen *v;* re-weld *v*
nachschweißen *v (als
    Reparatur);* repair-weld *v*
nachschweißen *v
    (nachträglich);* flame-cut
    subsequently
nachschweißen *v (weil nicht
    passend);* adjust by
    flame-cutting
nachstemmen *v;* recaulk *v;*
    caulk *v*
Nachtschicht *n,f*

(Arbeitsgruppe); night turn *n
    (night shift)*
Nachweis *n,m (Beweis,
    Festlegung);* proof *n;*
    determination *n*
nackte Elektrode; bare wire
    electrode
Naht *n,f (auch Schweißnaht);*
    weld *n;* seam *n (welding, weld
    seam)*
Naht mit Wulst; convex contour *n*
Naht ohne Wulst; flush contour *n*
Nahtauslauf *n,m (der
    Schweißnaht);* phase out *n (of a
    seam)*
Nahtauslaufblech *n,nt
    (künstlich verlängert);* run-off
    tab *n (cut off after welding)*
Nahtbeschaffenheit *n,f;* seam
    state *n*
Nahtdicke *n,f;* throat thickness *n*
Nahtdicke *n,f (an einer
    Kehlschweißnaht);* fillet depth *n;*
    fillet thickness *n*
Nahtennorm *n,f;* standard joint
    configuration *n*
Nahtform *n,f;* weld shape *n*
nahtlos *adj;* seamless *adj*
nahtloses Rohr; seamless tube *n*
nahtloses Stahlrohr; seamless
    steel tube
Nahtnorm *n,f;* standard joint
    configuration *n*
Nahtquerschnitt *n,m;* cross of
    weld; cross-section of weld
Nahtscheitel *n,m;* seam crown *n*
Nahtschenkel *n,m;* seam leg *n*
Nahtschweißung *n,f;* seam weld
    n
Nahtunterseite *n,f (Wurzelseite);*
    back of weld
Nahtüberhöhung *n,f;* weld

reinforcement n; reinforcement of a welded seam n

Nahtwertigkeit n,f; valence of weld

Nahtwurzel n,f; seam root n

Naturgröße n,f; full-scale representation n

natürlicher Brand; natural fire

Näherung n,f; approximation n

Näherungsrechnung n,f; approximate calculation

Näherungswert n,m; approximate data

Nebenspannung n,f; secondary stress n

negative Auflagerkraft; uplift n

negativer Auflagerdruck; uplift n

negatives Biegemoment; hogging bending moment n [BE]; negative bending moment [AE]

Neigung n,f; inclination n; slope n

Neigungswinkel n,m; angle of inclination

Nenndruckstufen n,f; nominal pressure ratings

Nenndurchmesser n,m; nominal diameter

Nennlast n,f; nominal loading

Nennmaß n,nt (Sollmaß); nominal value; nominal dimension

Nennstreckgrenze n,f (Regelstreckgrenze); nominal elastic limit

Nennweite n,f; nominal size; nominal width

Nennwert n,m; nominal value

Nettoquerschnitt n,m; net section n

Netz n,nt; grid n (of a representation)

Netzlinie n,f; working line n; theoretical line

Netzmasche n,f; mesh n (of lattice work)

Netzverband n,m; lattice bracing n; net bracing n

neutrale Achse im elastischen Bereich; elastic neutral axis

neutrale Achse im plastischen Bereich; plastic neutral axis

neutrale Faser; neutral fibre

nicht aufgefüllte Naht; underfill n (underfilled seam)

nicht brennbar (unbrennbar); non-combustible adj

nicht durchgeschweißte Wurzel; incomplete joint penetration

nicht maßhaltig; out of tolerances

nicht planmäßige Stützensenkung; settlement of supports

nicht ständige Last; live load

nicht umkehrbarer Vorgang; irreversible process

nicht unterstempelter Träger; unpropped beam [BE]; unshored beam [AE]

Nichteisenmetalle n,nt; non-ferrous metals

nichtrostend adj (rostfrei); rust-proof adj; rustless adj; non-corrosive adj; stainless adj (non-rusting)

nichtrostender Stahl; stainless steel

nichtunberuhigter Stahl; killed steel; non-riming steel

niedrig gekohlter Stahl; low carbon steel

niedrig legierter Stahl; low

alloy steel
Niet *n,m;* rivet *n*
Nietabstand *n,m (Nietteilung);*
back pitch *n;* rivet pitch *n;* rivet
spacing *n*
Nietanschluß *n,m*
(Nietverbindung); rivet
connection *n;* riveted
connection; riveted joint
Nietdöpper *n,m (Nietstempel,*
drückt Niete zusammen); header
n (of a rivet); snap die *n*
Nietdöpper *n,m (Schelleisen);*
riveting set *n;* rivet snap *n*
Nietdurchmesser *n,m;* diameter
of rivet; rivet diameter *n*
Niete *n,f;* rivet *n*
Nieten *n,nt;* riveting *n*
Nieten mit Presse; machine
riveting *n*
Nietflansch *n,m;* riveted flange
Niethammer *n,m;* riveting
hammer *n*
Nietkopf *n,m;* rivet head *n*
Nietlochdurchmesser *n,m;*
diameter of rivet hole; rivet hole
diameter *n*
Nietquerschnitt *n,m;* rivet cross
section *n;* rivet section *n*
Nietreihe *n,f;* line of rivets; row
of rivets
Nietrißlinie *n,f;* rivet back-mark
n; rivet gauge line *n*
Nietschaft *n,m;* rivet body *n;*
rivet shank *n*
Nietschweiße *n,f;* plug weld *n*
Nietstahl *n,m;* rivet steel *n*
Nietstempel *n,m (Nietdöpper);*
header *n (of a rivet);* snap die *n*
Nietteilung *n,f (Nietabstand);*
pitch *n;* rivet pitch *n;* rivet
spacing *n*

Nietung *n,f;* riveting *n*
Nietverbindung *n,f*
(Nietanschluß); riveted
connection; riveted joint
Nietvorwärmung *n,f;* rivet
heating *n*
Nomogramm *n,nt;* nomogram *n;*
nomograph *n*
Normalglühen *n,nt;* normalizing
n (through glowing)
Normalkraft *n,f;* normal force *n*
(standard force)
Normalprofil *n,nt (Regelprofil);*
standard section *n*
Normalspannung *n,f;* axial
stress; normal stress *n*
Normbrand *n,m;* standardized
fire
normen *v;* standardize *v*
Normenausschuß *n,m;*
Standards Committee *n;*
Standards Institution *n*
Normenblatt *n,nt;* standard
sheet *n*
Normkurve *n,f (Standardkurve);*
standard curve *n*
Normprobe *n,f;* standard test
specimem *n*
Notausgang *n,m;* emergency exit
n
Notausstieg *n,m;* emergency exit
n (emergency stairs)
Notbeleuchtung *n,f;* stand-by
lighting *n*
Notleiter *n,f;* fire escape ladder *n*
Notstiege *n,f (Nottreppe);*
emergency staircase *n*
Nottreppe *n,f (Notstiege);*
emergency staircase *n*
Nullinie *n,f;* neutral axis
Nullpunkt *n,m;* zero point *n*
numerische Berechnung;

numerical calculation;
numerical computation
nutzbarer Querschnitt;
effective cross section; useful
cross section
Nutzbreite *n,f;* net width *n*
Nutzfläche *n,f;* net floor area *n*
Nutzholz *n,nt;* timber *n*
Nutzlast *n,f;* live load
Nutzlast *n,f (Gebrauchslast);*
service load *n;* working load *n*

O

oben liegende Fahrbahn; top
platform
oben offene Fachwerkbrücke;
bridge without pony truss;
girder bridge without overhead
bracing; trough truss bridge
without pony truss
obenliegend *adj;* top *adj*
obenliegende Fahrbahn; upper
deck
Ober... *affix;* top... *affix*
Oberbau *n,m (Überbau);*
superstructure *n*
Oberdeck *n,nt;* upper deck
Oberflansch *n,m;* top flange;
upper flange
Oberflanschanschlußplatte
n,f; top flange connecting plate
Oberflächenbehandlung *n,f;*
surface treatment *n*
Oberflächenbeschaffenheit
n,f; surface condition *n;* surface
quality *n*
Oberflächenfehler *n,m;* surface
defect *n;* surface imperfection *n*
Oberflächentemperatur *n,f;*
surface temperature *n*
Oberflächenvorbereitung *n,f;*

surface preparation *n*
Obergurt *n,m (eines*
Blechträgers); top flange *(of*
plate girder); upper flange
Obergurt *n,m (Fachwerkträger);*
top chord; upper boom; upper
chord
Obergurt *n,m (oberer Träger);*
top boom
Obergurtanschluß *n,m;* top
chord connection
Obergurtstab *n,m;* upper chord
member
Obergurtwinkel *n,m;* top flange
angle
oberirdische zylindrische
Flachbodentankbauwerke;
above ground cylindrical
flat-bottom tanks
Oberkante *n,f;* top edge; upper
edge
Oberleitungsmast *n,m;*
overhead line mast *n*
Oberlicht *n,nt;* rooflight *n;*
skylight *n*
Oberlichtpfette *n,f;* glazing
purlin *n;* skylight purlin *n*
Ofen *n,m;* furnace *n*
Ofengerüst *n,nt (Hochofen);*
blast furnace framework *n*
Ofengerüstachse *n,f (Hochofen);*
axis of blast furnace framework;
framework axis *n*
Ofenstütze *n,f (Hochofen);* blast
furnace foundation *n;* foundation
of blast furnace
offenes Gaspreßschweißen
(DIN 1910); open square
pressure gas welding
ohne Ausblendung unsichtba-
rer Kanten; without hidden
line removal

Ordinate *n,f;* ordinate *n*
Ordinatenachse *n,f;* axis of
  ordinates
Ortgangrippe *n,f;* gable transom
  n
orthotrope Platte*;* orthotropic
  plate
orthotrope Platte *(Stützteil ist
  die Fahrbahn);*
  orthogonal-anistropic plate
Oxydationsmittel *n,nt;* oxidizer
  n

Ö

öffentliche Ausschreibung*;*
  public competition; public
  submission; public tender
Öffnung *n,f (der Schweißnaht);*
  delamination *n*
Öffnung *n,f (z.B. einer Brücke);*
  span *n (e.g. of a bridge)*
Öffnungswinkel *n,m;* angle of
  V; groove angle *n* [AE]; included
  angle
Ölbeheizung *n,f (Ölfeuerung);*
  oil-fired heating
Ölbrenner *n,m;* oil burner *n*
Ölfeuerung *n,f (Ölbeheizung);*
  oil-fired heating
Ösenhaken *n,m (Lastöse);*
  C-hook *n*

P

Panzerung *n,f (harte
  Schweißung);* hard facing
  (abrasion-resistant mat)
Parabel *n,f;* parabola *n*
Parabelträger *n,m;* parabolic
  girder; parabolic truss

parallele Oberflächen*;* parallel
  lay
Parallelflanschträger *n,m;*
  parallel-flanged beam
Parameter *n,m;* parameter *n*
Pause *n,f (Kopie);* tracing *n*
Pause *n,f (Lichtpause);* pause *n*
Paßschraube *n,f;* fitted bolt;
  machined bolt; turned bolt
Paßstück *n,nt;* adjusting piece *n;*
  fitting piece *n*
Pendellager *n,nt;* pendulum
  bearing *n;* rocker bearing *n*
Pendelstütze *n,f;* pin-ended
  column; rocker post *n*
Pendelzugstab *n,m;* pendulum *n*
periodisch wechselnde Kraft*;*
  alternating force; alternating
  load
Pfeiler *n,m;* pier *n*
Pfeilhöhe *n,f;* rise *n*
Pfeilverhältnis *n,nt;* rise-span
  ratio *n*
Pfette *n,f (Dachpfette);* purlin *n
  (template);* templet *n*
Pfettenabstand *n,m;* purlin
  spacing *n*
Pfettenaufhängung *n,f;* sag bar
  n [BE]; sag rod *n* [AE]
Pfettenprofile *n,nt;* purlin
  profiles *n*
**Pfettenstrang von Giebel zu
  Giebel***;* gable-to-gable purlin
Pfettenübersicht *n,f;* purlin
  overview *n*
Pfettenwinkel *n,m;* purlin angle
  n
Pflichtenheft *n,nt (Lastenheft);*
  job specification *n;* specification *n*
Pfosten *n,m (Fachwerk);* post *n
  (pole, mast, rod)*
Pfosten *n,m (Ständer,*

Vertikalstab); vertical *n*
Pfostenfachwerk *n,nt;* pettit truss *n*
Pfropfenschweißung *n,f (Lochschweißung);* plug weld *n*
phosphatieren *v;* bonderize *v*
Photoelastizität *n,f (Spannungsoptik);* photoelasticity *n*
Physik *n,f;* physics *n*
Pilgerschrittschweißung *n,f;* step-back welding *n*
Pistole *n,f (Spritzpistole);* painting gun *n;* spray gun *n*
Pistole *n,f (zum Schweißen);* weld gun *n*
Planieren *n,nt (Glätten);* roll flattening *n*
planmäßige Stützensenkung; vertical adjustment of supports
Planung und Bauleitung; planing and contract management
Planwerke für Versorgungs-wirtschaft; plans for public supplies
Plasma-Metall-Schutzgas-schweißen *n,nt;* plasma-metal G-welding *n*
plastisch *adj;* plastic *adj*
plastische Verformung; plastic deformation
plastischer Bereich; plastic range
plastisches Gelenk; plastic hinge
plastisches Verhalten eines Tragwerkes; longitudial plastification; plastic behaviour of a structure
Plastizierung im Querschnitt; plastification in a cross section

Plastizität *n,f;* plasticity *n*
Plastizitätsberechnung *n,f (Lastverformung);* plasticity design *n*
Plastizitätszahl *n,f;* shape factor *n*
Platte *n,f;* slab *n;* plate *n*
Plattform *n,f;* platform *n*
pneumatisches Handnieten *(mit dem Preßlufthammer);* pneumatic hand riveting *n*
Podest *n,nt;* landing *n*
Poissonsche Zahl; Poisson's ratio
polares Trägheitsmoment; polar moment of inertia
Poller *n,m;* bollard *n (mooring bitt)*
Pontonbrücke *n,f;* pontoon bridge *n*
Poolrinne *n,f (zum Ablassen des Pools);* pool groove *n (on furnace)*
Porennest *n,nt;* cluster porosity *n;* cluster of pores *(pore pocket)*
Porosität *n,f;* porosity *n*
porös *adj;* porous *adj*
Porösität *n,f;* porosity *n*
Portal *n,nt (Rahmen, Portalrahmen);* gantry *n;* bent *n;* frame *n;* portal *n*
Portalkran *n,m (Bockkran);* gantry crane *n;* portal crane *n*
Portalrahmen *n,m;* portal frame *n;* bent *n;* frame *n;* portal *n*
Portalverband *n,m;* portal bracing *n;* transverse bracing by rigid frame
Position nicht dargestellt *(in einer Zeichnung);* item not shown *(in drawings)*
Position XX auf YY mm ge-kürzt *(in einer Zeichnung);* item xx shortened to yy mm *(in*

drawings)

positives Biegemoment; positive bending moment [AE]; sagging bending moment [BE]

Prämie *n,f*; bonus *n*; premium *n*

Prellbock *n,m (Puffer)*; buffer block *n*; bumper *n*; crane stop *n*; stop block *n*

Presse *n,f (Versuchspresse)*; testing machine *n (tests compression or tension)*

Pressung *n,f*; compression *n*

Pressung *n,f (Druck)*; pressure *n*

Preßlufthandnieten *n,nt (pneumatisches Handnieten)*; pneumatic hand riveting

Preßluftniethammer *n,m*; pneumatic riveting hammer

Preßluftnietung *n,f*; pneumatic riveting

Preßschweißen *n,nt (DIN 1910)*; welding with pressure; pressure welding *n*

Prismenstab *n,m*; prismatic member

Probe *n,f*; test *n*

Probe aus dem Grundwerkstoff; parent metal test specimen *n*

Probe aus dem Schweißgut; weld metal test specimen *n*

Probebelastung *n,f*; load test *n*; proof load *n*; test load *n*

Probeeinsatz *n,m*; test run *n (test operation)*; trial run *n (trial operation)*

Probeentnahme *n,f (Probenahme)*; sampling *n*; taking a sample

Probekörper *n,m (Prüfstück, Probestab)*; test piece *n*; test specimen *n*

Probenahme *n,f (Probeentnahme)*; sampling *n*; taking a sample

Probestab *n,m (Prüfstab, Prüfstück, Probekörper)*; test bar *n*; test piece *n*; test specimen *n*

Probestück *n,nt*; test piece *n*; test specimen *n*

Produktivität *n,f*; productivity *n*

Profil *n,nt*; structural shape; shape *n (structure)*; profile *n*; section *n*

Profilhöhe *n,f*; depth of section

Profilschere *n,f*; section shears *n*

Profilstahl *n,m*; sectional steel; shaped steel; steel sections *n*

Profilstahl *n,m (Formstahl)*; section *n*; shape *n*

Profilträger *n,m*; rolled beam; rolled joist

Profilträger *n,m (Walzträger)*; beam *n*; girder *n*; joist *n*

Projektingenieur *n,m*; project engineer *n*

Projektzeichnung *n,f*; project drawing *n*

Proportionalität *n,f*; proportionality *n*

Proportionalitätsgrenze *n,f*; limit of proportionality; proportional limit; stress-strain limit *n*

Proportionalstab *n,m*; proportional test specimen; proportionality bar *n*

Prüfbericht *n,m (Versuchsbericht)*; test report *n*

Prüfbescheinigung *n,f*; compliance test certificate *n*

Prüfeinrichtung *n,f*; testing apparatus *n*

prüffähige Statik *(bei Bauamt*

oder Versicherung); statics
ready for checking; statics ready
for approval
prüfgerechte Maßeintragung;
inspection-oriented
dimensioning
Prüfkopf *n,m (für Schalltest
oder Ultraschall);* probe *n*
(ultra-sonic)
Prüfkopfanpasser *n,m;* probe
adapter *n*
Prüfkopfbewegung *n,f;* probe
motion *n*
Prüfkopfdurchmesser *n,m;*
probe diameter *n*
Prüfkopfeinstellwinkel *n,m;*
angle between probes
Prüfkopfführungseinrichtung
n,f; probe mount *n;* probe
guiding device *n*
Prüfkopfhaltebügel *n,m;* probe
clip *n*
Prüfkopfhalteraufnahme *n,f;*
probe holder receptable *n*
Prüfkopfhalterung *n,f;* probe
holder *n*
Prüfkopfklammer *n,f;* probe
clamp *n*
Prüfkopfschuh *n,m;* probe shoe
n
Prüflast *n,f;* proof load *n*
Prüfstab *n,m (Probestab);* test
bar *n;* test specimen *n*
Prüfstück *n,nt (beim
Schweißen);* joint sample *n (for
welding)*
Prüfstück *n,nt (Probekörper,
Probestab);* test piece *n;* test
specimen *n*
Prüfung *n,f (Untersuchung,
Prüfen);* examination *n;* test *n;*
testing *n*

Prüfung auf Schweißbarkeit;
weldability test *n*
Prüfung mit Gammastrahlen;
gamma-ray examination *n*
Prüfung mit Isotopenstrahlen;
gamma-ray examination *n*
Prüfverfahren *n,nt;* testing
method *n*
Prüfzeichnung *n,f;* appraisal
drawing *n*
Puddeleisen *n,nt;* wrought iron
Puffer *n,m (Prellbock der
Kranbahn);* buffer block *n;*
bumper *n;* crane stop *n;* stop
block *n*
Pufferung *n,f (polsternde
Schweißschicht);* soft cushioning
seam
Pultdach *n,nt;* lean-to *n (leans on
a frame or skeleton);* lean-to roof
n; pent roof *n*
Pumpenstation *n,f;* pump
station *n (pump house, pump)*
Punkt *n,m;* point *n*
Punktierung *n,f;* dotting *n*
Punktkipplager *n,nt;* spherical
bearing
Punktlager *n,nt;* one-point
bearing *n;* point support *n*
Punktlast *n,f;* point load *n;* point
loading *n;* concentrated load
Punktnaht *n,f (punktgeschweißte
Naht);* spot weld *n (spot-welded
seam)*
punktschweißen *v;* spot-weld *v*
punktschweißen *v (heften);*
tack-weld *v*
Punktschweißung *n,f;* spot
welding *n;* point welding *n*
Punktschweißung *n,f
(Heftschweißung);* tack welding *n*
Putzdiele *n,f (Wandbauplatte als*

Putzträger); plaster board *n*
Putzträger aus Stahl*;* metal
  lath *n*
Pylon *n,m;* pylon *n*
Pyrometer *n,nt (Hitzemesser);*
  pyrometer *n*
pyrophor *adj;* pyrophoric *adj*

Q

Quadratstahlrohr *n,nt;* square
  steel tube *n*
Querachse *n,f;* transverse axis *n*
Querbalken *n,m (Querträger,*
  Querhaupt); cross beam *n;* cross
  girder *n;* cross truss *n*
Querbiegeversuch *n,m;*
  transverse bed test *n*
Querdehnung *n,f;* lateral strain
  n; transverse elongation *n*
Querfaltbiegeprobe *n,f;* side
  bend specimen *n*
Querfaltversuch *n,m;*
  transverse flat bend test *n*
Querfläche *n,f;* shear diagram *n*
Querhaupt *n,nt;* cross head *n*
Querhaupt *n,nt (Querträger,*
  Querbalken); cross beam *n;*
  cross girder *n;* cross truss *n*
Querkraft *n,f;* shear *n;* shearing
  force *n;* transverse shear *n*
Querkraftfläche *n,f;* shear
  diagram *n*
Querneigung *n,f (der*
  Fahrbahn); cross inclination *n;*
  crossfall *n* [BE]; crown *n* [AE];
  superelevation *n;* transverse
  slope *n*
Querplatte *n,f (bei*
  Stützenstößen); transverse plate
  n
Querprobe *n,f;* transverse test

specimen *n*
Querprofil *n,nt (Querschnitt);*
  cross section *n*
Querrahmen *n,m;* cross frame *n*
Querriegel *n,m;* cross bar *n*
Querriß *n,m;* transverse crack *n*
Querriß in Schweißnähten*;*
  transverse crack in welded joints
Querschnitt *n,m (z.B. in einer*
  Zeichnung); transverse section
  n; cross section *n;* transversal
  section *n (cross drawing)*
Querschnitt in der Mitte*;* cross
  section at mid length
Querschnittsänderung *n,f;*
  change of cross section
Querschnittsfläche *n,f;*
  cross-sectional area; sectional
  area
Querschnittsformbeiwert *n,m;*
  form factor *n* [BE]; shape factor *n*
Querschnittsminderung *n,f;*
  decrease of cross section;
  reduction of cross section
Querschnittswert *n,m;* section
  property *n*
Querschott *n,m;* diaphragm *n;*
  transverse diaphragm *n*
Querstabilität *n,f;* transverse
  stability *n*
Quersteife *n,f;* transverse
  stiffness *n*
Quersteifigkeit *n,f;* transverse
  rigidity *n*
Querträger *n,m (Querhaupt,*
  Querbalken); floor beam *n* [AE];
  transverse beam *n;* transversing
  girder *n;* cross beam *n;* cross
  girder *n;* cross truss *n*
Querverband *n,m (Brücke);*
  sway bracing *n;* transverse
  bracing *n*

Quervorspannung *n,f;*
transverse pre-stressing *n*
Quetschfestigkeit *n,f*
(Stauchfestigkeit); squash
strength *n*
Quetschgrenze *n,f;* compressive
yield point
Quetschversuch *n,m*
(Stauchversuch); crushing test *n*
Quetschversuch *n,m (von*
Rohren); flattening test *n (of*
tubes)

R

R *(Abk. Streckgrenze);* yield point
n (= 55 N/mm2)
Radachse *n,f;* wheel axle *n*
Raddruck *n,m;* wheel pressure *n*
Radialbohrmaschine *n,f;* radial
drill
Radius *n,m (Halbmesser);* radius
n
Radlenker *n,m (Leitschiene im*
Metallbau); guide rail *n*
Radstand *n,m;* wheel base *n;*
wheel spacing *n*
Rahmen *n,m (Portalrahmen,*
Portal); bent *n;* frame *n;* portal *n*
Rahmen mit geknicktem Rie-
gel*;* gable frame *n*
Rahmenecke *n,f;* frame corner
n; haunch *n;* knee *n (of a frame)*
Rahmenkonstruktion *n,f;*
frame structure *n;* frame work *n*
Rahmenriegel *n,m;* beam *n;*
beam of frame; horizontal
member *(of a frame);* rafter of
frame
Rahmenriegel *n,m (Verbinder,*
Steifer); head rail frame strut *n*
(no girder)

Rahmenständer *n,m*
(Rahmenstütze); frame column
n; frame leg *n*
Rahmenstiel *n,m;* frame
stanchion *n;* vertical member *(of*
a frame)
Rahmenstiel *n,m (gelenkig*
gelagerter Rahmen); portal leg *n*
(of a rigid portal with a hinged
base)
Rahmenstütze *n,f;* frame
stanchion *n*
Rahmenstütze *n,f*
(Rahmenständer); frame column
n; frame leg *n*
Rahmenträger *n,m;* frame
girder *n*
Rahmenträgerbrücke *n,f;*
rigid-frame bridge *n*
Rampe *n,f;* ramp *n;* approach *n*
Randabstand *n,m (bei Nieten);*
edge distance *n*
Randabstand in Kraftrichtung
; longitudinal edge distance
Randabstand senkrecht zur
Kraftrichtung*;* lateral edge
distance
Randbedingung *n,f;* boundary
condition *n*
Randblech *n,nt;* bordering sheet
n
Randpfette *n,f;* edge purlin *n*
Randspannung *n,f;* edge stress
n; extreme fibre stress
Randträger *n,m (Kantenträger);*
edge beam *n;* edge girder *n*
Rauchabsauganlage *n,f;* smoke
exhaust system *n*
rauchdicht *adj;* smoke-proof *adj*
Rauchentwicklung *n,f;* smoke
emission *n*
Rauchkontrolle *n,f;* smoke

control n
Rauchmelder n,m; smoke
detector n
Rauchschutztafel n,f; blast
plate n
Raumfachwerk n,nt; space
frame n
Rauminhalt n,m; capacity n;
volume n
Raupe n,f (Schweißnaht);
welding bead n; bead n
(reinforcement)
Raupenkran n,m; caterpillar
crane n; crawler crane n
Rautenträger n,m; rhombic
girder
Rechenmaschine n,f;
calculating machine n [BE];
calculator n [AE]
Rechenschieber n,m
(Rechenstab); slide-rule n
Rechenstab n,m
(Rechenschieber); slide-rule n
rechnerische Kehlnahtdicke
(A-Maß); effective fillet thickness
rechte Ausführung; right type
Rechteck n,nt; rectangle n
Rechteckstahlrohr n,nt;
rectangular steel tube
rechtsdrehend adj; clockwise
adj
Rechtsgewinde n,nt; right-hand
thread n
rechtwinklig adj; rectangular
adj
rechtwinklig zu ...;
perpendicular to ...
Reckalterung n,f (Altern durch
Strecken); ageing by stretching
reduzierter Knickmodul;
reduced modulus
Regel n,f (Norm); rule n

(standard)
regelbares Lager; adjustable
support
Regellast n,f; standard loading n
Regelprofil n,nt (Normalprofil);
standard section n
Regelstreckgrenze n,f
(Nennstreckgrenze); nominal
elastic limit
Regenrinne n,f (Dachrinne); rain
gutter n; eaves gutter n
Reibahle n,f; reamer n
Reibbolzenschweißen n,nt;
friction stud welding n
Reibschweißen n,nt; friction
welding n
reibungsloses Gelenk; perfect
hinge
Reibungsmittelpunkt n,m;
centre of friction
Reibungswiderstand n,m;
frictional resistance
Reihenbohrmaschine n,f
(Mehrspindelbohrmaschine);
multiple drill
reine Biegung; pure bending;
simple bending
Reißbrett n,nt (Zeichenbrett);
drawing board n
Reparaturschweißung n,f;
repair welding n
Reparaturwerkstatt n,f; repair
shop n
Restspannung n,f
(Eigenspannung); residual stress
n
Resultierende n,f; resultant n
Rettungswege n,m; escape ways
n
Rev. (Abk. Änderung); Rev. (Abv)
richten v; straighten v
Richten n,nt (Begradigen);

straightening n
Richtfehler n,m (z.B. nicht exakt fluchtend); imperfect straightening
Richtlinien für die Ausführung; code of practice for the construction
Richtmeister n,m; chief mechanic n
Richtplatte n,f; levelling table n; straightening plate n
Richtwalze n,f; straightening roll n
Riegel n,m; cross bar n (bolt, catch)
Riemen n,m (Treibriemen); belt n; driving belt n
Riffelblech n,nt; checker plate n (diamond pattern); checkered plate; checkered sheet
Ringbühne n,f (des Hochofens); ring platform n (to charge)
Ringkatzbahn n,f (in einer Fabrikhalle); ring craneway n (with trolley)
Ringkranbahn n,f (in einer Fabrikhalle); ring craneway n
Rinne n,f; channel n; groove n; flute n
Rinnenboden n,m; flute bottom n; groove bottom n
Riß n,m (Zeichnung); plan n; drawing n
Rißbildung n,f; cracking n
Rißempfindlichkeit n,f (Rißneigung); crack sensivity n
Rißneigung n,f (Rißempfindlichkeit); crack sensivity n
Rißprobe unter Einspannung; restrained weld test
Rißprüfung n,f (Anrißprüfung);

crack test n
Rm (Abk.; Festigkeit des Metalls); tensile strength (e.g. 490 - 630 N/mm2)
Rockwell-Härteprüfung n,f; Rockwell hardness test n
roh adj (unbearbeitet, uneben); unmachined adj; rough adj
rohe schwarze Schraube; black bolt; unfinished bolt
Roheisen n,nt (Masseleisen); pig iron n
Rohmaterial n,nt (Rohstoff); raw material n
Rohmaß n,nt; rough dimension
Rohr n,nt; pipe n; tube n
Rohrbogen n,m; pipe bend n; tubular arch n
Rohrbrücke n,f; pipe bridge n
Rohrgerüst n,nt; tubular scaffolding n
Rohrklassen n,f; pipeline classes n
Rohrkonstruktion n,f; tubular construction n
Rohrlasche n,f; tube bracket n
Rohrleitungsbrücke n,f; pipe bridge n [BE]; pipeline bridge n [AE]
Rohrleitungszeichnung n,f; design drawing for pipelines
Rohrmast n,m; tubular pole n
Rohrnetz n,nt; water mains n (water mains system)
Rohrnetzplan n,m; plan for pipe-systems
Rohrquerschnitt n,m (Hohlquerschnitt); tube section n; hollow section; tubular section
Rohrstoß mit Einsteckmuffe; muff joint n; sleeve joint n
Rohrverlegungsrichtlinie n,f;

regulation for laying pipelines
Rollen beweglicher Auflager;
expansion rollers *n*
Rollenlager *n,nt;* multiple-roller
bearing *n*
Rollenrichten *n,nt;* roll
straightening *n*
Rollenschütz *n,m;* roller gate *n;*
roller sluice gate *n*
Rollenzug *n,m;* multi-sheave
block *n;* pulling cable *n;* pulling
rope *n*
Rollkran *n,m (fahrbarer Kran);*
mobile crane
Rollschicht *n,f;* brick-on-edge *n*
Rollschweißen *n,nt;*
wheel-resistant welding
Rost *n,m (Gitterrost);* grating *n;*
grid *n;* grillage *n*
Rostbelag *n,m;* rust layer *n*
rostbeständig *adj*
(korrosionsbeständig); stainless
adj; rust-proof *adj;*
rust-resisting *adj*
Rostbeständigkeit *n,f*
(Korrosionsbeständigkeit);
corrosion resistance *n;* rust
resistance *n*
rosten *v;* rust *v*
rostfrei *adj (nichtrostend);* free
from rust; rustless *adj*
(stainless); non-rusting *adj*
Rostschutzanstrich *n,m;*
anti-corrosive coat;
rust-preventive paint
Rostschutzmittel *n,nt;*
anti-corrosive agent; rust
preventive *n;* rust-protective
agent
Röhrchendrahtschweißen
n,nt; flux-cored arc welding
röntgen *v (durchleuchten);* X-ray

v (e.g. weld seams)
Röntgenprüfgerät *n,nt;* X-ray
inspection device *n*
Röntgenprüfung *n,f;* X-ray
inspection *n*
Röntgenstrahlenmaterialpü-
fung *n,f;* X-ray material testing
n
Röntgenüberpüfung *n,f;* X-ray
testing *n*
ruhende Belastung; static load
Rumpf *n,m (Schiffsrumpf);* hull *n*
(of a boat)
Rundbühne *n,f (des Hochofens);*
circular platform; ring platform
n (to charge)
runde Außennaht; outside
round weld
runde Innennaht; inside round
weld
Rundholz *n,nt;* round timber
rundkantig *adj;* round-cornered
adj; round-edged *adj*
Rundkopfniet *n,m;* fillister-head
rivet *n*
Rundlochnaht *n,f;* plug weld *n*
Rundschweißung *n,f;*
circumferential weld
Rundstab *n,m;* round *n;* round
bar *n;* round member *n*
Rundstahl *n,m;* round bar steel;
round steel *n (rounds)*
Rückansicht *n,f;* rear view *n*
Rückenschutz *n,m;* safety cage *n*
Rüttelsieb *n,nt;* shaking sieve *n*

S

Sandstrahlen *n,nt;* sand-blasting
n
sandstrahlen *v;* sand-blast *v*
Sandstrahlen mit Stahlsand;

steel-grit blasting *n*

Sandstrahlgebläse *n,nt:*
sand-blast apparatus *n*

Sanierung *n,f (an einem Bau);*
reconstruction *n;* sanitation *n*

Satteldach *n,nt;* gabled roof;
saddle roof *n*

Sattellager *n,nt;* saddle support
n

Satz von Beilageplatten; shim
stock *n*

Sau *n,f (wertvoller Rest im
Hochofen);* salamander *n (e.g.
platinum, gold or silver);* sow *n
(rest of a precious metal in a
blast furnace)*

Sauabstich *n,m (Entfernen des
Hochofenrests);* salamander tap
n

Sauerstoffblasstahl *n,m;*
oxygen-refined steel

Sauerstoffkonverter *n,m;*
oxygen furnace *n*

Saurinne *n,f (Rinne, auf der die
Sau aus dem Hochofen fließt);*
sow tap *n (salamander chute)*

Sägen *n,nt;* saw-cutting *n;*
sawing *n*

Säule *n,f;* column *n*

säurefest *adj;* acid-proof *adj*

säurefester Anstrich;
acid-proof coating

Schablone *n,f
(Zeichenschablone);* template *n
(templet, pattern)*

Schachtausbau *n,m;* shaft
construction *n;* shaft walling *n*

Schaft *n,m;* shaft *n;* shank *n*

Schaft *n,m (Säulenschaft);* trunk
n

Schaft der hohlen Schraube;
barrel of a hollow bolt

Schaftdurchmesser *n,m;* body
diameter *n;* shank diameter *n*

Schafthaken *n,m;* hook with
shank

Schaftlänge *n,f;* length of shank

Schaftquerschnitt *n,m;* shank
section *n*

Schalterprüfkopf *n,m;* dual
sensitivity probe *n*

Schalung *n,f (Beton);* formwork
n; shuttering *n*

Schalung *n,f (z.B.
Kletterschalung);* sheathing *n
(sheeting)*

Schalungsmaterial *n,nt;* casing
material *n;* facing material *n*

scharfe Ecken brechen; break
sharp corners

scharfkantig *adj;*
square-cornered *adj;*
square-edged *adj*

Schaubild *n,nt (Diagramm);*
diagram *n*

**schaumschichtbildender An-
strich;** intumescent paint

Scheibe *n,f;* washer *n*

Scheidewand *n,f (Trennwand,
Zwischenwand);* partition *n;*
partition wall *n*

Scheitel *n,m (eines Bogens);*
crown *n (of an arch)*

Scheitelgelenk *n,nt;* crown
hinge *n*

Scheitelhöhe *n,f;* crown height *n*

Scheitelpunkt *n,m;* apex *n*

Schelle *n,f (Seilschelle);* clip *n;*
socket *n*

Schenkel *n,m (des Winkelstahls);*
flange *n;* leg *n*

Schenkel eines Winkelstahls;
leg of an angle

Scherbeanspruchung *n,f*

(Schubbeanspruchung); shear
stressing *n*

Schere *n,f;* shears *n*

Scherenmesser *n,nt;* shear
blade *n*

Scherfestigkeit *n,f;* shear force
n; shear strength *n;* shearing
force *n*

Scherfläche *n,f;* shearing area *n*

Scherkraft *n,f (Schubkraft);*
shearing force *n;* shear force *n*

Scherleiste *n,f (zwischen
Laufrollen);* shearing rod *n
(between track rollers)*

Scherspannung *n,f;* shear stress
n; shearing stress *n*

Scherversuch *n,m;* shearing
test *n*

Schicht *n,f (Schichtende und
Mannschaft);* gang *n;* turn *n;*
shift *n* [AE]

Schichtzeit *n,f (Schichtlänge);*
duration of shift

Schiebebühne *n,f;* travelling
platform *n;* traverser *n*

Schiebetor *n,nt;* sliding gate *n*

schief *adj;* bevel *adj (leaning);*
oblique *adj;* skew *adj*

schiefe Brücke; skew bridge

schiefe Ebene; inclined plane

schiefe Ebene *(Gefälle oder
Anstieg);* gradient *n (incline or
slope)*

Schiene *n,f;* beam *n (rail)*

Schienenkopf *n,m;* rail flange *n
(rail head)*

Schienenstahl *n,m;* rail steel *n*

Schienenstuhl *n,m;* chair for rail

Schiff *n,nt (Hallenteil oder
Kirchenschiff);* bay *n;* nave *n*

Schiffshebewerk *n,nt;* shiplift *n*

Schiffstreppe *n,f;* ship's ladder

Schlag *n,m (Stoß);* impact *n,*
shock *n*

Schlagbiegeversuch *n,m;*
impact bending test *n*

schlagen *v (z.B. eine Niete);* drive
v (e.g. a rivet)

Schlankheitsgrad *n,m;*
slenderness ratio *n*

Schlauchbrücke *n,f;* hose bridge
n

schleifen *v (abschleifen);* grind *v
(grind with emery)*

Schleifscheibe *n,f (Schleifstein);*
grinding wheel *n*

Schleifstein *n,m (Schleifscheibe);*
grinding wheel *n*

Schleppblech *n,nt (über einer
Dehnungsfuge);* expansion joint
n; apron plate *n* [BE]; cover
plate *n*

Schleusentor *n,nt;* lock gate *n*

Schließkopf *n,m (bei einer
Nietung);* closing head *n;* snap
head *n*

Schliffbild *n,nt (Gefügebild);*
micrograph *n*

Schlinge *n,f;* sling *n*

Schlingern *n,nt;* noising *n (e.g. of
a locomotive)*

Schlingerverband *n,m;* lateral
bracing *n (against noising)*

Schlitznaht *n,f (Lang- oder
Rundloch);* slot weld *n*

Schlitzschweißung *n,f;* slot
welding *n*

Schlosserschweißmaschine *n,f
(Heftmaschine);* tack-welding
machine *n*

Schlüssellochkerbe *n,f;* keyhole
notch *n*

Schmelzanalyse *n,f;* ladle
analysis *n*

Schmelzbad *n,nt;* molten pool *n*

Schmelzbarkeit *n,f;* fusibility *n*

Schmelze *n,f;* heat *n;* melt *n*

Schmelzschweißung *n,f* fusion welding *n*

schmiedbar *adj;* forgeable *adj;* malleable *adj*

Schmiedbarkeit *n,f;* forgeability *n;* malleability *n*

Schmiedeeisen *n,nt;* forged steel; low carbon steel; wrought iron

Schmiedekontur *n,f;* forging contour *n*

Schmiedekonturen sind unsichtbar angegeben; forging contours are shown in phantom line

Schmieden *n,nt;* forging *n*

Schmiedestahl *n,m;* forging steel *n;* high-carbon steel *n*

Schmiedestahl mit mittlerem Kohlenstoffgehalt; medium-carbon steel *n*

Schmiedestück *n,nt;* forging *n*

Schmiedestückzeichnung *n,f;* forging drawing *n*

Schmirgelleinen *n,nt;* emery cloth *n*

Schneelast *n,f;* snow load *n*

Schneide *n,f (eines Messers);* blade *n;* cutter *n;* knife *n*

Schneidkante *n,f;* cutting edge *n*

Schnitt *n,m (Sektion);* section *n*

Schnittangabe *n,f;* section *n*

Schnittfläche *n,f;* cut surface *n*

Schnittgröße *n,f;* cutting power *n*

Schnittkräfte *n,f;* stress-resultant components

Schnittlinie *n,f;* intersection line *n*

Schnittlinie *n,f (von flächen);* arris *n*

Schnittpunkt *n,m;* intersection *n;* intersection point *n;* point of intersection

Schnittverlauf *n,m;* cutting line *n*

Schockschweißen *n,nt;* shock welding *n*

Schornstein *n,m;* flue *n;* stack *n (chimney, smokestack)*

Schornstein aus Stahl; steel stack *n*

Schott *n,m;* diaphragm *n*

Schottblech *n,nt;* web plate *n*

Schottblech *n,nt (in der Schweißkastenkonstruktion);* stiffening plate *n (bulkhead)*

Schottern *n,nt (Beschotterung);* ballasting

schraffierter Bereich; hatched area

Schraffurmuster *n,nt;* hatching pattern *n*

Schraffurwinkel *n,m;* hatching angle *n*

Schrammbord *n,nt (Bordschwelle, Brücke);* curb *n* [AE]; kerb *n* [BE]

Schraube *n,f;* bolt *n;* screw *n*

Schraubenbolzen *n,m;* bolt thread *n*

Schraubengewinde *n,nt;* bolt thread *n*

Schraubenkopf *n,m;* bolt head *n*

Schraubenlinie *n,f;* helix *n*

Schraubenmaterial *n,nt (Werkstoff);* bolt stocks *n;* screw steel *n*

Schraubenschaft *n,m;* barrel *n (of a bolt);* shank *n (of a screw)*

Schraubenstahl *n,m;* bolt steel *n*

Schraubenverbindung *n,f;* bolted joint *(bolted connection)*

Schraubenwinde *n,f;* screw jack *n*

Schraubflansch *n,m;* screw flange *n*

Schraubstock *n,m (Zwinge);* vice *n* [BE]

Schraubstutzen *n,m;* nipple *n*

schräg *adj;* bevelled *adj*

schräg *adj (diagonal);* diagonal *adj*

Schrägaufzug *n,m;* inclined elevator

Schrägschnitt *n,m (Einschnitt, Kerbe);* notch *n*

Schrägschnitt *n,m (schräger Schnitt);* diagonal cut

Schriftfeld *n,nt (in einer Zeichnung);* title block *n*

Schriftgutverfilmung *n,f;* filming of textual documents

Schrott *n,m;* scrap *n*

Schrumpfbehinderung *n,f;* restraint *n*

schrumpfen *v (schwinden);* shrink *v*

Schrumpferscheinung *n,f;* appearance of shrinkage

Schrumpfmaß *n,nt;* shrinkage *n (the amount of shrinkage)*

Schrumpfriß *n,m;* check-crack *n;* shrinkage crack *n*

Schrumpfung *n,f;* contraction *n;* shrinkage *n*

Schub *n,m;* shear *n;* shearing *n;* thrust *n*

Schubbeanspruchung *n,f (Scherbeanspruchung);* shear stressing *n*

Schubdübel *n,m;* shear connector *n*

Schubdübel in Schlaufenform; loop shear connector *n*

Schubfestigkeit *n,f (Scherfestigkeit);* shear strength *n;* shearing strength *n*

Schubkraft *n,f (Scherkraft);* shear force *n;* shearing force *n*

Schubkraftfläche *n,f;* shear plane *n*

Schubmittelpunkt *n,m;* shear centre *n* [BE]

Schubmodul *n,nt;* modulus of rigidity; shearing modulus *n (of elasticity)*

Schubspannung *n,f;* shear stress *n;* shearing stress *n*

Schulgebäude *n,nt;* school building *n*

Schuppung *n,f (der Schweißnaht oder Schweißraupe);* flaking *n (scaling)*

Schutzanstrich *n,m;* protective coating; protective paint

Schutzfilm *n,m;* protective film

Schutzgasengspaltschweißen *n,nt;* narrow-gap welding *n*

Schutzgaslichtbogenschweißen *n,nt;* gas metal arc welding *n*

Schutzgasschweißen *n,nt (DIN 1910);* gas-shielded metal arc welding

Schutzgasschweißung *n,f (DIN 1910);* shielded arc welding; gas shield welding *n*

Schutzschicht *n,f;* protective coat

Schutzumhüllung *n,f;* protective coating

Schutzvorrichtung *n,f;* protective device [AE]; safety device *n;* safety guard *n*

Schuß *n,m (Montageabschnitt);* assembled section; section *n*

Schütz *n,nt;* control gate *n;*
 sluice gate *n*
Schützenwehr *n,m;* sluice weir *n*
schwach legierter Stahl;
 low-alloy steel *n*
schwarze Schraube *(rohe*
 Schraube); black bolt;
 unfinished bolt
schwarzer Körper; black body
Schwächung *n,f;* weakening *n*
Schwebefähre *n,f;* aerial ferry *n*
Schwebeträger *n,m;*
 middle-girder *n*
Schweißanweisung *n,f*
 (Schweißvorschrift); welding
 instruction *n*
Schweißarbeiten *n,f;* welded
 structures
Schweißaufsicht *n,f;* welding
 supervisor *n;* supervisor *n*
Schweißausstattung *n,f;*
 welding parameter *n*
schweißbar *adj;* weldable *adj*
schweißbarer Stahl; weldable
 steel
Schweißbarkeit *n,f;* weldability
 n
Schweißbarkeitsprüfung *n,f;*
 weldability test *n*
Schweißbart *n,m;* excess
 material at root of seam
Schweißbereich *n,m;* welding
 area *n*
Schweißbescheinigung *n,f;*
 welding certificate *n*
Schweißbrenner *n,m;* welding
 torch *n;* torch *n*
Schweißdraht *n,m;* welding
 wire *n;* welding rod *n;* rod *n*
Schweißdrehtisch *n,m;* welding
 positioner *n;* welding
 manipulator *n;* welding jig *n*

Schweißeisen *n,nt;* wrought iron
 n
Schweißelektrode *n,f;* welding
 rod *n;* welding electrode *n*
Schweißen *n,nt;* welding *n*
schweißen *v;* weld *v*
Schweißer *n,m;* welder *n*
Schweißerei *n,f;* welding shop *n*
Schweißerhandschuhe *n,m*
 (Dreifingerhandschuhe);
 welder's gloves
Schweißerhelm *n,m* *(mit*
 Athermalglas); welder's helmet
Schweißerschild *n,m*
 (Handschild); hand shield *n;*
 hand screen *n;* face shield *n*
Schweißerschutzbrille *n,f;*
 welding goggles *n*
Schweißfachingenieur *n,m*
 (Abk.: SFI); welding engineer *n*
Schweißfolge *n,f;* welding
 sequence *n*
Schweißfolgeplan *n,m;* welding
 sequence plan *n*
Schweißgerät *n,nt;* welding set
 n; welding apparatus *n*
Schweißgut *n,nt;* weld metal *n;*
 weld deposit *n*
Schweißgut *n,nt* *(vom*
 Schweißdraht abgetropft);
 built-up material *(from the*
 electrode or stick)
Schweißgutprüfung *n,f;*
 all-weld-test specimen *n*
Schweißingenieurnormen *n,f;*
 welding engineering standards *n*
Schweißkante *n,f;* welding edge
 n
Schweißkonstruktion *n,f;*
 welding design *n;* welded design;
 welded construction
Schweißkonstruktion *n,f*

(Schweißteil); weldment n [AE]; welded assembly [BE]

Schweißkontrolleur *n,m;* welding supervisor n

Schweißlage *n,f (Position);* weld position n

Schweißlage *n,f (Schicht);* run n; pass n; layer n

Schweißlehre *n,f;* welding caliber n *(gauge)*

Schweißmittel *n,nt;* flux n

Schweißmutter *n,f (auf Blech aufgeschweißt);* welding nut n *(with threading)*

Schweißnaht *n,f;* welding seam n; seam n; line of welding; weld n *(short for welding seam);* weld seam n

Schweißnahtabtaster *n,m (mechanisch);* weld sensor n *(mechanical)*

Schweißnahtauslauf *n,m;* runout of seam

Schweißnahtbildgerät *n,nt;* welding seam image converter n

Schweißnahtdicke *n,f;* throat depth n

Schweißnahterhöhung *n,f;* reinforcement of a welded seam n

Schweißnahtlehre *n,f;* welding-seam gauge n

Schweißnahtprüfanlage *n,f;* weld testing installation n; weld-seam testing equipment n

Schweißnahtprüfung *n,f;* weld inspection n; inspection of welds

Schweißnahtunterbrechung *n,f;* discontinuity of a weld seam

Schweißnahtvorbereitung *n,f;* preparation of welds

Schweißnase *n,f;* welded lug

Schweißnippel *n,m;* welded-in stub

Schweißparameter *n,m;* welding parameter n

Schweißperlen *n,f;* welding beads n; beads of weld metal

Schweißposition *n,f;* position of welding; welding position n

Schweißprotokoll *n,nt;* welding report n

Schweißprüfbescheinigung *n,f;* welding certificate n

Schweißprüfung *n,f;* welder's test

Schweißpulver *n,nt;* welding flux n; powder n

Schweißpunkt *n,m;* spot weld n

Schweißrahmen *n,m;* welded frame

Schweißrauch *n,m;* weld smoke n *(welding smoke)*

Schweißriß *n,m;* welding crack n

Schweißroboter *n,m;* robot welder n

Schweißschablone *n,f;* welding template n

Schweißschlitz *n,m;* welding slot n

Schweißspannung *n,f;* welding torsion n; welding stress n; residual stress due to rolling

Schweißspritzer *n,m;* welding splatter n; splatter n

Schweißstab *n,m;* welding rod n

Schweißstahl *n,m;* wrought iron

Schweißstelle *n,f;* welded joint; weld n

Schweißtechnik *n,f;* welding n

Schweißteil *n,m;* welded part

Schweißteil *n,nt (Schweißkonstruktion);* weldment n [AE]; welded

assembly
Schweißumformer *n,m;*
welding converter *n*
Schweißung *n,f;* welding *n*
Schweißung am Einsatzort;
field weld *n*
Schweißverbindung *n,f;* welded
joint; welded connection
Schweißverfahren *n,nt;*
welding procedure *n*
Schweißverfahrensdatenblatt
n,nt; welding procedure data
sheet *n*
Schweißverfahrensrichtlinie
n,f; welding procedure
specification *n*
Schweißvorgang *n,m;* welding
process *n;* welding *n*
Schweißvorschrift *n,f;* welding
instruction *n*
Schweißwulst *n,f;* welding bead
n
Schweißzusatz *n,m;* consumable
n
Schweißzusatzwerkstoff *n,m,*
welding filler *n;* consumable
welding material *n*
schwellende Belastung;
pulsating load
schwenkbar *adj (z.B.*
Drehstuhl); swivelling *adj*
Schwerkraft *n,f;* gravity force *n*
Schwerkraftlichtbogen-
schweißen *n,nt;* gravity arc
welding with a covered electrode
Schwerlinie *n,f;* centroidal axis
n; gravity axis *n*
Schwerpunkt *n,m;* centroid *n*
(centre of gravity)
schwimmende Plattform
(Bohrinsel); offshore drilling
platform

Schwimmkörper *n,m;* floating
body *n*
Schwimmkran *n,m;* derrick boat
n [AE]; floating derrick *n*
Schwinden *n,nt;* shrinkage *n*
(e.g. of concrete)
schwinden *v (schrumpfen);*
shrink *v*
Schwingbeiwert *n,m;* dynamic
coefficient
Schwingbelastung *n,f*
(Dauerbelastung); repeated load
schwingende Belastung;
oscillating force
Schwingenlager *n,nt;* rocker
bearing *n*
Schwinger *n,m;* oscillator *n*
Schwingerdurchmesser *n,m;*
oscillator diameter *n*
Schwingungsbeanspruchung
n,f; alternating stress *n;*
repeated stress; vibration *n;*
vibratory stress
Schwingungsfestigkeit *n,f;*
endurance limit *n;* fatigue
strength *n;* fatigue limit *n*
Schwingungsform *n,f;* mode of
vibration
Schwingungszahl *n,f*
(Lastspielzahl); number of
alternations
Schwitzwasserkorrosion *n,f;*
corrosion from condensation
Schwungradreibschweißen
n,nt; inertia welding *n*
Sechskantkopf *n,m;* hexagon
head *n*
Sechskantmutter *n,f;* hexagon
nut *n*
Sechskantschraube *n,f;*
hexagonal head bolt
Sechskantstahl *n,m;* hexagon

bar n; hexagon steel n;
hexagons n

Segmentarmatur n,f; segment
fitting n

Segmentbogen n,m; segmental
arch

Segmentschütz n,m; taintor
gate n

Sehddach n,nt; saw-tooth roof n

Sehne n,f (Saite); chord n

Seigerung n,f; segregation n

Seil n,nt (Kabel); cable n; wire
rope n

Seilbrücke n,f (Kabelbrücke);
cable suspension bridge n

Seilpolygon n,nt; equilibrium
polygon n; funicular polygon n

Seilscheibe n,f (z.B. am
Fördergerüst); rope pulley n;
rope sheave n

Seilschelle n,f (z.B. an der
Hängebrücke); cable clip n; clip
n; socket n

seilverspannte Balkenbrücke;
cable-stayed bridge; guyed
bridge

seismisches Spektrum; seismic
spectrum

Seismogramm n,nt; earthquake
record n; seismogram n

Seismometer n,nt; seismometer
n

Seitenansicht von links; left
side view

Seitenansicht von rechts; right
side view

Seitenaufriß n,m; side elevation
n

Seitendruck n,m; lateral
pressure

Seitenfläche n,f; side face n

Seitenflächenverjüngung n,f;

tapered edge

Seitenkraft n,f; lateral force;
surge n (e.g. of crane runway)

Seitenöffnung n,f (bei einer
Brücke); side span n

Seitenschiff n,nt (z.B. einer
Halle oder Kirche); side nave n;
side bay n

Seitensteifigkeit n,f; lateral
rigidity

Seitenwand n,f; side wall n

Seitenwandverband n,m (z.B.
eines Hauses oder einer Halle);
longitudinal wall girder

Sektorschütz n,m; radial gate
[BE]; sector gate n [BE]

Selbstkosten n
(Gestehungskosten); net price n

selbsttätige Kabelklemme;
tirfor winch n (rope)

Senkholzschraube n,f;
countersunk wood screw

Senkkastengründung n,f;
caisson foundation n

Senkkopfniet n,m; countersunk
head rivet

Senkniet n,m; countersunk head
rivet; countersunk rivet

Senkrechtbohrmaschine n,f;
vertical drill n

Senkrechteinschallung n,f;
vertical radiation (test in the
USA)

senkrechter Wandstiel; vertical
stem

Senkrechtschweißung n,f;
vertical welding

Senkung n,f; sinking n [BE];
settlement n; subsidence n;
settling n; subsiding n

Sessellift n,m; chair lift n

Setzkopf n,m; die head n

Setzkopf *n,m (bei einer Nietung);* set head *n;* swage head *n*

SFI *n,m (Abk. f. Scweißfachingenieur);* welding engineer *n*

Sheddach *n,nt;* saw-tooth roof *n*

Shedträger *n,m;* shed girder *n*

sich berühren *v (aneinanderstoßen);* butt *v (abut; e.g. a butt weld)*

sich werfen *v;* warp *v*

Sicherheit der Baukonstruktion; structural safety

Sicherheit gegen ...; safety against ...

Sicherheitsfaktor *n,m (Sicherheitszahl);* load factor *n;* safety factor *n*

Sicherheitsgang *n,m (Notweg);* escape route *n*

Sicherheitsgrad *n,m;* degree of safety

Sicherheitskette *n,f;* safety chain *n*

Sicherheitszahl *n,f (Sicherheitsfaktor);* safety factor *n*

Sicherung der Güte; quality assurance *n*

Sicherungsmutter *n,f (Gegenmutter);* lock-nut *n*

Sichtvermerk *n,m;* endorsement *n*

siehe Skizze; see sketch

Siemens-Martin-Ofen *n,m;* open-hearth furnace *n*

Siemens-Martin-Stahl *n,m;* open-hearth steel *n*

Silo *n,m (Bunker);* bunker *n;* silo *n*

Silotrichter *n,m;* bin *n;* treamie *n* [AE]; tremie *n*

Silozellen *n,f;* silo bins *n*

Sinnbild *n,nt;* conventional sign; conventional symbol

Sinus *n,m;* sine *n*

Skelett *n,nt (Tragwerk);* frame *n (skeleton)*

Sohle *n,f;* sole-plate *n (sole)*

Sohlenbogen *n,m (z.B. im Tunnelbau);* floor arch *n (for drainage)*

Sollmaß *n,nt (Nennmaß);* nominal dimension

Sollwert *n,m (theoretischer Wert);* theoretical value

Sonderbaustahl *n,m;* special-purpose structural steel

Sondermaterial *n,nt;* special material

Sondernaht *n,f (häufig ohne Schweißsymbol);* special seam

Sonderprofil *n,nt (Spezialprofil);* special section

Sonderstahl *n,m;* special-purpose steel

sonstige Werkstoffe; other materials

Soziallasten *n,f;* social charges

Span *n,m;* chip *n*

Spannbetonstahl *n,m;* steel for prestressed concrete

Spannkraft *n,f;* elastic force; tension load *n*

Spannkraft eines Kabels; tension of a cable

Spannschelle *n,f;* circlip *n*

Spannschraube *n,f;* clamping bolt *n;* compression bolt *n*

Spannseil *n,nt;* tension cable *n*

Spannseil *n,nt (Abspannseil, Abspanndraht);* guy *n;* stay *n;* stay rope *n;* stay wire *n*

Spannung *n,f;* stress *n*

Spannungs-Dehnungs-Dia-
gramm *n,nt;* stress-strain
diagram *n*
Spannungs-Dehnungs-Schau-
bild *n,nt;* stress-strain diagram
n
Spannungs-Formänderungs-
Kurve *n,f;* stress-strain curve *n*
(in general)
Spannungsanhäufung *n,f;*
stress concentration *n*
Spannungsermittlung *n,f*
(Spannungsnachweis); stress
analysis *n*
spannungsfrei *adj;* stressless
adj; unstressed *adj*
Spannungsfreiglühen *n,nt;*
stress relieving *n (by annealing)*
Spannungsnachweis *n,m*
(Spannungsermittlung); stress
analysis *n*
Spannungsnullinie *n,f;* neutral
axis
Spannungsoptik *n,f*
(Photoelastizität);
photoelasticity *n*
Spannungsriß *n,m;* stress crack
n; tension crack *n*
Spannungsverteilung *n,f;*
stress distribution *n*
Spannungszustand *n,m;* state
of stress
Spannweite *n,f (Stützweite);*
span length *n;* span *n*
Spanschloß *n,nt;* turnbuckle *n*
Sparren *n,m;* rafter *n*
Spezialprofil *n,nt*
(Sonderprofil); special section
Spezifikation *n,f (Norm);*
specification *n (standard)*
spezifische Wärme; specific heat
Spiel *n,nt (Spielraum);* clearance

n (allowance)
Spielraum *n,m;* allowance *n*
(play, tolerance)
Spitzkerbe *n,f;* single V notch
Spleiß *n,m (Verspleißung);*
wirerope splice *n*
Sprengbolzenschweißen *n,nt;*
explosive stud welding
Sprengschweißen *n,nt;*
explosive welding
Sprengwerk *n,nt;* King truss *n;*
King-post truss *n;* truss *n;* truss
frame *n;* truss frame work *n*
Spritzanlage *n,f;* spray unit *n*
Spritzpistole *n,f;* painting gun *n;*
spray gun *n*
Sprosse *n,f;* bar *n;* trellis *n;* rung
n (of a ladder); trellis *n*
Sprosse *n,f (Fenstersprosse);*
glazing bar *n*
Sprosseneisen *n,nt;* sash bar *n*
Sprossenstahl *n,m*
(Glasdachsprosse); sash bar *n;*
glazing bar *n;* sash bar *n*
Sprödbruch *n,m;* fracture *n;*
brittle fracture *n*
spröde *adj (brüchig);* brittle *adj*
Sprödigkeit *n,f (Brüchigkeit);*
brittleness *n*
Sprung *n,m (Riß);* crack *n;*
fissure *n*
Spundbohle *n,f;* piling *n;* sheet
pile *n (piling steel)*
Stab *n,m (Stabstahl);* rod *n;* bar
n; member *n*
Stab mit gleichbleibendem
Querschnitt; member of
constant cross section
Stab mit gleichbleibender
Trägheit; member of constant
inertia
Stab mit veränderlichem Quer-

schnitt; member of variable cross section

Stab mit veränderlicher Trägheit; member of variable inertia

Stabbogenverbundbrücke *n,f;* tied-arch bridge *n*

Stabelektrode *n,f (Schweißwerkzeug);* stick electrode *n*

Stabelektrodenhalter *n,m;* stick electrode handle *n*

stabiles Gleichgewicht; stable equilibrium

Stabilisierungseinrichtung für den Vorschub; stabilizing arrangement for the launching

Stabilitätsproblem *n,nt;* stability problem *n*

Stabkraft *n,f;* bar force *n* [AE]; force in a member; stress in the bars

Stablänge *n,f;* bar length *n;* length of a member; length of a bar

Stabquerschnitt *n,m;* cross section of a member; cross section of a bar

Stabstahl *n,m;* bar steel *n;* bars *n*

Stabstahl *n,m (Handelsstabstahl);* hot-rolled bar; merchant bar *n*

Stahl *n,m;* steel *n*

Stahl mit hoher Streckgrenze; high-yield steel *n*

Stahlbau *n,m;* steel construction *n;* structural steel engineering; structural steelwork [BE]

Stahlbaufirma *n,f (Stahlbauunternehmen);* steel fabricator *n* [AE]; steelwork company *n*

Stahlbausonderkonstruktio-

nen *n,f;* other metal structures

Stahlbauteil *n,nt;* steel member *n*

Stahlbauteile *n,nt;* fabricated steel structures

Stahlbauunternehmen *n,nt;* constructional steelwork company; steel fabricator *n* [AE]; steelwork company *n*

Stahlbauunternehmer *n,m;* steelwork fabricator *n*

Stahlbauwerk *n,nt;* steel building *n*

Stahlbauwerkstatt *n,f;* steelwork fabricating shop *n;* structural steel workshop [BE]

Stahlbetonbau *n,m;* reinforced concrete construction

Stahlblech *n,nt;* steel plate *n;* steel sheet *n*

Stahlblechanschlußplatte *n,f;* steel connecting plate *n*

Stahlbrücke *n,f;* steel bridge *n*

Stahldraht *n,m;* steel wire *n*

Stahlerzeugung *n,f;* steel production *n*

Stahlfachwerk *n,nt;* steel framework *n*

Stahlfehler *n,m;* defects of steel

Stahlfenster *n,nt;* steel window *n*

Stahlfensterprofil *n,nt;* glazing tee *n*

Stahlformguß *n,m;* cast steel *n;* steel castings *n*

Stahlfußgängerbrücke *n,f (Kastenbrücke);* steel pedestrian bridge *n*

Stahlgewebe *n,nt;* steel fabric *n*

Stahlgewicht *n,nt;* steel weight *n*

Stahlgitterrost *n,m;* steel grid *n*

Stahlgitterrostfahrbahn *n,f;* steel-grid floor *n*

Stahlgußanschlußstutzen *n,m;*

cast steel tubular flange sockets
Stahlgüte *n,f;* grade of steel;
steel quality *n*
Stahlhochbau *n,m;* elevated
steel construction; steel-framed
building construction;
structural engineering in steel;
structural steel in building
Stahlkabel *n,nt;* steel cable *n*
Stahlkocher *n,m (Stahlwerker
in der Hütte);* steel maker *n
(steel worker)*
Stahlkonstruktion *n,f;* steel
construction *n;* steel structure
n; structural steelwork
Stahlleichtbau *n,m;* light-gauge
steel construction *n;*
light-weight steel construction *n*
Stahlmast *n,m;* steel mast *n;*
steel pole *n*
Stahlplatte *n,f;* steel plate *n*
Stahlrahmen *n,m;* steel frame *n*
Stahlrohr *n,nt;* steel pipe *n;*
steel tube *n*
Stahlrohrgerüst *n,nt;* tubular
steel scaffolding
Stahlrohrmast *n,m;* tubular
steel pole
Stahlsand *n,m (kugelförmig);*
steel shot *n*
Stahlsand *n,m (scharfkantig);*
steel grit *n (has sharp edges)*
Stahlskelett *n,nt;* steel frame *n;*
steel framework *n;* steel
skeleton *n;* steel structure *n*
Stahlskelettbau *n,m;*
steel-frame building *n;*
steel-framed building
Stahlsorte *n,f;* steel grade *n*
Stahltragwerk *n,nt;* steel
structure *n*
Stahlträger *n,m;* steel beam *n;*

steel girder *n*
Stahlüberbau *n,m;* steel
superstructure *n*
Stahlverarbeitung *n,f;*
steelwork fabrication *n*
Stahlverbrauch *n,m;* steel
consumption *n*
Stahlwasserbau *n,m;* hydraulic
steel construction; hydraulic
steel structure; steel
construction for hydraulic
engineering
Stahlwerk *n,nt;* steel plant *n*
Stahlwerker *n,m (Stahlkocher in
der Hütte);* steel worker *n (steel
maker)*
Stammzeichnung *n,f;* parent
drawing *n*
Stampfbewegungen *n,f;*
stamping flow *n*
Standardabweichung *n,f;*
standard deviation *n*
Standardbrückengerät *n,nt;*
unit construction brigde system
n
Standardkurve *n,f (Normkurve);*
standard curve *n*
Standrohr *n,nt (Steigleitung);*
riser *n;* standpipe *n*
Stange *n,f;* rod *n (bar)*
Stanz- und Schneidmaschine;
punching and shearing machine
Stanze *n,f;* punch *n*
Stanzloch *n,nt;* punched hole
Stanzmatrize *n,f;* die *n*
Stanzversuch *n,m;* punching
test *n*
Starrheit *n,f;* rigidity *n*
statisch *adj;* static *adj*
statisch bestimmt; statically
determined
statisch unbestimmt;

redundant *adj;* statically indetermined

statische Beanspruchung; statical stress; statical stressing

statische Berechnung; design calculation *n;* structural analysis

statisches Moment; statical moment

Statistik *n,f;* statistics *n*

statistische Angabe; statistical data

Stativ *n,nt;* stand *n (tripod)*

Staubsack *n,m (Filtersack);* dust bag *n*

Staubsackgerüst *n,nt (Gerüst des Filtersacks);* dust bag girder *n (dust bag framework)*

Stauchen *n,nt;* upsetting *n*

stauchen *v (anstauchen);* jump *v;* upset *v*

Stauchfestigkeit *n,f (Quetschfestigkeit);* squash strength *n*

Stauchversuch *n,m (z.B. Quetschversuch von Rohren);* crushing test *n (e.g. of tubes)*

Staudamm *n,m (Stauwehr);* dike *n;* dyke *n* [BE]; embankment *n*

Stauwehr *n,m (Staudamm);* dam *n* [AE]; dike *n;* dyke *n* [BE]; embankment *n*

stählerne Straßenbrücke; steel road bridge *n*

Ständer *n,m (Pfosten, Vertikalstab);* post *n;* spandrel *n;* vertical *n*

Ständerfachwerk *n,nt;* Pratt truss *n*

Ständerfachwerkträger *n,m;* Pratt truss *n*

ständig *adj;* steady *adj;* permanent *adj*

ständige Last; static load; steady load

ständige Last *(tote Last);* dead load; permanent load

Stärke *n,f;* gage *n;* gauge *n (thickness)*

Steckbrücke *n,f (teildemontierbares Geländer);* dimountable railing bridge

Steckschlüssel *n,m;* box spanner *n* [AE]

Stegblech *n,nt;* web plate *n*

Stegblecherneuerung *n,f;* web plate replacing *n*

Stegblechfeld *n,nt;* web panel *n*

Stegblechhöhe *n,f;* depth of web; web depth *n*

Stegblechsteifer *n,m;* web stiffener *n*

Stegblechstoß *n,m;* web joint *n;* web splice *n*

Stegdicke *n,f (z.B. eines Trägers);* web thickness *n;* thickness of web

Stegebene *n,f;* plane of web; web plane *n*

Stegflanke *n,f;* root face *n*

Steghöhe *n,f;* root face *n*

Stehnaht *n,f;* vertically up

Steife *n,f;* brace *n*

Steife *n,f (Aussteifung);* stiffener

steifes Auflager; rigid support

Steifigkeit *n,f;* rigidity *n;* stiffness *n;* strength *n*

Steifrahmen *n,m (biegefester Rahmen);* rigid frame

Steigleiter *n,f;* ladder *n*

Steigleitung *n,f (Standrohr);* riser *n;* standpipe *n*

Steigung *n,f;* slope upwards

Steildach *n,nt;* steep roof *n*

Steilflanke *n,f;* square edge *n*

Steilflankennaht *n,f;* open single V

Steilnaht *n,f (entsteht beim Schweißen);* vertically up *(welding vertically up)*

Stein *n,m (Ziegelstein);* brick *n*

Steinhalterung *n,f;* brick support *n*

Steinschraube *n,f;* rag bolt *n;* stone bolt *n*

Steintransport *n,m;* brick transport *n*

Stelzenlager *n,nt;* rocker bearing *n*

Stempel *n,m (Lochstempel);* punch *n*

stetig *adj;* constant *adj*

Stichbalken *n,m;* trimmer *n*

Stichflamme *n,f;* flash *n*

Stichloch *n,nt (des Hochofens; Ofenloch);* taphole *n (mouth of a furnace)*

Stichlochpfropf *n,m;* clay plug *n;* taphole plug *n*

Stichlochschweißen *n,nt;* plug welding *n*

Stichlochstange *n,f;* tap bar *n*

Stichlochstopfmaschine *n,f;* blast furnace gun *n;* taphole plugging machine *n*

Stichprobe *n,f (von einem Material);* random sample *n*

Stichproben nehmen; sample a random

Stiel *n,m (im Bau; z.B. Türstiel);* stay *n (post, stanchion)*

Stiftschraube *n,f;* stud *n;* stud bolt *n;* stud screw *n*

Stiftschweißung *n,f;* stud weld *n*

Stirnflachnaht *n,f;* edge weld *n*

Stirnplatte *n,f;* front plate *n*

Stirnseite *n,f;* face *n;* front side *n*

Stockwerk *n,nt (Geschoß, Etage);* storey *n* [BE]; story *n* [AE]

Stockwerksrahmen *n,m (mehrstöckiger Rahmen);* multi-storey frame *n*

Stollen *n,m (im Wasserbau);* canal *n (tunnel)*

Stollenausbau *n,m;* roof support *n*

Stoß *n,m (Verbindung, Stumpfstoß);* joint *n;* butt joint *n;* splice *n*

Stoßart *n,f;* type of joint

Stoßausbildung *n,f;* joint configuration *n;* joint formation *n*

Stoßbeanspruchung *n,f (Spannung);* impact coefficient *n*

Stoßbeiwert *n,m (Stoßzahl);* impact coefficient *n*

Stoßbelastung *n,f;* impact load *n;* impulsive load

Stoßdämpfer *n,m;* shock-absorbing buffer

Stoßdeckungsteil *n,nt;* splice material *n;* splice member *n*

stoßen *v (z.B. eine Stoßnaht);* butt *v (e.g. two plates)*

Stoßfuge *n,f;* clearance *n (in butt splice)*

Stoßlasche *n,f (Decklasche);* butt strap *n;* splice plate *n*

Stoßplatte *n,f;* abutment piece *n*

Stoßspannung *n,f;* impact stress *n*

Stoßzahl *n,f (Stoßbeiwert);* impact coefficient *n*

Stöchiometrie *n,f (Messen chemischer Mischungen);* stoichiometry *n*

Strahlen mit Stahlsand; grit blasting *n;* shot blasting *n;* steel-grit blasting *n*

Strahlschweißen *n,nt (DIN 1910);* beam welding *n*

Strahlungsbeiwert *n,m;* radiation coefficient *n*

Strahlungsvermögen *n,nt;* radiation capacity *n*

Strahlungszahl des schwarzen Körpers; radiation coefficient of the black body

Strang *n,m (Trägerstrang);* string *n*

stranggepreßtes Profil; extruded section

Strangpressen *n,nt;* extrusion *n*

Straßen- und Wegbrücken; road bridges *n*

Strebe *n,f;* diagonal *n;* strut *n*

Strebenbogen *n,m;* squinch arch *n*

Strebenfachwerk *n,nt;* Warren-type truss *n*

Strebenfachwerkträger *n,m;* Warren girder *n;* Warren truss *n;* Warren-type truss *n*

Streckenlast *n,f;* distance load *n*

Streckenlast *n,f (Linienlast);* knife-edge load *n* [BE]; line load *n*

Streckgrenze *n,f;* elastic limit

Streckmetall *n,nt (z.B. Maschendraht);* expanded metal *(lath)*

Streichmaß *n,nt (Anreißwerkzeug);* gage marker *n;* scratch gauge *n*

Streichmaß *n,nt (Wurzelmaß);* back pitch *n (distance rivet centers)*

Streifen *n,m (Band, Bandstahl);* bands *n;* hoops *n;* strip steel *n;* strips *n*

Streubereich *n,m;* scatter band

n; scatter range *n;* scatter zone *n*

Streuung *n,f;* dispersion *n*

Strichraupe *n,f;* string bead *n*

Strichraupentechnik *n,f;* string bead technique *n*

Strom *n,m (Elektrizität);* current *n (electricity)*

Strombrücke *n,f;* river span *n*

Stromstärke *n,f;* amperage *n*

strukturelle Imperfektion; structural imperfection

Stuck *n,m (Bildhauergips);* sculptor's plaster; stucco *n*

Stufe *n,f (Treppenstufe);* stair *n (step)*

Stufung *n,f;* identification number *n*

Stuhlschiene *n,f;* bull-headed rail

Stumpf- oder Stauchschweißung; flash or upset weld

Stumpfnaht *n,f;* butt weld *n;* butt joint *n*

Stumpfschweißnaht *n,f;* butt weld *n*

Stumpfschweißung *n,f;* butt welding *n*

Stumpfstoß *n,m;* flanged edge joint; butt joint *n;* splice *n*

Sturz *n,m (Sturzträger über Tür oder Fenster);* head *n;* lintel *n*

Stutzenschweißung *n,f;* nozzle weld *n*

Stückanalyse *n,f;* product analysis *n*

Stückbeförderung *n,f;* material handling *n*

Stückbeförderung in der Werkstatt; handling in the factory

Stückheben auf der Baustelle; handling on site

Stückliste *n,f;* part list *n*

Stücklohn *n,m (Akkordlohn);*

piece rate *n;* piece work wage *n*
Stückzeit *n,f (vorgegebene Akkordzeit);* piece time *n (time per finished part)*
Stützbock *n,m;* support block *n (carries e.g. a crane or pulley)*
Stütze *n,f;* column *n;* spandrel *n;* stanchion *n* [BE]; support *n;* post *n*
stützen *v;* support *v (e.g. a building)*
Stützendetail *n,nt;* stanchion detail *n*
Stützenfuß *n,m;* column base *n;* stanchion base *n*
Stützenkopf *n,m;* column cap *n;* column head *n* [BE]; stanchion head *n*
Stützenmoment *n,nt;* moment at a support
Stützenschaft *n,m;* column shaft *n;* stanchion shaft *n*
Stützenstoß *n,m;* column splice *n;* joint of stanchion; stanchion joint *n*
Stützkonstruktion *n,f;* substructure *n (propping system);* supporting structure
Stützlinie *n,f;* pressure line *n* [AE]; thrust line *n*
Stützmauer *n,f;* retaining wall *n*
Stützmoment *n,nt (Moment an einer Stütze);* moment at supports; support moment *n*
Stützpunkt *n,m (Auflagerpunkt);* point of support
Stützung *n,f;* support *n*
Stützweite *n,f (z.B. Spannweite einer Brücke);* span *n (e.g. of a bridge);* span length *n*
SU-Naht *n,f (Schweißsondernaht);* single U

(special weld seam)
Subunternehmer *n,m (z.B. Glaser beim Bau);* subcontractor *n (e.g. in construction work)*
Suchanker *n,m;* grapnel *n*
Summenkurve mit Normalverteilung; cumulative curve; sum curve *n* [BE]
Symbolnaht *n,f;* symbol seam *n*
Symmetrieachse *n,f;* axis of symmetry
symmetrielos *adj (asymmetrisch);* asymmetrical *adj;* unsymmetrical *adj*
symmetrisch *adj;* symmetrical *adj*
Systemlinie *n,f (Netzlinie);* theoretical line

T

T-Eisen *n,nt (T-stahl);* T *n;* T-bar *n (T-iron)*
T-Naht *n,f (beim Schweißen);* T-joint *n*
T-Stahl *n,m;* T-steel bar *n;* T-bar *n;* tees *n (steel);* T *n*
T-Stoß *n,m (Schweißanschluß);* T-joint *n*
T-Stück *n,nt;* T-piece *n*
Tabelle *n,f;* table *n (of values)*
Tabellenzeichnung *n,f;* tabular drawing
Tagesschicht *n,f (auch Personal);* day turn *n (also staff);* day shift *n*
Tangens *n,m;* tangent *n*
Tangente *n,f;* tangent *n*
Tangentenmodul *n,m;* tangent modulus *n*
Tangentialkraft *n,f;* tangential force

tatsächlich *adj;* effective *adj*
Tauchlichtbogenschweißung
   n,f; submerged arc welding
Teil *n,nt (Bauteil, Teilstück);*
   component *n (part, unit)*
Teilfuge *n,f (beim Schweißen);*
   part groove *n*
Teilmontage *n,f;* sub-assembly *n*
Teilnaht *n,f;* partial joint
Teilstück *n,nt (z.B. zu*
   schweißendes Teil); workpiece *n*
   (e.g. to be welded)
Teilung der Schweißnaht;
   pitch of weld
teilweise durchgeschweißte
   Fugennaht; partial joint
   penetration groove
teilweise durchgeschweißtes
   Prüfstück; partial joint
   penetration test specimen
teilweiser Einbrand P; partial
   penetration P; incomplete
   penetration
Teilzeichnung *n,f;* detail
   drawing *n*
Teilzusammenstellung *n,f;*
   subassembly *n*
Temperatur-Zeit-Kurve *n,f;*
   time-temperature curve *n*
Temperaturbeanspruchung
   n,f; temperature stress *n*
Temperaturdehnzahl *n,f;*
   thermal expansion coefficient
Temperatureinfluß *n,m;*
   temperature effect *n*
Temperaturgradient *n,m*
   (Wärmegefälle); temperature
   gradient *n*
Temperaturschwankung *n,f;*
   temperature variation *n;*
   variation of temperature
Temperguß *n,m;* malleable cast

iron; malleable iron castings
Terminplan *n,m;* planning *n;*
   time schedule *n*
Test *n,m (z.B. Druckversuch);* test
   n (e.g. compressive test)
Thermoelement *n,nt;*
   thermocouple *n*
Thermolanze *n,f;* thermic lance
   [BE]
Thermomaximalmelder *n,m*
   (Wärmemelder); heat detector *n*
Thomas-Stahl *n,m;* basic
   Bessemer steel; basic converter
   steel; Bessemer steel *n*
Thomaskonverter *n,m*
   (Thomasbirne); basic Bessemer
   converter
Tiefbau *n,m;* foundation working
   n; underground construction *n;*
   substructure *n;* foundation work
   n; underground construction
   work *n*
Tiefbauunternehmer *n,m;*
   contractor of foundation works;
   foundation contractor *n*
Tiefziehen *n,nt (Form der*
   Blechbearbeitung); deep-draw *n*
   (way of steel treatment)
Tiefziehpresse *n,f (z.B. für*
   Kohlenstoffstahl); deep-drawing
   press *n*
Toleranz *n,f;* allowance *n;*
   clearance *n;* tolerance *n*
Tonnenblech *n,nt;* arched plate;
   curved plate
Tonnenpreis *n,m;* price per ton
   (ton price)
Tor *n,nt (z.B. Docktor);* gate *n*
   (e.g. dock gate)
Torriegel *n,m;* head rail *n*
Torsion *n,f (unerwünschte*
   Verwindung oder Verdrehung);

torque n; twisting n; torsion n

Torsionsbeanspruchung *n,f;*
torsional stressing

Torsionsmoment *n,nt*
(Drillmoment); torque n;
moment n; twisting moment n

Torstiel *n,m (Rahmen des
Tores);* gate post n

tote Last *(ständige Last);* dead
load; permanent load

tragende Aussteifung;
load-bearing stiffener

Tragfähigkeit *n,f;* load-carrying
capacity; carrying capacity n;
bearing capacity n *(e.g. of rivet
or bolt)*

Tragfläche *n,f;* supporting area n

Tragkabel *n,nt (einer
Hängebrücke);* carrying cable n
(of a suspension bridge);
carrying rope n

Tragkraft eines Dübels;
ultimate strength of a shear
connection

Traglast *n,f;* maximum capacity
load n; buckling load n; collapse
load n; loading capacity n;
load-carrying capacity

Traglast *n,f (beim Hochheben);*
lifting capacity n

Traglastverfahren *n,nt
(Plastizitätsberechnung);*
plasticity design n

Tragmast *n,m;* suspension pole n
[AE]; tangent pole n [BE];
suspension support n

Tragwerk *n,nt;* bent n;
load-bearing structure;
supporting structure n [BE]

Tragwerk *n,nt (Skelett);* frame
n; skeleton n

Tragwerkdetail *n,nt;*

supporting-structure detail n

Transmission *n,f (Getriebe);*
transmission n

Transportanlage *n,f;* conveyor n

Transportband *n,nt;* conveyor
belt n

Transportbandbrücke *n,f;*
conveyor belt bridge n

Trapezlast *n,f;* trapezoidal load

Trapezträger *n,m;* trapezoidal
girder

Traufe *n,f (Abfluß);* valley gutter
n; eaves n

Traufpfette *n,f;* eaves purlin n
[BE]; eaves strut n [AE]

Traufriegel *n,m;* eaves transom n

Traufträger *n,m;* eaves strut n
[AE]

Traverse *n,f;* cross bar n
(traverse); spreader n

Träger *n,m;* girder n; beam n;
support n

Träger auf zwei Stützen;
simple beam; simply supported
beam

Trägeranschluß *n,m;* beam
connection n; girder connection n

Trägeranschlußblech *n,nt;*
beam connecting plate

Trägerarten *n,f;* types of beams

Trägerhöhe *n,f;* depth of a beam;
depth of a girder; depth of a truss

Trägerlage *n,f;* beam layout n

Trägerrost *n,m;* beam grillage n;
grid n; grillage n

Trägersenkung *n,f;* subsiding n

Trägerstoß *n,m;* girder joint n;
girder splice n

Trägerstrang *n,m;* line of trusses

Trägerteile *n,nt;* parts of beams

Trägerverkleidung *n,f;* girder
casing n

Trägerverstärkung *n,f (z.B. am Hochofen);* girder reinforcing *n*

Trägheitsellipse *n,f;* ellipse of inertia

Trägheitshalbmesser *n,m;* gyration radius *n;* radius of gyration

Treibriemen *n,m;* belt *n;* driving belt *n*

Trennbruch *n,m (Sprödbruch);* brittle fracture *n*

Trennwand *n,f (Zwischenwand, Scheidewand);* partition *n;* partition wall *n*

Trennwiderstand *n,m;* nil-ductility strength *n*

Treppenlauf *n,m (zwischen zwei Absätzen);* flight *n (of stairs)*

Treppenpodest *n,nt;* landing *n;* landing slab *n*

Treppenstufe *n,f;* stair *n (step)*

Treppenwange *n,f;* string *n;* string board *n;* stringer *n*

Trigonometrie *n,f;* trigonometry *n*

Trinkwasser *n,nt;* drinking water *n (potable water)*

Trinkwasserleitungsanlagen *n,f;* drinking-water supply installations *n*

trocken verzinken; dry-galvanize *v*

Trockendock *n,nt (für den Schiffsbau);* dry-dock *n (ships are made and repaired there)*

Trogblech *n,nt;* trough sheet *n*

Trogbrücke *n,f;* trough bridge *n*

Tulpennaht *n,f (an Stumpf- und T-Stößen);* bell seam *n (at butts and T-connections)*

Tulpenschweißung *n,f;* U-profile butt weld *n*

Turm *n,m;* tower *n*

Turmdrehkran *n,m;* rotary tower crane; slewing crane *n*

Turmkran *n,m;* tower crane *n*

Turmstütze *n,f;* tower stanchion *n*

Türrahmen *n,m;* door frame *n*

Türstiel *n,m (im Bau);* doorpost *n (stanchion, stanyad)*

U

U-Kerbe *n,f;* single U notch

U-Naht *n,f;* U-weld *n;* single U

U-Schiene *n,f;* U-shaped rail

U-Stahl *n,m (U-Eisen);* channel *n*

Ultraschallprüfgerät *n,nt;* ultrasonic equipment *(used in welding)*

Ultraschallprüfung *n,f;* ultrasonic test

Ultraschallprüfvorschrift *n,f;* ultrasonic test specification

Ultraschallschweißen *n,nt;* ultrasonic welding

Ultraschallwarmschweißen *n,nt;* ultrasonic hot-welding

Umbau *n,m (Wiederaufbau, Modernisierung);* rebuilding *n;* reconstruction *n*

umbauter Raum *(in einem Haus oder einer Halle);* built space; enclosed space; walled-in space

Umdrehung *n,f;* turn *n*

Umdrehungen pro Minute; revolutions per minute *(short: RPM)*

Umfangslast *n,f;* rotating load *n*

Umfangsschweißung *n,f;* circumferential weld

Umgebungstemperatur *n,f;* atmospheric temperature

Umgrenzung des lichten Raumes; clearance gauge *n* [BE]
umhüllt *adj (geschützt);* shielded *adj (e.g. against possible damage)*
umhüllte Elektrode; covered electrode
umhüllte Schweißelektrode; mild steel covered electrode
umkehrbarer Vorgang; reversible process
Umkehren von Kräften *(Umschlagen);* reversal of force
Umkippen *n,nt (z.B. eines Autos);* overturning *n (e.g. of a car)*
umlaufende Naht; weld seam all around
ummantelt mit Beton; encased in concrete
ummantelte Elektrode; coated electrode
ummantelte Stütze; cased column; cased strut [BE]; encased column [AE]
ummantelter Träger *(z.B. mit Beton);* cased beam [BE]; encased beam *(e.g. in concrete)*
Umschlagen von Kräften *(Umkehren);* reversal of forces
umschweißt *adj;* boxed *adj*
Umschweißung *n,f;* boxing *n*
unbearbeitet *adj (roh);* non-machined *adj;* rough *adj;* unmachined *adj*
unbegrenzt vollständiger Einbrand; unlimited complete penetration
Unbekannte *n,f;* unknown *n*
unberuhigter Stahl; riming steel *n;* unkilled steel
unbrennbar *adj;*

non-combustible *adj*
unelastisches System; inelastic system
Unempfindlichkeit gegen Trennbruch; insensibility to brittle fracture
Unfallstation *n,f;* first-aid station *n*
Unfallverhütung *n,f;* accident prevention *n*
ungedämpfter Prüfkopf; undamped probe
Ungleichheit *n,f;* inequality *n*
ungleichschenkliger rundkantiger Winkelstahl; unequal-leg round-cornered angle
ungleichschenkliger Winkelstahl; unequal angle; unequal-leg angle
Unglücksfall *n,m (Unfall);* accident *n*
Universalstahl *n,m;* plates *n;* universal mill plate; universal plate; wide plate
unlegierter Stahl; carbon steel *n*
unsicheres Gleichgewicht *(labiles Gleichgewicht);* unstable equilibrium
unsichtbare Kante; hidden edge
unten liegende Fahrbahn; lower deck; suspended platform
Unterbau *n,m;* bed *n;* substructure *n*
unterbrochen *adj;* intermittent *adj*
unterbrochene Schweißung; intermittent welding
Unterflansch *n,m;* bottom flange *n;* lower flange
Unterführung *n,f;* underpass *n*
Untergrund *n,m;* subsoil *n*
Untergrundfaktor *n,m;*

underground factor *n*

Untergurt *n,m;* bottom flange *n;* bottom chord *n;* lower boom

Untergurtanschluß *n,m,* lower chord connection

Untergurtanschlußlaschen *n,f;* lower chord connecting plates

Untergurtstab *n,m;* bottom chord member *n*

Untergurtwinkel *n,m;* bottom chord angle *n*

Unterhaltung *n,f (Wartung, Pflege, Erhaltung);* upkeep *n;* maintenance *n*

unterirdisch *adj;* subterranean *adj;* underground *adj*

Unterlage *n,f (beim Schweißen);* backing *n (e.g. ceramics)*

Unterlage *n,f (Beleg, Referenzmaterial);* basic document; basic reference

Unterlage *n,f (untere Platte, Konsole);* base *n;* base plate *n*

Unterlagsblech *n,nt (beim Strahlentest);* shim *n*

Unterlegscheibe *n,f (konisch);* bevelled washer; tapered washer

Untermaß *n,nt;* undersize *n*

Unternahtriß *n,m (der Schweißnaht);* toe crack *n*

Unternahtriß in der Wärmeeinflußzone; underbead crack in the heat-affected zone

Unternehmen *n,nt;* company *n;* firm *n*

Unternehmer *n,m;* contractor *n;* company manager *n*

Unterofen *n,m (des Hochofens);* bottom part of the blast furnace; furnace bottom *n*

Unterpulverschweißen *n,nt (kurz: UP; DIN 1910);*

submerged arc welding *(short: SAW)*

Unterschieneschweißen *n,nt;* fire-cracker welding *n*

Untersicht *n,f (der Rolltreppe);* bottom view *n (short: bottom)*

unterstempelter Träger; propped beam [BE]; shored beam [AE]

Unterzug *n,m (Binder im Fachwerkverband);* binding beam *n;* binding girder *n*

Unterzug *n,m (Hauptträger im Fachwerk);* floor beam *n* [AE]; main beam *n* [BE]

Unterzug *n,m (unterster Träger);* bearer *n;* underbeam *n*

Unterzug *n,m (Windrichtung im Ofen);* underdraft *n*

unvermeidliche Imperfektion; unavoidable imperfection

UP *(Abk. f. Unterpulverschweißen);* SAW *(Abv.)*

US-Prüfung *n,f (Ultraschalltest);* US *(Abv.);* ultrasonic test; U.T. *(Abv.)*

Ü

überanstrengen *v;* overstrain *v*

Überbau *n,m (Oberbau, Aufbau);* span *n;* superstructure *n*

überbaute Fläche; floor area *n;* floor space *n*

überbeanspruchen *v;* overstress *v (overstrain)*

Überbelastung *n,f;* overload *n*

überbetonen *v;* overstress *v*

überdeckte Schweißspritzer; covered-over welding splatter

übereinanderliegende Maßli-

nien; dimension lines spaced one above the other

Überfluthydrant *n,m;* pillar hydrant *n*

Übergabepodest *n,nt (des Hochofens);* delivery platform *n*

Übergang *n,m (zweier Bleche beim Schweißen);* contact surface *n;* connecting surface *n*

Übergangstemperatur *n,f;* transition temperature *n*

Übergangszone *n,f;* transition zone *n;* zone of transition

Übergangszone *n,f (zwischen zwei Blechen);* weld junction *n*

Überhang *n,m;* overhang *n*

Überhitzung *n,f;* overheating *n*

überhöhte Decklage *(in der Schweißtechnik);* excessive reinforcement

Überhöhung *n,f (z.B. eines Trägers);* camber *n*

Überkopfposition *n,f (z.B. beim Schweißen);* overhead position *n*

Überkopfschweißung *n,f;* overhead weld *n;* overhand weld *n;* overhead welding *n*

überlagern *v;* superimpose *v*

überlagert *adj;* superimposed *adj*

überlappen *v (z.B. der Schweißnaht);* lap *v;* overlap *v*

Überlappstoß *n,m;* lap joint *n*

Überlappung *n,f (z.B. der Schweißnaht);* overlap *n*

Überlappungsnietung *n,f;* lap rivet joint *n;* lap riveting *n*

Überlappungsschweißung *n,f;* lap welding *n*

Überlaschung *n,f;* splicing *n*

Überlauf *n,m (für Flüssigkeiten);* spillway *n*

überlaufendes Schweißgut;

overflowing weld spill

Übermaßzeichnung *n,f;* drawing dealing with oversize parts

überschüssiger Stab; redundant member

Übersicht *n,f;* survey *n;* overview *n*

Übersichtsplan *n,m (Generalplan);* general plan

Übersichtszeichnung *n,f;* drawing of the general plan; general drawing; general arrangement; layout *n*

Überstand *n,m (einer Kante oder eines Sims);* outstand *n;* overhang *n*

Übertragung *n,f;* transmission *n*

Überwachung *n,f (Kontrolle, Aufsicht, Inspektion);* control *n;* supervision *n;* inspection *n (checking, surveillance);* observation *n (e.g. on a measure instrument)*

überzähliger Stab; redundant member

Überzug *n,m (Glättung);* screed *n (screeding)*

Übungsturm *n,m;* drill tower *n (for exercises)*

V

V-Motor *n,m;* V-engine *n*

V-Naht *n,f;* single V; single V groove

Variante *n,f;* variation *n*

Variantenzeichnung *n,f;* variant drawing *n*

Ventil *n,nt;* valve *n*

Verankerung *n,f;* anchorage *n*

Verankerungsmast *n,m;* anchor

mast *n;* anchor tower *n*

Verankerungsplan *n,m;*
anchoring pattern *n (anchoring
plan)*

Veränderliche *n,f;* variable *n*

veränderlicher Faktor;
variable coefficient

Verband *n,m (des Mauerwerks);*
bond *n;* wall bond *n*

Verband *n,m (Fachwerk);*
bracing *n (framework)*

Verbandblech *n,nt;* connection
plate *n*

Verbandstab *n,m;* bracing
member *n*

Verbandträger *n,m;* bracing
beam *n;* bracing girder *n;*
bracing truss *n*

verbinden *v;* join *v (connect)*

Verbindung *n,f (Anschluß);*
connection *n;* joint *n*

Verbindungsart *n,f;* type of
connection

Verbindungsglied *n,nt;*
connection element *n;* coupling
link *n*

Verbindungslasche *n,f;* cleat *n;*
connecting splice *n*

**Verbindungslasche für Steg-
verbindungen;** web splice
plate *n*

Verbindungsmittel *n,nt;*
fastener *n*

Verbindungsriegel *n,m
(Querbalken);* transom *n (girder)*

Verbleiung *n,f;* leading *n*

Verbrennbarkeit *n,f (z.B. im
Motor);* combustibility *n*

Verbrennung *n,f (z.B. im
Motor);* combustion *n*

Verbrennungsluft *n,f;*
combustion air *n*

Verbrennungsprodukte *n,nt;*
products of combustion

Verbund *n,m;* composite action;
compound action *n*

Verbundanker *n,m;* shear
connector *n*

Verbundbauweise *n,f;*
composite construction;
composite design

**Verbundbrücke aus Stahl und
Beton;** steel-concrete bridge *n*

Verbundkonstruktion *n,f;*
composite construction

Verbundplatte *n,f;* composite
slab; composite deck

Verbundquerschnitt *n,m;*
composite section

Verbundstütze *n,f;* composite
column

Verbundträger *n,m;* composite
beam

Verbundwinkel *n,m;* connection
angle *n*

Verbundwirkung *n,f;* composite
action

Verdrehung *n,f;* rotation *n;*
torsion *n*

Verdrehungsbeanspruchung
n,f; torsional stress

Verdrehungswinkel *n,m;* angle
of torsion; angle of twist

veredeln *v;* improve *v (better,
inhance);* refine *v*

vereinfachte Berechnung;
simplified calculation

vereinfachte Formel; simplified
formula

Verfahren *n,nt
(Arbeitsverfahren);* method *n (of
machining);* procedure *n*

Verfahrensprüfung *n,f;*
procedure test *n*

verfahrenstechnische Anlage; process plant *n*

Verfestigung durch Kaltverformung; cold-work hardening *n;* strain hardening *n*

Verformbarkeit *n,f (Formveränderungsvermögen);* capacity of deformation; deformability *n*

Verformung *n,f;* strain *n*

Verformung auf die Längeneinheit bezogen; strain deformation *n*

Verformungsarbeit *n,f (Formveränderungsarbeit);* deformation work *n;* strain energy *n*

Verformungsbruch *n,m;* ductile fracture

Verformungswinkel *n,m (Verzerrungswinkel);* shearing strain *n*

Vergitterung *n,f (Stütze);* lacing *n;* latticing *n*

Vergitterungsstab *n,m (Stütze);* lacing bar *n;* lattice bar *n*

Verglasung *n,f;* glazing *n*

Vergleichsspannung *n,f;* comparison stress *n;* failure criterion *n*

Vergleichsversuch *n,m;* comparative test; comparison test *n*

vergrößert zeichnen; draw to a larger scale

Vergrößerungsfaktor *n,m;* amplification factor *n*

Vergrößerungsmaßstab *n,m;* enlargement scale *n*

Vergußmasse *n,f (zum Ausgießen von Fugen);* casting compound *n (sealing compound)*

vergüten *v;* quench and temper

Vergütungsstahl *n,m;* heat-treated steel

Verhalten *n,nt;* behaviour *n* [BE]

Verhältnis *n,nt;* ratio *n*

verjüngt *adj;* tapered *adj*

Verkaufspreis *n,m;* sale price *n;* selling price *n*

Verkehrslast *n,f;* rolling load; live load; moving load; superimposed load; traffic load *n*

verkleideter Balken; cladded girder; jacketed girder

verkleideter Träger; cladded girder; jacketed girder

Verkleidung *n,f (Auskleidung);* facing *n;* cladding *n*

Verkohlung *n,f;* charring *n*

Verkröpfung *n,f;* crimb *n*

Verkupplung *n,f (z.B. von Trägern);* coupling *n;* twinning *n (e.g. of beams or girder)*

Verladebrücke *n,f;* charging bridge *n;* loading bridge *n*

Verladebühne *n,f;* jetty *n;* landing stage *n* [BE]; peer *n*

verlaschen *v;* fish *v;* splice *v*

Verlauf *n,m;* course *n*

Verlauf einer Kurve; course of a curve; trend of a curve

verlorene Schalung; lost sheathing; dead sheathing

Verminderungsbeiwert *n,m (Verminderungsfaktor);* decrease factor *n*

Verminderungsfaktor *n,m (Verminderungsbeiwert);* decrease factor *n*

vernachlässigbarer Faktor; negligible factor; negligible item

Vernickelung *n,f;* nickelizing *n*

Verpuffung *n,f;* deflagration *n*

Verriegelungsbolzen n,m; locking bolt n

Verriegelungseinrichtung n,f; interlocking device n

Verriegelungsklotz n,m; locking bolt guide n

Verriegelungskulisse n,f; locking block n

Verrohrung n,f (Kanalisation); piping and conduit

verrosten v; corrode v; rust v

Versagenskriterium n,nt; failure criterion n

verschalen v; face v; shutter v

Verschalung n,f (durch Bohlen); covering board n; planking n

Verschalung n,f (im Betonbau); formwork n; shuttering n

Verschiebung n,f; displacement n

Verschleiß n,m (Abnutzung); wear n; wearing n

Verschleißeinlage n,f; wearing element n

verschleißfester Stahl; wear-resistant steel

Verschleißfestigkeit n,f; resistance to wear

Verschleißschicht n,f; wearing surface n

Verschleißschutzring n,m; wear ring n

Verschleißschutzsohle n,f; wear shoe n; wear sole n

Verschleißteil n,nt; wear and tear part; wear part n

Verschleißteilzeichnung n,f; drawing dealing with wearing parts

Verschleißzahl n,f; abrasion factor n; wear index n

Verschluß n,m; plug n; seal n

Verschlußmutter n,f; lock nut n

Verschlußring n,m; distance ring n

Verschlußschraube n,f; lock screw n

Verschlußstopfen n,m; blanking plug n

Verschlußzapfen n,m; sealing stud n

Verschraubung n,f; bolting n

versenkt adj (z.B. Kopf einer Schraube); countersunk adj

versetzt zeichnen; draw staggered (e.g. hatching lines)

versetzte Nietung; staggered riveting

versetzte Nietung; staggered riveting

Versorgungstrakt n,m; service tract n

Verspannung n,f; staying n; guying n; bracing n

verspätet adj (verzögert); delayed adj (too late, retarded)

Verspleißung n,f (Spleiße); wirerope splice n

Verstärkung n,f; reinforcement n; reinforcing n; stiffening n; strengthening n

Verstärkungsblech n,nt; stiffening plate n

Verstärkungsblech n,nt (zusätzliches Blech); awarm n

Verstärkungsplatte n,f; reinforcing plate n

versteifen v; stiffen v

Versteifung n,f; bracing n; bridging n; stiffening n

Versteifungsrippe n,f; stiffening rib n

Versteifungsträger n,m; stiffening girder n; stiffening

truss *n*
verstemmen *v (z.B. ein Niet nachstemmen);* caulk *v*
verstreben *v;* brace *v;* strut *v*
Verstrebung *n,f (z.B. Fachwerkverband);* bracing *n*
Versuch *n,m (Probe);* test *n (trial)*
Versuch natürlicher Größe; full-size test
Versuchsanstalt *n,f;* testing laboratory *n*
Versuchsauswertung *n,f;* test evaluation *n*
Versuchsbericht *n,m (Prüfbericht);* test report *n*
Versuchspresse *n,f (Preßgerät);* testing machine *n*
Versuchsspannung *n,f;* proof stress *n*
Versuchsstück *n,nt;* specimen *n;* test specimen *n*
verteilte Last; distributed load
Verteilung *n,f;* distribution *n*
vertikal beweglicher Anschluß ; vertically movable mount *(e.g. girder)*
Vertikale *n,f (z.B. beim Fachwerk);* vertical *n*
Vertikalstab *n,m (Ständer, Pfosten);* vertical *n;* vertical rod
Vertikalsteifer *n,m;* vertical stiffener
Vertikalverband *n,m;* vertical bracing
Verträglichkeitsbedingungen *n,f;* compatibility conditions *n*
Vervielfältigungsversuch *n,m;* duplicating trial *n*
Verwahrung *n,f;* flashing *n*
Verweigerung *n,f;* rejection *n*
Verwendungsbereich *n,m;* field

of application [AE]
Verwerfung *n,f (Verziehen);* distortion *n;* warping *n*
Verziehung *n,f (Verzerrung);* deformation *n*
Verzinken *n,nt;* galvanizing *n*
verzinktes Blech; galvanized sheet
Verzinnung *n,f;* tinning *n*
Vickershärte *n,f;* Vickers hardness *n*
Vieleck *n,nt;* polygon *n*
Viereck *n,nt;* quadrangle *n*
viereckig *adj (quadratisch);* square *adj*
Vierendeelträger *n,m (Profilträger);* Vierendeel truss *n;* Vierendeel girder *n*
Vierkantkopf *n,m;* square head *n*
Vierkantschraube *n,f;* square bolt *n;* square-headed bolt
Vierkantstab *n,m;* square *n;* square member *n*
Vierkantstahl *n,m;* square bar steel *n;* square steel *n;* squares *n*
vierseitige Fläche; four-side area *n*
voll durchgeschweißte Fugennaht; complete joint penetration groove
volle Einspannung; full fixity
Vollkreis *n,m;* full circle
vollplastisches Moment; fully plastic moment
Vollquerschnitt *n,m (Bruttoschnitt);* gross section *n;* gross sectional area
Vollschnitt *n,m;* full section
vollständig durchgeschweißte Fugennaht; complete joint penetration groove
vollständig geschweißt;

all-welded *adj*
vollständige Einspannung;
complete fixing; rigid fixing
Vollwandbogen *n,m;* solid web
arch
Vollwanddeckbrücke *n,f;* deck
plate girder span *n*
vollwandig *adj;* solid-webbed *adj*
Vollwandträger *n,m;* solid web
beam; solid web girder
Vollwandtrogbrücke *n,f;*
trough plate girder span *n*
vollwertiger Einbrand; full
penetration
Vorbauschnabel *n,m;* launching
nose *n*
Vorbehandlung *n,f;* preliminary
treatment
Vordach *n,nt (Kragdach);*
canopy *n;* cantilever roof *n*
Vorderansicht *n,f;* front
elevation *n;* front view *n*
Vordruckzeichnung *n,f;*
preprinted drawing
vorfabriziert *adj;* prefabricated
adj
Vorgang *n,m (Arbeitsvorgang);*
operation *n;* procedure *n;*
process *n*
vorgefertigt *adj;* prefabricated
adj
vorgefertigtes Teil; finished
component
vorgespannt *adj;* pre-tensioned
adj; prestressed *adj*
vorgespannter Beton;
prestressed concrete
Vorhalter *n,m;* dolly *n;* holder-on
n [BE]
Vormontage *n,f;* previous
erecting
Vormontage *n,f (Probemontage);*

testing assembly *n*
Vorschieben *n,nt;* launching *n*
Vorschrift *n,f;* code *n;* regulation
n; specification *n*
vorspannen *v;* pre-stress *v*
Vorspannung *n,f (z.B. eines
Stahlteils);* prestressing *n;*
initial tension
Vorstatik *n,f;* preliminary statics
**vorwiegend ruhende Bela-
stung**; predominantly static
loading
Vorzeichnen *n,nt;* laying out *n;*
marking off *n*
vorzeichnen *v;* trace *v*
Vorzeichner *n,m;* tracer *n*
Voute *n,f (Aufstelzung);* concrete
haunch
Voutenbrücke *n,f (Stelzbrücke);*
arched bridge

W

**waagerechte Durchbiegung ei-
nes Bauwerks während der
Bauzeit**; drift of a building on
structure *(swaying)*
Wabenbauweise *n,f (z.B.
Sechskantöffnungen);*
honeycomb construction *n*
Wabenträger *n,m;* castellated
beam; honeycomb element *n*
Waffelblech *n,nt;* goffered plate
**Wahrscheinlichkeit des Versa-
gens**; probability of failure
**Wahrscheinlichkeitsbegriff
der Sicherheit**; probabilistic
concept of safety
Walmdach *n,nt;* hipped roof
Walmdachbinder *n,m;* hip truss
n
Walzblech *n,nt (Walztafel);* rolled

plate; rolled sheet metal

Walzdraht *n,m;* rolled wire

Walze *n,f (Auflager);* roller *n*

Walzengeschütz *n,nt;* cylinder sluice gate *n*

Walzenlager *n,nt;* roller bearing *n*

Walzenwehr *n,nt;* roller dam *n*

Walzfehler *n,m;* rolling defect *n*

Walzhaut *n,f (Walzzunder);* mill scale *n;* rolling skin *n*

Walzprofil *n,nt;* rolled section [BE]; rolled shape [AE]

Walzrichtung *n,f;* direction of rolling

Walzschweißen *n,nt (DIN 1910);* roll welding *n*

Walzspannung *n,f;* residual stress due to rolling

Walztafel *n,f (Walzblech);* rolled plate; rolled sheet metal

Walzträger *n,m;* rolled steel joist

Walzträger *n,m (Profilträger);* beam *n;* girder *n;* joist *n*

Walzwerkerzeugnisse *n,nt;* rolled products; rolling mill products *n*

Walzwerksbescheinigung *n,f;* mill test certificate *n*

Walzzunder *n,m (Walzhaut);* mill scale *n;* mill *n;* scale *n*

Walzzustand *n,m;* mill state *n*

Wand *n,f;* wall *n*

Wanddicke *n,f;* wall thickness *n*

Wandern von Schweißnähten; weld displacement *n;* migration of weld

Wandriegel *n,m (am Bau);* bay rail *n*

Wandstab *n,m;* wall member *n;* web member *n*

Wandstiel *n,m;* stud *n;* stem *n;*

wall post *n* [BE]

Wandträger *n,m;* girt *n*

Wannenlage *n,f (günstige Schweißposition);* downhand *n (vertically down)*

warm genietet; hot riveted

warm gewalzt; hot-rolled

Warmbrüchigkeit *n,f;* hot-shortness *n*

warmfester Baustahl; high temperature structural steel; steel for use at high temperatures

warmfester Stahl; heat-resisting steel

Warmformgebung *n,f;* hot forming; hot shaping

warmgewalzter Stahl; hot-rolled steel

Warmkriechversuch *n,m;* warm creep test

warmnieten *v;* hot-rivet *v*

Warmpreßschweißen *n,nt (DIN 1910);* hot pressure welding

Warmriß *n,m;* hot crack

Warmstreckgrenze *n,f;* high-temperature limit of elasticity

Warzenblech *n,nt;* checker plate *n (button pattern);* pinned plate *n*

Warzenschweißung *n,f;* projection weld *n*

Wasserbau *n,m;* hydraulic engineering

wasserdicht schweißen; weld waterproof

wasserdichte Schweißung; waterproof weld

Wasserglas *n,nt;* water glass *n*

Wasserhochbehälter *n,m (Wasserturm);* water tower *n*

Wasserkanone *n,f*

(Wasserwerfer); water gun *n*

Wasserkraftwerk *n,nt;* hydraulic power plant; hydroelectric plant

Wasserrohr *n,nt;* water main *n*

Wassersack *n,m (Laschung);* water pocket *n*

Wasserschleier *n,m;* water curtain *n*

Wasserturm *n,m;* water turm *n;* water tower *n*

Wasserverteilungsanlage *n,f;* water-distribution plant *n*

Wasserwerfer *n,m;* water gun *n*

Wasserwirtschaft *n,f;* water engineering *n*

Wasserzug *n,m (Tiefgang);* draft *n* [AE]; draught *n*

Wärmeabgabe *n,f;* heat flow *n*

Wärmeaufnahme *n,f;* heat absorption *n*

Wärmeausdehnung *n,f;* thermal expansion

Wärmeaustausch *n,m;* heat exchange *n*

Wärmebehandlung *n,f;* heat treatment *n*

wärmebeständiger Stahl; heat-resisting steel

Wärmebilanz *n,f;* heat balance *n*

Wärmedämmung *n,f;* thermal insulation

Wärmedehnzahl *n,f;* coefficient of thermal expansion

Wärmedurchsatz *n,m (Wärmeabgabe);* heat flow *n*

Wärmeeinflußzone *n,f;* heat-affected zone

Wärmefluß *n,m (Wärmeströmung);* heat flow *n*

Wärmegefälle *n,nt;* temperature gradient *n*

Wärmeinhalt *n,m (Wärmekapazität);* heat capacity *n*

Wärmeisolation *n,f (Wärmedämmung);* thermal insulation

Wärmekapazität *n,f;* heat capacity *n*

Wärmekraftanlage *n,f;* thermal power generating plant

Wärmeleitung *n,f;* heat conduction *n*

Wärmeleitvermögen *n,nt;* heat conducting capacity *n;* thermal conductibility

Wärmeleitzahl *n,f;* thermal conductibility coefficient

Wärmemelder *n,m;* heat detector *n*

Wärmemesser *n,m (Kalorimeter);* calorimeter *n (measures warmth)*

Wärmespannung *n,f;* temperature stress *n;* thermal stress

Wärmespannungsriß *n,m;* thermal stress crack

Wärmestauung *n,f;* heat accumulation *n;* heat storage *n*

Wärmestromdichte *n,f;* heat flow density *n*

Wärmeströmung *n,f;* heat flow *n*

Wärmeübergang *n,m (Wärmeübertragung);* heat radiation; thermal radiation

Wärmeübergangszahl *n,f;* heat transmission coefficient *n*

Wärmeübertragung *n,f;* heat radiation *n*

Wärmeverbrauch *n,m;* heat consumption *n*

Wärmeverformung *n,f;* thermal

deformation

Wechselbeanspruchung *n,f;*
reversal stressing

Wechselbelastungsfähigkeit
n,f (z.B. des Materials);
resistance to alternating stresses

Wechselfestigkeit *n,f (z.B. eines
Materials);* fatigue limit *n*

Wechsellast *n,f (beim
Dauerversuch);* reverse load;
alternating load

wechselnde Belastung;
alternating load

Wechselstab *n,m;* counter
diagonal *n* [AE]; counterbrace *n*
[BE]

Wehranlage *n,f;* casemate *n*

Wehranlage *n,f
(Wasserstauanlage);* weir plant
n; dam *n*

Wehrschütz *n,nt;* sluice gate *n*

weichgeglüht *adj;* fully
annealed; soft annealed

Weichlöten *n,nt;* soldering *n*

Weichmachung *n,f;* softening *n;*
tempering *n*

Weißblech *n,nt;* tin plate *n;*
tinned sheet iron

Weißmetall *n,nt;* white metal

Wellblech *n,nt;* corrugated sheet;
corrugated steel

Wendepunkt *n,m (z.B. der
Biegelinie);* point of
contraflexure

wenn nicht anders angegeben
unless otherwise specified

Werkmeister *n,m;* foreman *n*

Werksbescheinigung *n,f
(Werkstattest);* factory test
certificate *n* [AE]; works
certificate *n*

Werksnorm *n,f (fabrikeigene*

Norm); factory code *n;* factory
standard *n*

**Werkstatt- und Baustellenar-
beit;** shop and field work

Werkstattanstrich *n,m;* shop
coat *n;* shop painting *n*

Werkstattarbeit *n,f;* fabrication
n

Werkstatteinrichtung *n,f;*
workshop equipment *n;*
workshop installation *n*

Werkstattest *n,m
(Werksbescheinigung);* factory
test certificate *n* [AE]; works
certificate *n*

Werkstattleiter *n,m (z.B. ein
Meister);* shop foreman *n*

Werkstattmontage *n,f;* shop
assembly *n*

Werkstattniet *n,m;* shop rivet *n;*
shop-driven rivet

Werkstattschweißung *n,f;* shop
welding *n*

Werkstattstoß *n,m;* shop
connection *n;* shop joint *n*

Werkstattzeichnung *n,f
(Konstruktionszeichnung);* shop
drawing *n;* workshop drawing *n*

Werkstattzusammenbau *n,m;*
shop assembling *n;* workshop
assembly *n*

Westansicht *n,f;* west elevation *n*

Wetterbeständigkeit *n,f
(Witterungsbeständigkeit);*
resistance to weathering;
weather resistance *n*

WEZ *(Abk. f. Wärmeeinflußzone);*
heat-affected zone

Widerlager *n,nt;* abutment *n*

Widerstand *n,m;* resistance *n*

Widerstandsfähigkeit *n,f;*
resistivity *n*

Widerstandskoeffizient *n,m;*
drage coefficient *n (e.g. o_e^f wind
power)*

Widerstandsmoment *n,nt;*
resistance moment *n;* moment
of resistance; resisting moment *n*

Widerstandsmoment *n,nt (z.B.
eines Querschnitts);* section
modulus *n*

Widerstandspreßschweißen
n,nt; resistance welding *n*

**Widerstandsschmelzschweiß-
en** *n,nt (DIN 1910);* resistance
fusion welding *n*

Widerstandsschweißung *n,f;*
resistance welding *n*

widerstehen *v (z.B. etwas
aushalten);* resist *v;* withstand *v*

widerstehendes Moment;
moment of residence; resisting
moment *n*

Wiederaufbau *n,m (Umbau);*
rebuilding *n;* reconstruction *n*

Wiege *n,f;* rocker *n*

Wiegezapfen *n,m;* rocker pin *n*

WIG *(Abk. f. Wolfram-Inert-Gas);*
TIG

Wind- oder Schneelast *(z.B. auf
einem Dach);* climatic load

Windangriffsfläche *n,f,* area
exposed to wind; exposed area

Windbelastung *n,f (Windlast);*
wind load *n*

Winddruck *n,m;* wind pressure *n*

Windenbrücke *n,f (z.B. auf
einem Frachtschiff);* winch
bridge *n*

Windenkraft *n,f;* winch force *n*

Windenmotor *n,m;* winch motor
n

Windentrommel *n,f;* winch
drum *n*

Windgeschwindigkeit *n,f;*
velocity of wind; wind velocity *n;*
wind speed *n*

Windlast *n,f (Windbelastung);*
wind load *n*

**Windlast nicht schwingungs-
anfälliger Bauten;** wind load
of structures not susceptible to
vibrations

windseitig *adj (luvseitig);*
windward *adj*

Windstärke *n,f;* intensity of
wind; wind strength *n;* wind
intensity *n*

Windträger *n,m;* wind girder *n*

Windverband *n,m (Bauteil);*
lateral bracing; wind bracing *n*

Windverbandstab *n,m;* lateral
member; wind bracing bar *n*

Windversteifung *n,f;* wind
bracing *n*

Winkel *n,m;* angle *n*

Winkel *n,m (Winkelprofil,
Winkelstahl);* angle steel *n*

Winkelabweichung *n,f;*
deviation *n (e.g. of an angle)*

Winkeleisen *n,nt;* angle iron *n*

Winkellasche *n,f;* angular fish
plate; splice angle *n*

Winkelprofil *n,nt;* angle section
n; angle steel *n*

Winkelschnitt *n,m;* angle cut *n;*
cut at an angle

Winkelstahl *n,m;* angle *n;* angle
steel *n*

Winkelstoß *n,m;* corner joint *n*

Winkelstoß *n,m
(Gurtwinkelstoß);* flange-angle
splice *n*

Wippkran *n,m;* level luffing
crane *n;* luffing crane *n*

Wirksamkeit *n,f*

(Wirkungsgrad); efficiency *n*
Wirkung *n,f;* action *n*
Wirkungslinie *n,f;* actionline *n;*
  line of action
witterungsbeständiger Stahl;
  weathering steel *n*
Witterungsbeständigkeit *n,f*
  (Wetterbeständigkeit); resistance
  to weathering; weather
  resistance *n*
Wohnhaus *n,nt;* residential
  building
**Wolfram-Schutzgas-Schweiß-
en** *n,nt;* gas-shielded
  tungsten-arc welding
Wolkenkratzer *n,m (Hochhaus);*
  skyscraper *n*
Wöhlerkurve *n,f;* Wöhler curve
  n [BE]; SN-curve *n* [AE]
wölben *v (biegen);* arch *v*
Wölbmoment *n,nt;* warping
  moment *n*
Wölbnaht *n,f;* bead weld *n*
Wölbung *n,f;* arch *n;* curvature *n*
  (e.g. of a surface)
Wulst *n,m (z.B. am zylindrischen
  Faß);* bulb *n*
Wulsteisen *n,nt;* bulb iron *n*
Wulstflachstahl *n,m;* bulb flat
  n; bulb plate *n*
Wulstprofil *n,nt;* bulb section *n*
Wulststahl *n,m;* bulb steel *n*
Wulststahl *n,m (Wulstprofil);*
  bulb section *n*
Wulstwinkel *n,m;* bulb angle *n*
Wurzel *n,f (z.B. der
  Schweißnaht);* root *n (e.g. of
  weld seam)*
Wurzelbiegeprobestück *n,nt;*
  root bend specimen *n*
Wurzelbiegung *n,f;* root bend *n*
Wurzeldurchfall *n,m;* excessive

root penetration
Wurzeleinbrand *n,m;*
  penetration into the root
Wurzelfehler *n,m;* root defect *n*
Wurzelkerbe *n,f;* incomplete
  joint penetration
Wurzellage *n,f;* root pass *n*
Wurzelmaß *n,nt (Streichmaß);*
  back pitch *n*
Wurzelöffnung *n,f;* root opening
  n
Wurzelriß *n,m;* root crack *n*
Wurzelseite *n,f (Nahtunterseite);*
  back of weld

X

X-Haken *n,m;* hook with safety
  toggle
X-Naht *n,f (DV-Naht);* double V;
  double-V seam

Y

Y-Naht *n,f;* single Y
Y-Naht *n,f (mit Steg);* single Y
  with root face

Z

Z-Stahl *n,m;* Z-bar *n;* zed *n* [BE];
  zee *n* [AE]
Zahlentafel *n,f (Tabelle);* table of
  values
Zahnkranz *n,m;* gear rim *n;*
  toothed rim
Zange *n,f;* pincers *n;* tongs *n*
Zapfen *n,m;* pin *n;* pinion *n;* pivot
  n
Zapfengelenk *n,nt;* pivot hinge *n*
Zapfenschraube *n,f;* trunnion

screw *n*
zäh *adj;* tenacious *adj*
Zeichenarbeit *n,f;* drawing work
n
Zeichenbrett *n,nt;* drawing
board *n*
Zeichenbrett mit Zusatzfläche
drawing board with free
margin
Zeichenfläche *n,f;* drawing area
n
Zeichenmittel *n,nt;* drawing
instrument *n*
Zeichnung *n,f;* drawing *n*
**Zeichnung mit vorgedruckten
Darstellungen;** drawing
containing preprinted
representations
Zeichnungsaustausch *n,m;*
exchange of drawings
Zeichnungsänderungsdienst
n,m; drawing amendment
service *n*
Zeichnungsblatt *n,nt;* drawing
sheet *n*
Zeichnungsfeld *n,nt (Raum für
Zeichnungen);* drawing panel *n;*
drawing area *n*
zeichnungsgeprüft *adj;*
drawing-checked *adj*
Zeichnungsnorm *n,f;* drawing
practice standard *n*
Zeichnungsverfilmung *n,f;*
filming of drawings
Zeichnungswesen *n,nt;* drawing
practice *n*
zeitweise unterbrochen;
intermittent *adj*
Zementmilch *n,f;* grout *n*
**zentrale Trinkwasserversor-
gung;** central drinking water
supply

Zentralknotenträgerrost *n,m;*
gusset plate beam junction *n*
zentrierte Last; centrally
applied load
Zentrifugalkraft *n,f;* centrifugal
force
Zentrifugalmoment *n,nt;*
product of inertia; centrifugal
moment
Zentripetalkraft *n,f;* centripetal
force
zentrisch *adj;* central *adj*
zentrische Belastung; centrally
applied load
zentrische Kraft; axial force;
centered force
Zerreißfestigkeit *n,f;* tensile
breaking strength; ultimate
tensile strength
Zerreißprobe *n,f (Zerreißstab);*
coupon *n* [AE]; tensile test piece
Zerreißspannung *n,f;* breaking
stress *n*
Zerreißstab *n,m;* coupon *n* [AE]
Zerreißversuch *n,m
(Zugversuch);* tension test *n*
Zerstäuber *n,m;* atomizer *n;*
sprayer *n*
zerstörende Prüfung;
destructive test
zerstörungsfreie Prüfung;
non-destructive test
zerstörungsfreier Versuch;
non-destructive test
Ziegelstein *n,m;* brick *n*
Ziehen *n,nt (z.B. von Draht);*
drawing *n*
Zinkblech *n,nt;* sheet zinc *n*
Zone *n,f;* zone *n*
zu schweißender Teil;
workpiece *n*
Zubehör *n,nt;* implements *n;*

accessories *n*

Zufahrt *n,f;* access *n;* approach *n*

Zufahrtsrampe *n,f;* approach
ramp *n*

Zufallsfehler *n,m;* random error
n

Zufallsveränderliche *n,f;*
fortuitous variable

Zug *n,m (Spannung);* tension *n*

Zuganker *n,m;* tie rod *n*

Zugband *n,nt (Zugstange);* tie
member *n;* tension rod *n;* tie *n;*
tie rod *n*

Zugbeanspruchung *n,f;* tensile
load; tensile stress; tensile
stressing

Zugdiagonale *n,f;* tension
diagonal *n*

Zugfaser *n,f;* tensile fibre

Zugflansch *n,m;* flange in
tension

Zuggurt *n,m (eines
Blechträgers);* tension flange *n
(of plate girder)*

Zuggurt *n,m (Fachwerkträger);*
tension chord *n*

Zugkraft *n,f;* tensile force

Zugprobe *n,f (Zugversuch);*
tensile test

Zugprüfung *n,f (Zugversuch,
Zugprobe);* tensile test

Zugquerschnitt *n,m;* cross
section under tension

Zugseil *n,nt;* traction cable *n;*
traction rope *n*

Zugspannung *n,f;* tensile stress

Zugstab *n,m;* tension member *n;*
tensional member *(tension bar);*
member in tension

Zugstange *n,f (als Bauteil, z.B.
an einer Brücke);* draw bar *n*

Zugstange *n,f (Zugband);* tie *n;*

tie rod *n;* tension rod *n*

Zugversuch *n,m
(Zerreißversuch);* tension test *n*

Zugzone *n,f;* zone of tension;
tension zone *n*

Zulage *n,f (Werkbank);* bed *n;*
workbench *n*

zulässig *adj (zugelassen, erlaubt);*
permissible *adj (allowable)*

zulässige Belastung; allowable
load; permissible load; safe load
[BE]

zulässige Biegespannung;
permissible bending stress

zulässige Druckspannung;
permissible compressive stress

zulässige Last; permissible load
[AE]; safe load [BE]

zulässige Maßabweichung;
allowable dimensional deviation;
tolerance *n*

zulässige Nutzlast; permissible
working load [AE]; safe working
load

zulässige Spannung;
permissible stress; working
stress *n*

zulässige Tragkraft; allowable
load [AE]; working load *n*

**zulässige Tragkraft eines Dü-
bels;** allowable load of a shear
connection

Zunder *n,m (Walzhaut);* mill
scale *n*

**zur Absteifung der Tragwerke
verwendete Teile;** bracing *n*

Zusammenbau *n,m;* assembling
n; installation *n;* assembly *n;*
erection *n*

Zusammenbauzeichnung *n,f;*
assembly drawing *n*

zusammengesetzt *adj;* built-up

adj; combined *adj;* compound *adj*

zusammengesetzte Beanspruchung; combined load; combined stress; combined stressing

zusammengesetzte Stütze; built-up column; compound column

zusammengesetzte Wahrscheinlichkeit; compound probability

zusammengesetzter Querschnitt; built-up section; compound section

zusammengesetzter Träger; compound girder

zusammengesetztes Profil; built-up section; compound section

Zusammensetzung *n,f;* combination *n;* composition *n*

Zusammenstellung *n,f;* assembly *n*

Zusammenstellungsliste *n,f;* assembly list *n*

Zusatzfläche *n,f;* free margin *(on a drawing board)*

Zusatzlasten *n,f;* secondary loads

Zusatzspannung *n,f;* additional stress

Zusatzwerkstoff *n,m;* filler metal *n*

Zuschnitt *n,m (Vorschnitt des Werkstückes);* blank cut *n;* blank *n*

Zustand *n,m;* condition *n;* state *n*

Zügelgurtbrücke *n,f;* bridle chord bridge *n*

Zündgrenze *n,f;* limit of flammability

Zündpunkt *n,m;* ignition temperature *n;* ignition point *n*

Zwangslage *n,f (z.B. Schweißung nach oben);* overhead *n (e.g. welding upwards);* downhand *n (e.g. flat or vertically down)*

zweiachsige Biegung; biaxial bending

Zweigelenkbogen *n,m;* two-hinged arch

Zweigelenkrahmen *n,m;* two-hinged frame

Zweigelenkstab *n,m;* two-pinned member *(two-hinged member)*

zweigleisige Brücke; double-track railway bridge *n*

zweischiffige Halle; twin-bay *n;* two-nave hall; two-bay industrial building

zweischnittig *adj (z.B. eine Nietung);* in double shear

zweistöckige Brücke; double-deck bridge

Zwillingsträger *n,m;* twin girder *n*

Zwischenkopierpapier *n,nt;* intermediate copying paper

Zwischenlagentemperatur *n,f;* interpass temperature *n*

Zwischenpfette *n,f;* intermediate purlin; middle purlin *n*

Zwischenquerträger *n,m;* intermediate cross girder; intermediate floor beam

Zwischenstab *n,m;* intermediate bar

Zwischensteife *n,f;* intermediate stiffener

Zwischenstück *n,nt;* connecting piece *n;* pass piece *n*

Zwischenstütze *n,f;* intermediate stanchion; intermediate support

Zwischenträger *n,m;*
  intermediate beam
Zwischenwand *n,f (Trennwand,*
  Scheidewand); partition *n;*
  partition wall *n*
Zylinderschraube *n,f;* cap

screw *n;* cheese head screw *n*
Zylinderstift *n,m;* stud *n*
zylindrisch *adj;* cylindric *adj;*
  cylindrical *adj*

Englisch/Deutsch

A

A-welder *n,sg;* A-Schweißer
n,sg,m
above ground cylindrical flat-bottom tanks; oberirdische
zylindrische
Flachbodentankbauwerke
abrasion factor *n,sg;*
Verschleißzahl *n,sg,f*
abscissa *n,sg;* Abszisse *n,sg,f*
(Koordinatenachse)
absorb *v;* aufnehmen *v*
absorption of energy;
Energieaufnahme *n,sg,f*
abut *v;* aneinanderstoßen *v*
(angrenzen)
abutment *n,sg;* Kämpfer
n,sg,m (Firmenname);
Widerlager *n,sg,nt*
abutment hinge *n,sg;*
Kämpfergelenk *n,sg,nt (nach
Kämpfer)*
abutment piece *n,sg;*
Stoßplatte *n,sg,f*
accelerating force;
Beschleunigungskraft *n,sg,f*
acceleration *n,sg;*
Beschleunigung *n,sg,f;*
Massenbeschleunigung *n,sg,f*
acceleration force *n,sg;*
Beschleunigungskraft *n,sg,f*
acceptance certificate *n,sg;*
Abnahmebescheinigung *n,sg,f*
acceptance rejection *n,sg;*
Abnahmeverweigerung *n,sg,f*
access *n,sg;* Auffahrt *n,sg,f;*
Zufahrt *n,sg,f*
accessories *n,pl;* Zubehör
n,sg,nt
accident *n,sg;* Unglücksfall
n,sg,m (Unfall)

accident prevention *n,sg;*
Unfallverhütung *n,sg,f*
acid Bessemer steel;
Bessemerstahl *n,sg,m*
acid-proof *adj;* säurefest *adj*
acid-proof coating; säurefester
Anstrich
acid-resistant asphalt coating;
Asphaltanstrich *n,sg,m*
(säurefester Asphaltanstrich)
action *n,sg;* Wirkung *n,sg,f*
actionline *n,sg;* Wirkungslinie
n,sg,f
active gas metal arc welding;
Metall-Aktivgas-Schweißen
n,sg,nt
active lateral earth pressure;
aktiver Erddruck
actual dimension; Istmaß
n,sg,nt
**actual ultimate capacity of a
shear connector;** Bruchlast
eines Dübels
adapt *v;* anpassen *v (z.B. mit
Adapter)*
**addition of new stories to an
existing building;**
Aufstockung *n,sg,f*
additional stress;
Zusatzspannung *n,sg,f*
adhesive *n,sg;* Klebemittel
n,sg,nt; Klebstoff *n,sg,m*
adhesive defect; Bindefehler
n,sg,m
adhesiveness *n,sg;*
Klebevermögen *n,sg,nt*
adiabatic *adj;* adiabatisch *adj*
adjust *v;* anpassen *v (ein
Bauteil einsetzen);* einpassen *v
(z.B. ein Bauteil anpassen)*
adjust by flame-cutting;
nachschweißen *v (weil nicht*

passend)

adjustable support; regelbares Lager

adjusting piece *n,sg;* Paßstück *n,sg,nt*

aerial ferry *n,sg;* Fährbrücke *n,sg,f (Schwebefähre);* Schwebefähre *n,sg,f*

aerial ladder [AE]; fahrbare Leiter *(Drehleiter);* Drehleiter *n,sg,f (fahrbare Leiter)*

aerial ropeway; Drahtseilbahn *n,sg,f*

aeroplane hangar *n,sg* [BE]; Flugzeughalle *n,sg,f*

age *v;* altern *v*

ageing *n,sg (aging);* Alterung *n,sg,f*

ageing by stretching; Reckalterung *n,sg,f (Altern durch Strecken)*

agricultural building; landwirtschaftliches Gebäude

air bleeding *n,sg;* Entlüftungsventil *n,sg,nt (automatisch)*

air filter *n,sg;* Entlüftungsfilter *n,sg,nt*

air shutter *n,sg;* Lüftungsklappe *n,sg,f*

air valve *n,sg;* Lüftungsklappe *n,sg,f*

aircraft shed *n,sg;* Flugzeughalle *n,sg,f*

airplane hangar *n,sg* [AE]; Flugzeughalle *n,sg,f*

align *v;* ausrichten *v*

alignment *n,sg;* Fluchtlinie *n,sg,f*

all-weld-test specimen *n,sg;* Schweißgutprüfung *n,sg,f*

all-welded *adj;* ganz geschweißt; vollständig geschweißt

allowable dimensional deviation; zulässige Maßabweichung

allowable load; zulässige Belastung; zulässige Tragkraft

allowable load of a shear connection; zulässige Tragkraft eines Dübels

allowance *n,sg;* Toleranz *n,sg,f*

allowance *n,sg (play, tolerance);* Spielraum *n,sg,m*

alloy *n,sg;* Legierung *n,sg,f*

alloy steel *n,sg;* legierter Stahl

alloyed steel; legierter Stahl

also see the drawings ...; hierzu gehören die Zeichnungen ...

alternating force; periodisch wechselnde Kraft

alternating load; Belastung *n,sg,f (wechselnde Gewichtslast);* Lastwechsel *n,sg,m;* periodisch wechselnde Kraft; Wechsellast *n,sg,f (beim Dauerversuch);* wechselnde Belastung

alternating stress *n,sg;* Dauerbeanspruchung *n,sg,f;* Dauerschwingbeanspruchung *n,sg,f;* Schwingungsbeanspruchung *n,sg,f*

alternative design; Alternativentwurf *n,sg,m*

aluminium construction *n,sg;* Aluminiumkonstruktion *n,sg,f*

American Welding Standards; AWS *(Abk. f. Amerikanische Schweißnormen);* Amerikanische Schweißnormen

amperage *n,sg;* Stromstärke

n,sg,f
amplification factor *n,sg;*
Vergrößerungsfaktor *n,sg,m*
analysis *n,sg;* Berechnung
n,sg,f
anchor bar *n,sg;* Anker-U
n,sg,nt; Ankerschiene *n,sg,f*
anchor bolt *n,sg;*
Ankerschraube *n,sg,f;*
Ankerbolzen *n,sg,m*
anchor mast *n,sg;*
Verankerungsmast *n,sg,m;*
Abspannmast *n,sg,m*
anchor plate *n,sg;* Ankerplatte
n,sg,f
anchor support *n,sg;*
Abspannmast *n,sg,m*
anchor tower *n,sg;*
Verankerungsmast *n,sg,m*
anchorage *n,sg;* Verankerung
n,sg,f
anchoring pattern *n,sg*
(anchoring plan);
Verankerungsplan *n,sg,m*
angle *n,sg;* Knie *n,sg,nt;*
Kniestück *n,sg,nt (Knie);*
Winkel *n,sg,m;* Winkelstahl
n,sg,m
angle between probes;
Prüfkopfeinstellwinkel *n,sg,m*
angle bracket *n,sg;*
Befestigungswinkel *n,sg,m*
angle cleat *n,sg;*
Anschlußwinkel *n,sg,m;*
Beiwinkel *n,sg,m*
(Anschlußwinkel);
Längsträgerbeiwinkel *n,sg,m*
angle cut *n,sg;*
Gehrungsschnitt *n,sg,m;*
Winkelschnitt *n,sg,m*
angle iron *n,sg;* Winkeleisen
n,sg,nt

angle of inclination;
Neigungswinkel *n,sg,m*
angle of rotation; Drehwinkel
n,sg,m
angle of torsion;
Verdrehungswinkel *n,sg,m*
angle of twist;
Verdrehungswinkel *n,sg,m*
angle of V; Öffnungswinkel
n,sg,m
angle of yaw; Gierwinkel *n,sg,m*
angle pole *n,sg;* Eckmast
n,sg,m
angle section *n,sg;* Winkelprofil
n,sg,nt
angle steel *n,sg;* Winkel
n,sg,m; Winkelprofil *n,sg,nt;*
Winkelstahl *n,sg,m*
angle support *n,sg;* Eckmast
n,sg,m
angle tower *n,sg;* Eckmast
n,sg,m
angular fish plate;
Winkellasche *n,sg,f*
annealed *adj;* geglüht *adj*
(Härteangabe für Stahl)
annex *n,sg;* Anlage *n,sg,f*
(Korrespondenz)
**annex partly supported by the
main frame;** Anbau *n,sg,m*
(an Hauptrahmen anlehnend)
anodic film; Anodenbelag
n,sg,m
anodizing *n,sg;* anodische
Oxydation
anti-corrosive agent;
Rostschutzmittel *n,sg,nt*
anti-corrosive coat;
Rostschutzanstrich *n,sg,m*
anti-fatigue screw *n,sg (bolt);*
Dehnschraube *n,sg,f*
anti-symmetrical *adj;*

antisymmetrisch *adj*
apex *n,sg;* Knotenpunkt *n,sg,m*
(*Fachwerk*); Scheitelpunkt
n,sg,m
apparatus *n,sg;* Apparat
n,sg,m (Gerät)
appearance of shrinkage;
Schrumpferscheinung *n,sg,f*
appearance of the fracture;
Bruchgefüge *n,sg,nt*
appendix *n,sg;* Anlage *n,sg,f*
(*Korrespondenz*)
application of load;
Kraftangriff *n,sg,m*
application point *n,sg;*
Ansatzpunkt *n,sg,m (Werkzeug ansetzen)*
applied statistics; angewandte
Statistik
apply *v;* aufbringen *v*
apply load factors; gewogene
Sicherheitsfaktoren anwenden
apply load factors;
Lastfaktoren anwenden
applying load factors;
Anwendung von gewogenen
Sicherheitsfaktoren
appraisal drawing *n,sg;*
Prüfzeichnung *n,sg,f*
approach *n,sg;* Auffahrt *n,sg,f;*
Rampe *n,sg,f;* Zufahrt *n,sg,f*
approach *n,sg (access to bridge);* Brückenzufahrt *n,sg,f*
approach ramp *n,sg;*
Zufahrtsrampe *n,sg,f*
approximate *adj;* annähernd
adj (Näherungs...)
approximate calculation;
Näherungsrechnung *n,sg,f*
approximate data;
Näherungswert *n,sg,m*
approximate method;

Annäherungsverfahren *n,sg,nt*
approximation *n,sg;*
Annäherungsverfahren *n,sg,nt;*
Näherung *n,sg,f*
apron plate *n,sg* [BE];
Schleppblech *n,sg,nt (über einer Dehnungsfuge)*
arc *n,sg;* Bogen *n,sg,m;*
Lichtbogen *n,sg,m (z.B. beim Schweißen)*
arc *n (curvature);* Bogenlinie
n,sg,f
arc furnace *n,sg;*
Lichtbogenofen *n,sg,m*
arc of circle; Kreisbogen *n,sg,m*
arc pressure welding *n,sg;*
Lichtbogenpreßschweißen
n,sg,nt
arc pressure welding with magnetic moved arc;
Lichtbbolzenpreßschweißen mit
magnetisch beweglichem
Lichtbogen
arc stud welding *n,sg;*
Lichtbogenbolzenschweißen
n,sg,nt
arc stud welding with initiation by collar;
Lichtbogenbolzenschweißen mit
Ringzündung
arc welding *n,sg;*
Lichtbogenhandschweißen
n,sg,nt; Lichtbogenschweißung
n,sg,f;
Lichtbogenschmelzschweißen
n,sg,nt; Lichtbogenschweißen
n,sg,nt
arc welding with spring press electric feed;
Federkraftlichtbogenschweißen
n,sg,nt
arch *v;* wölben *v (biegen)*

arch *n,sg;* Bogen *n,sg,m;*
Wölbung *n,sg,f*
arch axis *n,sg;* Bogenachse
n,sg,f
arch beam *n,sg;* Bogenträger
n,sg,m
arch bridge *n,sg;* Bogenbrücke
n,sg,f
arch girder *n,sg;* Bogenträger
n,sg,m
arch of bridge; Brückenbogen
n,sg,m
arch panel *n,sg;* Bogenfeld
n,sg,nt (z.B. in Bogenbrücke,
Kreisbogen)
arch rib *n,sg;* Bogen *n,sg,m*
arch rise *n,sg;* Bogenhöhe
n,sg,f (Bogenpfeil); Bogenpfeil
n,sg,m (Bogenhöhe)
arch thrust *n,sg;* Bogenschub
n,sg,m
arch truss *n,sg;* Bogenträger
n,sg,m
arched *adj;* gewölbt *adj*
arched bridge; Voutenbrücke
n,sg,f (Stelzbrücke)
arched plate; Tonnenblech
n,sg,nt
arched trough bridge;
Bogenbrücke mit eingehängter
Fahrbahn
area *n,sg;* Fläche *n,sg,f*
area at bottom of thread;
Kernquerschnitt *n,sg,m*
area at root of thread [BE];
Kernquerschnitt *n,sg,m*
area exposed to wind;
Windangriffsfläche *n,sg,f*
armouring bars *n,pl;*
Moniereisen *n,pl,nt*
armouring steel;
Bewehrungsstahl *n,sg,m*

arrangement drawing *n,sg;*
Anordnungszeichnung *n,sg,f*
arris *n,sg;* Schnittlinie *n,sg,f*
(von Flächen)
articulated girder;
Gelenkträger *n,sg,m*
articulated purlin;
Gelenkpfette *n,sg,f (bewegt sich*
bei Ausdehnung)
as rolled; in gewalztem Zustand
(wie gewalzt)
asbestos spray *n,sg;* gespritzter
Asbest
asphalt mastic *n,sg;*
Asphaltkitt *n,sg,m*
assemble *v;* aufstellen *v*
assembled drawing; montierte
Zeichnung
assembled section;
Montageabschnitt *n,sg,m;*
Schuß *n,sg,m*
assembling *n,sg;* Zusammenbau
n,sg,m
assembling *n,sg (e.g. in factory,*
on site); Bodenmontage *n,sg,f*
(Vormontage)
assembling hall *n,sg;*
Montagehalle *n,sg,f*
assembly *n,sg;*
Gesamtprüfstück *n,sg,nt (z.B.*
für Schweißprobe); Aufstellen
n,sg,nt; Montage *n,sg,f;*
Zusammenbau *n,sg,m;*
Zusammenstellung *n,sg,f*
assembly drawing *n,sg;*
Zusammenbauzeichnung *n,sg,f*
assembly list *n,sg;*
Zusammenstellungsliste *n,sg,f*
assembly scaffolding *n,sg;*
Montagegerüst *n,sg,nt*
(Stahlbau)
assembly strut *n,sg;*

Montagegerüst *n,sg,nt*
(Stahlbau); Montagestütze
n,sg,f
assembly support *n,sg;*
Montagegerüst *n,sg,nt*
(Stahlbau)
assumed load;
Belastungsannahme *n,sg,f;*
Lastannahme *n,sg,f*
assumed loading;
Belastungsannahme *n,sg,f*
assumption *n,sg;* Annahme
n,sg,f; Hypothese *n,sg,f*
asymmetrical *adj;*
symmetrielos *adj;*
asymmetrisch *adj*
atmospheric corrosion;
atmosphärische Korrosion
atmospheric temperature;
Umgebungstemperatur *n,sg,f*
atomizer *n,sg;* Zerstäuber
n,sg,m
austenitic steel; austenitischer
Stahl
autogenous welder;
Autogenschweißer *n,sg,m*
autogenous welding;
autogenes Schweißen;
Autogenschweißen *n,sg,nt*
auxiliary diagonal *n,sg;*
Hilfsstab *n,sg,m (schräger
Hilfsstab)*
auxiliary member *n,sg;*
Hilfsstab *n,sg,m*
average *n,sg;* Mittel *n,sg,nt*
average deviation *n,sg;*
mittlere Abweichung
average distance *n,sg;*
mittlerer Abstand
average price per ton;
Durchschnittstonnenpreis
n,sg,m

awarm *n,sg;* Verstärkungsblech
n,sg,nt (zusätzliches Blech)
AWS *(Abv);* AWS *(Abk. f.
Amerikanische Schweißnormen)*
axial *adj;* mittig *adj*
axial compression; mittiger
Druck
axial force; Achsialkraft *n,sg,f;*
Längsdruck *n,sg,m;* Längskraft
n,sg,f; zentrische Kraft
axial load; achsiale Last;
Längsbelastung *n,sg,f*
axial stress; mittige
Beanspruchung;
Normalspannung *n,sg,f*
axial thrust; achsiale
Druckbelastung; achsialer
Druck; mittiger Druck
axiale *adj;* achsial *adj*
axiale compression; achsiale
Druckbelastung
**axially loaded compression
member;** mittig gedrückter
Stab
axis *n,sg;* mathematische Achse
(technische Achse)
axis of abscissas;
Abszissenachse *n,sg,f*
**axis of blast furnace frame-
work;** Ofengerüstachse *n,sg,f*
(Hochofen)
axis of ordinates;
Ordinatenachse *n,sg,f*
axis of rotation; Drehachse
n,sg,f
axis of symmetry;
Symmetrieachse *n,sg,f*
axle spacing *n,sg;* Achsstand
n,sg,m

B

babbit *n,sg;* Lagermetall *n,sg,nt*
babbit metal *n,sg;* Lagermetall *n,sg,nt*
back gouged *adj;* ausgefugt *adj (z.B. bearbeiteter Riß)*
back of weld; Wurzelseite *n,sg,f;* Nahtunterseite *n,sg,f*
back pitch *n,sg;* Nietabstand *n,sg,m;* Wurzelmaß *n,sg,nt (Streichmaß)*
back pitch *n,sg (distance rivet centers);* Streichmaß *n,sg,nt (Wurzelmaß)*
back weld *v;* aufschweißen *v (mit Badsicherung)*
back weld *v (from the opposite side);* gegenschweißen *v (von der Gegenseite)*
back-welded *adj;* aufgeschweißt *adj*
back-welded *adj (e.g. from opposite side);* gegengeschweißt *adj*
backing *n,sg (e.g. ceramic);* Badsicherung *n,sg,f (beim Schweißen);* Unterlage *n,sg,f (beim Schweißen)*
backing strip *n,sg (leave on after welding);* Badsicherungsblech *n,sg,nt (beim Schweißen)*
Bailey bridge *n,sg;* Behelfsbrücke *n,sg,f (z.B. Bailey-Brücke);* Bailey-Brücke *n,sg,f (Behelfsbrücke)*
Bailey bridging equipment *n,sg;* Bailey-Brückengerät *n,sg,nt*
balance *n,sg;* Gleichgewicht *n,sg,nt*

balance *v (balance out);* ins Gleichgewicht bringen
balance condition *n,sg;* Gleichgewichtsbedingung *n,sg,f*
balanced gate; Drehschütz *n,sg,m*
balanced steel; halbberuhigter Stahl
balkhead *n,sg;* Brandschott *n,sg,m*
ball hardness test *n,sg;* Kugeldruckversuch *n,sg,m*
ball joint *n,sg;* Kugelzapfen *n,sg,m*
ballasting *n,sg;* Beschotterung *n,sg,f;* Schottern *n,sg,nt*
Baltimore truss *n,sg;* N-Fachwerk *n,sg,nt;* N-Fachwerkträger *n,sg,m*
balustrade *n,sg;* Brüstung *n,sg,f*
band iron *n,sg;* Bandeisen *n,sg,nt*
band saw *n,sg;* Bandsäge *n,sg,f*
bands *n,pl;* Streifen *n,pl,m;* Band *n,sg,nt*
bar *n,sg;* Sprosse *n,sg,f;* Stab *n,sg,m (Stabstahl)*
bar force *n,sg* [AE]; Stabkraft *n,sg,f*
bar length *n,sg;* Stablänge *n,sg,f*
bar shear connector *n,sg* [AE]; Knagge *n,sg,f (hält z.B. eine Schiene)*
bar steel *n,sg;* Stabstahl *n,sg,m*
bare wire electrode; nackte Elektrode
barrel *n,sg (of a bolt);* Schraubenschaft *n,sg,m*
barrel of a hollow bolt; Schaft der hohlen Schraube

bars *n,pl;* Stabstahl *n,sg,m*
bascule bridge *n,sg;*
　Klappbrücke *n,sg,f*
base *n,sg;* Fundament *n,sg,nt;*
　Gründung *n,sg,f;* Grundplatte
　n,sg,f (z.B. Fußplatte);
　Unterlage *n,sg,f (untere Platte,*
　Konsole)
base area *n,sg;* Grundfläche
　n,sg,f
base compression *n,sg;*
　Bodenpressung *n,sg,f*
base metal *n,sg;*
　Grundwerkstoff *n,sg,m*
base plate *n,sg;*
　Fundamentplatte *n,sg,f;*
　Fußplatte *n,sg,f (Grundplatte);*
　Unterlage *n,sg,f (untere Platte,*
　Konsole)
base-line *n,sg;* Grundlinie *n,sg,f*
basic Bessemer converter;
　Thomaskonverter *n,sg,m*
　(Thomasbirne)
basic Bessemer steel;
　Thomas-Stahl *n,sg,m*
basic converter steel;
　Thomas-Stahl *n,sg,m*
basic document; Unterlage
　n,sg,f (Beleg, Referenzmaterial)
basic reference; Unterlage
　n,sg,f (Beleg, Referenzmaterial)
basic stress; Grundspannung
　n,sg,f
basis *n,sg;* Grundlage *n,sg,f*
　(Basis)
basis of design;
　Berechnungsgrundlage *n,sg,f*
batch *n,sg (burden);* Möller
　n,sg,m (Chargiergut für
　Hochofen)
batten *n,sg;* Bindeblech *n,sg,nt*
batten plate *n,sg;* Bindeblech

n,sg,nt
battened column; mit
　Bindeblechen
　zusammengesetzte Stütze
bay *n,sg;* Feld *n,sg,nt (Brücke,*
　Träger); Halle *n,sg,f*
　(Fabrikhalle); Schiff *n,sg,nt*
　(Hallenteil oder Kirchenschiff)
bay rail *n,sg;* Wandriegel
　n,sg,m (am Bau)
be in contact; aneinanderstoßen
　v
bead *n,sg;* aufgetragenes
　Schweißgut *(Raupe)*
bead *n,sg (reinforcement);*
　Raupe *n,sg,f (Schweißnaht)*
bead weld *n,sg;* Wölbnaht *n,sg,f*
beading *n,sg;* Bördelung *n,sg,f*
　(Sicke)
beads of weld metal;
　Schweißperlen *n,pl,f*
beam *n,sg;* Profilträger *n,sg,m;*
　Rahmenriegel *n,sg,m;* Träger
　n,sg,m; Walzträger *n,sg,m*
beam *n,sg (rail);* Schiene *n,sg,f*
beam *n,sg (support, bracket);*
　Abstützung *n,sg,f (Träger b.*
　Bahn); Balken *n,sg,m*
beam bridge *n,sg* [AE];
　Balkenbrücke *n,sg,f*
beam connecting plate;
　Trägeranschlußblech *n,sg,nt*
beam connection *n,sg;*
　Trägeranschluß *n,sg,m*
beam fixed at both ends;
　beiderseitig eingespannter
　Träger
beam grillage *n,sg;* Trägerrost
　n,sg,m
beam layout *n,sg;* Trägerlage
　n,sg,f
beam of frame; Rahmenriegel

n,sg,m

beam welding *n,sg;*
Strahlschweißen *n,sg,nt (DIN 1910)*

bearer *n,sg;* Unterzug *n,sg,m (unterster Träger)*

bearing *n,sg;* Auflagerung *n,sg,f;* Lagerkörper *n,sg,m (Auflager);* Lager *n,sg,nt (Abstützung);* Lagerung *n,sg,f;* Leibungsdruck *n,sg,m (Schraube);* Lochleibungsdruck *n,sg,m*

bearing allowing rotation about a vertical axis;
Drehstütze *n,sg,f*

bearing area *n,sg;*
Auflagerfläche *n,sg,f*

bearing body *n,sg;*
Lagerkörper *n,sg,m*

bearing bracket *n,sg;*
Auflagerkonsole *n,sg,f*

bearing capacity *n,sg (e.g. of rivet or bolt);* Tragfähigkeit *n,sg,f*

bearing compression *n,sg;*
Lagerpressung *n,sg,f*

bearing friction *n,sg;*
Lagerreibung *n,sg,f*

bearing joint *n,sg;* Lagerfuge *n,sg,f (unterteilt, vergossen)*

bearing lining *n,sg;*
Lagerschale *n,sg,f*

bearing metal *n,sg;*
Lagermetall *n,sg,nt*

bearing plate *n,sg;* Lagerplatte *n,sg,f (Auflagerplatte)*

bearing plate *n,sg (bed plate);*
Auflagerplatte *n,sg,f (Lagerplatte)*

bearing pressure *n,sg;*
Auflagerdruck *n,sg,m;*
Auflagerlast *n,sg,f;*
Lagerpressung *n,sg,f*

bearing stress *n,sg;*
Lagerpressung *n,sg,f*

bearing support *n,sg;*
Lagerträger *n,sg,m;* Lagerung *n,sg,f*

bearing systems for buildings;
Lagerung für Hochbauten

bearing-type connection; auf Absicherung arbeitende Verbindung

bed *n,sg;* Unterbau *n,sg,m;* Zulage *n,sg,f (Werkbank)*

bed plate *n,sg;*
Fundamentplatte *n,sg,f;*
Fußplatte *n,sg,f (Grundplatte);*
Lagerplatte *n,sg,f (Auflagerplatte)*

behaviour *n,sg* [BE]; Verhalten *n,sg,nt*

bell seam *n,sg (at butts and T-connections);* Tulpennaht *n,sg,f (an Stumpf- und T-Stößen)*

bell-shaped curve;
Glockenkurve *n,sg,f*

belt *n,sg;* Riemen *n,sg,m (Treibriemen);* Treibriemen *n,sg,m*

belt conveyor *n,sg;*
Bandförderer *n,sg,m*

bend *v;* biegen *v (z.B. entlang der Biegelinie)*

bend test *n,sg;* Biegeprobe *n,sg,f;* Faltversuch *n,sg,m*

bend test specimen *n,sg;*
Biegeprobe *n,sg,f (das verwendete Stück)*

bend up *v;* aufbiegen *v*

bend-line *n,sg;* Biegelinie *n,sg,f*

bend-line, bottom; Biegelinie unten *(auf einer Zeichnung)*

bending *n,sg;* Biegen *n,sg,nt;*
Biegung *n,sg,f;*
Biegebeanspruchung *n,sg,f*
bending and compression;
Biegung und Druckkraft
bending factor *n,sg;*
Biegefaktor *n,sg,m*
*(Querschnittsfläche,
Widerstandsmoment)*
bending girder *n,sg;*
Biegeträger *n,sg,m*
bending line *n,sg;* Biegelinie
n,sg,f
bending line, bottom;
Biegelinie unten *(auf einer
Zeichnung)*
bending line, top; Biegelinie
oben *(auf einer Zeichnung)*
bending moment *n,sg;*
Biegemoment *n,sg,nt*
bending radii *n,pl;*
Biegeradien *n,pl,f*
bending stiffness *n,sg;*
Biegesteifigkeit *n,sg,f*
bending strength *n,sg;*
Biegefestigkeit *n,sg,f*
bending stress *n,sg;*
Biegespannung *n,sg,f;*
Biegebeanspruchung *n,sg,f*
bending test *n,sg;*
Biegeversuch *n,sg,m*
bent *n,sg;* Portal *n,sg,nt;*
Portalrahmen *n,sg,m;* Rahmen
n,sg,m; Tragwerk *n,sg,nt*
Bessemer steel *n,sg;*
Thomas-Stahl *n,sg,m*
bevel *v;* abschrägen *v;*
abkanten *v (Kanten
abschrägen)*
bevel *n,sg;* Abschrägung *n,sg,f*
bevel *adj (leaning);* schief *adj*
bevel seam *n,sg;* HV-Naht

n,sg,f
bevelled *adj;* konisch *adj;*
schräg *adj*
bevelled washer; konische
Unterlegscheibe;
Unterlegscheibe *n,sg,f (konisch)*
BF *(Abv);* BF *(engl. Abk. für
Hochofen)*
biaxial bending; zweiachsige
Biegung
bicycle track *n,sg* [AE];
Fahrradweg *n,sg,m*
bid *n,sg* [AE]; Angebot *n,sg,nt
(Ausschreibung)*
bifurcation of equilibrium;
Gleichgewichtsverzweigung
n,sg,f
bill of materials; Materialliste
n,sg,f
bin *n,sg;* Silotrichter *n,sg,m*
binding beam *n,sg;* Unterzug
*n,sg,m (Binder im
Fachwerkverband)*
binding defect *n,sg;*
Bindefehler *n,sg,m*
binding girder *n,sg;* Unterzug
*n,sg,m (Binder im
Fachwerkverband)*
BL bottom; BGLU *(Abk auf
Zeichnung)*
BL top; BGLO *(Abk auf
Zeichnung)*
black body; schwarzer Körper
black bolt; schwarze Schraube;
rohe schwarze Schraube
blade *n,sg;* Messer *n,sg,nt;*
Schneide *n,sg,f (eines Messers)*
blank *n,sg;* Zuschnitt *n,sg,m
(Vorschnitt des Werkstückes);*
ausgestanztes Stück
blank cut *n,sg;* Zuschnitt
*n,sg,m (Vorschnitt des

Werkstückes)

blanking plug *n,sg;*
Verschlußstopfen *n,sg,m*

blast furnace *n,sg;* Hochofen
n,sg,m; BF *(engl. Abk. für
Hochofen)*

blast furnace charge *n,sg;*
Hochofencharge *n,sg,f*

blast furnace foundation *n,sg;*
Ofenstütze *n,sg,f (Hochofen)*

blast furnace framework *n,sg;*
Ofengerüst *n,sg,nt (Hochofen)*

blast furnace gas *n,sg;*
Gichtgas *n,sg,nt;* Hochofengas
n,sg,nt

blast furnace gun *n,sg;*
Stichlochstopfmaschine *n,sg,f*

blast furnace platform *n,sg;*
Gichtbühne *n,sg,f (z.B. des
Hochofens)*

blast plate *n,sg;*
Rauchschutztafel *n,sg,f*

blend *v;* möllern *v
(Chargiergut mischen)*

blidder *n,sg;* Hutventilbühne
n,sg,f

blind *n,sg;* Jalousie *n,sg,f*

blister *n,sg;* Blase *n,sg,f
(Schadensart; am Fuß, im Stahl)*

blister-free *adj;* blasenfrei *adj
(z.B. Stahl)*

block shear connector *n,sg;*
Knagge *n,sg,f (hält z.B. eine
Schiene)*

blockout *n,sg;* Aussparung
n,sg,f (Geländer, Rohr)

blow pipe *n,sg;* Lötrohr *n,sg,nt*

blowhole *n,sg;* Gasblase *n,sg,f;*
Blase *n,sg,f;* Lunker *n,sg,m
(Hohlraumbildung,
Schrumpfung)*

blueprint *n,sg;* Blaupause

n,sg,f

body *n,sg (of a boat);* Bootrumpf
n,sg,m (Unterschiff)

body diameter *n,sg;*
Schaftdurchmesser *n,sg,m*

boiler house *n,sg* [BE];
Kesselhaus *n,sg,nt*

boiler room *n,sg* [AE];
Kesselhaus *n,sg,nt*

boiler welding *n,sg;*
Kesselschweißen *n,sg,nt*

bollard *n,sg (mooring bitt);*
Poller *n,sg,m*

bolt *n,sg;* Maschinenschraube
n,sg,f; Bolzen *n,sg,m;*
Schraube *n,sg,f*

bolt head *n,sg;* Schraubenkopf
n,sg,m

bolt steel *n,sg;* Schraubenstahl
n,sg,m

bolt stocks *n,pl;*
Schraubenmaterial *n,sg,nt
(Werkstoff)*

bolt thread *n,sg;*
Schraubenbolzen *n,sg,m;*
Schraubengewinde *n,sg,nt*

bolted joint *(bolted connection);*
Schraubenverbindung *n,sg,f*

bolting *n,sg;* Verschraubung
n,sg,f

bond *n,sg;* Bindemittel *n,sg,nt;*
Bindung *n,sg,f;* Haftfähigkeit
n,sg,f; Verband *n,sg,m (des
Mauerwerks)*

bonderize *v;* bondern *v;*
phosphatieren *v*

bonus *n,sg;* Prämie *n,sg,f*

boom *n,sg;* Ausleger *n,sg,m;*
Gurt *n,sg,m (z.B. Fachwerk,
Fachwerkträger)*

bordering *n,sg;* Einfassung
n,sg,f (Rand, Kante)

bordering sheet *n,sg;*
Randblech *n,sg,nt*
bore *v;* aufbohren *v;*
ausbohren *v*
bore out *v;* ausbohren *v,*
bohren *v*
borehole *n,sg;* Bohrloch *n,sg,nt*
boring *n,sg;* Bohrung *n,sg,f*
boring and milling machine;
Bohr- und Fräsmaschine
boring tower *n,sg;* Bohrturm
n,sg,m
bottom bracket *n,sg;*
Aufsetzwinkel *n,sg,m*
bottom chord *n,sg;*
Dachbinder-Untergurt *n,sg,m;*
Untergurt *n,sg,m*
bottom chord angle *n,sg;*
Untergurtwinkel *n,sg,m*
bottom chord member *n,sg;*
Untergurtstab *n,sg,m*
bottom flange *n,sg;*
Unterflansch *n,sg,m;*
Untergurt *n,sg,m*
bottom part of the blast furnace; Unterofen *n,sg,m (des Hochofens)*
bottom view *n,sg (short: bottom);* Untersicht *n,sg,f (der Rolltreppe)*
boundary condition *n,sg;*
Randbedingung *n,sg,f*
bounding *n,sg (e.g. steel-concrete);* Bindung *n,sg,f*
bowstring girder *n,sg;*
Bogenträger mit Zugband
box girder *n,sg;* Hohlträger
n,sg,m; Kastenträger *n,sg,m*
box girder cross section *n,sg;*
Kastenquerschnitt *n,sg,m*
box section *n,sg;*
Kastenquerschnitt *n,sg,m*

box spanner *n,sg* [AE];
Steckschlüssel *n,sg,m*
box-type bridge *n,sg (welded steel bridge);* Kastenbrücke
n,sg,f (Stahlbrücke)
box-type cross section *n,sg;*
Kastenquerschnitt *n,sg,m*
box-type girder *n,sg;*
Kastenträger *n,sg,m*
boxed *adj;* umschweißt *adj*
boxing *n,sg;* Umschweißung
n,sg,f
brace *v;* aussteifen *v;*
verstreben *v*
brace *n,sg;* Steife *n,sg,f*
braced arch; Fachwerkbogen
n,sg,m
braced column;
Fachwerkstütze *n,sg,f (meist senkrecht)*
bracing *n,sg;* Verspannung
n,sg,f; Versteifung *n,sg,f;*
Verstrebung *n,sg,f (z.B. Fachwerkverband);* zur
Absteifung der Tragwerke
verwendete Teile
bracing *n,sg (framework);*
Verband *n,sg,m (Fachwerk)*
bracing beam *n,sg;*
Verbandträger *n,sg,m*
bracing for braking thrust;
Bremsverband *n,sg,m (im Fachwerk Hallenkran)*
bracing girder *n,sg;*
Verbandträger *n,sg,m*
bracing member *n,sg;*
Verbandstab *n,sg,m*
bracing truss *n,sg;*
Verbandträger *n,sg,m*
bracket *n,sg;* Auflagerkonsole
n,sg,f
bracket support *n,sg;*

Kragstütze *n,sg,f*
brake structure *n,sg;*
Bremsverband *n,sg,m (im Fachwerk Hallenkran)*
braking effect *n,sg;*
Bremswirkung *n,sg,f*
braking force *n,sg (e.g. by brake structure);* Bremskraft *n,sg,f (z.B. Auffangen Kranbahn)*
brass *n,sg;* Messing *n,sg,nt*
brazing *n,sg;* Hartlöten *n,sg,nt*
break sharp corners; scharfe Ecken brechen
breaking load *n,sg;* Bruchlast *n,sg,f;* Bruchbelastung *n,sg,f*
breaking point *n,sg;* Bruchstelle *n,sg,f*
breaking strength *n,sg;* Bruchfestigkeit *n,sg,f*
breaking stress *n,sg;* Bruchspannung *n,sg,f;* Bruchbeanspruchung *n,sg,f;* Zerreißspannung *n,sg,f*
breaking test *n,sg;* Bruchprobe *n,sg*
brick *n,sg;* Stein *n,sg,m;* Ziegelstein *n,sg,m*
brick support *n,sg;* Steinhalterung *n,sg,f*
brick transport *n,sg;* Steintransport *n,sg,m*
brick up *v (lay bricks);* ausmauern *v (Mauerwerk setzen)*
brick-on-edge *n,sg;* Rollschicht *n,sg,f*
brickwork *n,sg;* Ausmauerung *n,sg,f;* Mauerwerk *n,sg,nt*
bridge *n,sg;* Brücke *n,sg,f*
bridge access *n,sg;* Brückenauffahrt *n,sg,f*

bridge approach *n,sg;* Brückenrampe *n,sg,f (Zufahrtsrampe);* Brückenauffahrt *n,sg,f*
bridge bars *n,pl (tube welding);* Heftklammern *n,pl,f (beim Rohrschweißen)*
bridge building *n,sg;* Brückenbau *n,sg,m*
bridge construction *n,sg;* Brückenbau *n,sg,m*
bridge crane *n,sg;* Brückenkran *n,sg,m*
bridge deck *n,sg;* Brückenfahrbahn *n,sg,f*
bridge floor *n,sg;* Brückenfahrbahn *n,sg,f*
bridge flooring *n,sg;* Brückenbelag *n,sg,m*
bridge girder *n,sg;* Brückenträger *n,sg,m*
bridge grade *n,sg;* Brückengradiente *n,sg,f*
bridge gradient *n,sg* [AE]; Brückengradiente *n,sg,f*
bridge head *n,sg;* Brückenkopf *n,sg,m*
bridge length *n,sg;* Brückenlänge *n,sg,f*
bridge member *n,sg;* Brückenglied *n,sg,nt*
bridge pier *n,sg;* Brückenpfeiler *n,sg,m*
bridge railing *n,sg;* Brückengeländer *n,sg,nt*
bridge testing car *n,sg;* Brückenmeßwagen *n,sg,m*
bridge truss *n,sg;* Brückenträger *n,sg,m*
bridge width *n,sg;* Brückenbreite *n,sg,f*
bridge without pony truss;

oben offene Fachwerkbrücke
bridging *n,sg;* Versteifung *n,sg,f*

bridging *n,sg (stiffening);* Aussteifung *n,sg,f*

bridging equipment *n,sg;* Brückengerät *n,sg,nt*

bridle chord bridge *n,sg;* Zügelgurtbrücke *n,sg,f*

brightening *n,sg;* Blankschleifen *n,sg,nt*

Brinell hardness *n,sg;* Brinell-Härte *n,sg,f;* Brinell-Zahl *n,sg,f (Brinell-Härte)*

Brinell hardness number *n,sg;* Brinell-Zahl *n,sg,f (Brinell-Härte)*

Brinell test *n,sg;* Brinell-Härteprüfung *n,sg,f;* Brinell-Probe *n,sg,f*

brittle *adj;* spröde *adj (brüchig)*

brittle fracture *n,sg;* Sprödbruch *n,sg,m;* Trennbruch *n,sg,m*

brittleness *n,sg;* Brüchigkeit *n,sg,f;* Sprödigkeit *n,sg,f*

broad flange beam [BE]; Breitflanschträger *n,sg,m*

buckle *v;* knicken *v*

buckle plate *n,sg;* Buckelblech *n,sg,nt*

buckling *n,sg;* Ausbeulen *n,sg,nt;* Knickung *n,sg,f;* Knicken *n,sg,nt*

buckling coefficient *n,sg;* Knickzahl *n,sg,f*

buckling in an elastic medium; Knicken auf elastischer Bettung

buckling load *n,sg;*

Knickbelastung *n,sg,f;* Knicklast *n,sg,f;* Traglast *n,sg,f*

buckling of plates; Beulen *n,sg,nt (Ausbeulen)*

buckling phenomenon *n,sg;* Knickvorgang *n,sg,m*

buckling ratio *n,sg;* Knickverhältnis *n,sg,nt*

buckling strength *n,sg;* Knickfestigkeit *n,sg,f*

buckling stress *n,sg;* Knickbeanspruchung *n,sg,f;* Knickspannung *n,sg,f*

buckling test *n,sg;* Knickversuch *n,sg,m*

buffer block *n,sg;* Prellbock *n,sg,m;* Puffer *n,sg,m (Prellbock der Kranbahn)*

build *v;* bauen *v;* erbauen *v*

build in *v;* einbauen *v;* einspannen *v*

build up *v (repair to get original shape);* aufschweißen *v*

build-up welding *n,sg;* Beschädigungen schweißen; Auftragschweißung *n,sg,f (Reparatur)*

builder *n,sg;* Erbauer *n,sg,m*

building *n,sg;* Bauwerk *n,sg,nt*

building *n,sg (action of building);* Ausführung *n,sg,f (die eigentliche Arbeit)*

building classification *n,sg;* Bauwerksklassen *n,pl,f*

building code *n,sg;* Bauvorschrift *n,sg,f*

building construction *n,sg;* Hochbau *n,sg,m*

building contractor *n,sg;* Bauunternehmer *n,sg,m*

building mechanics *n,sg;* Baustatik *n,sg,f*

building owner *n,sg;* Bauherr
n,sg,m

building regulation *n,sg;*
Bauvorschrift *n,sg,f*

building site *n,sg;* Baustelle
n,sg,f

building site equipment *n,sg;*
Baustelleneinrichtung *n,sg,f*

building statics *n,sg;*
Baustatik *n,sg,f*

building system *n,sg;*
Bauweise *n,sg,f*

building yard *n,sg;* Baustelle
n,sg,f

building yard equipment *n,sg;*
Baustelleneinrichtung *n,sg,f*

built space; umbauter Raum
(in einem Haus oder einer Halle)

built-in support *n,sg;*
eingespannte Auflagerung

built-up *adj;* mehrteilig *adj
(Stab, Stütze);*
zusammengesetzt *adj*

built-up column;
zusammengesetzte Stütze

built-up girder *n,sg* [BE];
Blechträger *n,sg,m*

built-up material *(from the
electrode or stick);* Schweißgut
*n,sg,nt (vom Schweißdraht
abgetropft)*

built-up section;
zusammengesetzter
Querschnitt;
zusammengesetztes Profil

bulb *n,sg;* Wulst *n,sg,m (z.B.
am zylindrischen Faß)*

bulb angle *n,sg;* Wulstwinkel
n,sg,m

bulb flat *n,sg;* Wulstflachstahl
n,sg,m

bulb iron *n,sg;* Wulsteisen
n,sg,nt

bulb plate *n,sg;* Wulstflachstahl
n,sg,m

bulb section *n,sg;* Wulstprofil
n,sg,nt; Wulststahl *n,sg,m*

bulb steel *n,sg;* Wulststahl
n,sg,m

bulging *n,sg;* Beulung *n,sg,f*

bulging test *n,sg;*
Aufweitversuch *n,sg,m (von
Rohren)*

bull's eye glass; Butzenscheibe
n,sg,f

bull-headed rail; Stuhlschiene
n,sg,f

bulldog clamp *n,sg;*
Kabelklemme *n,sg,f*

bumper *n,sg;* Prellbock *n,sg,m;*
Puffer *n,sg,m (Prellbock der
Kranbahn)*

bunker *n,sg;* Bunker *n,sg,m;*
Silo *n,sg,m*

burn off *v;* abbrennen *v*

burner *n,sg;* Brenner *n,sg,m*

burning rate *n,sg;*
Brandgeschwindigkeit *n,sg,f*

burr *v;* abgraten *v*

burr *n,sg;* Bohrgrat *n,sg,m;*
Grat *n,sg,m*

bush *n,sg;* Bohrbuchse *n,sg,f;*
Bolzen *n,sg,m*

butt *v (abut; e.g. a butt weld);*
sich berühren *v
(aneinanderstoßen)*

butt *v (e.g. two plates);* stoßen *v
(z.B. eine Stoßnaht)*

butt joint *n,sg;* Stoß *n,sg,m;*
Stumpfstoß *n,sg,m;*
Stumpfnaht *n,sg,f*

butt joint riveting *n,sg;*
Laschennietung *n,sg,f*

butt joint with splice plates;

Laschenstoß *n,sg,m;*
Laschenverbindung *n,sg,f*
butt riveting *n,sg;*
Laschennietung *n,sg,f*
butt strap *n,sg;* Decklasche
n,sg,f; Lasche *n,sg,f;*
Stoßlasche *n,sg,f*
butt weld *n,sg;*
Stumpfschweißnaht *n,sg,f;*
Stumpfnaht *n,sg,f*
butt welding *n,sg;*
Stumpfschweißung *n,sg,f*
butt-strap joint *n,sg;*
Laschenverbindung *n,sg,f*
butt-strap riveting *n,sg;*
Laschennietung *n,sg,f*
button-head rivet *n,sg;*
Halbrundkopfniet *n,sg,m;*
Halbrundniet *n,sg,m*

C

C-hook *n,sg;* Lastöse *n,sg,f;*
Ösenhaken *n,sg,m*
cable *n,sg;* Seil *n,sg,nt (Kabel)*
cable *n,sg (wire rope);* Kabel
n,sg,nt (Seil)
cable clip *n,sg;* Seilschelle
n,sg,f (z.B. an der Hängebrücke)
cable suspension bridge *n,sg;*
Kabelbrücke *n,sg,f;* Seilbrücke
n,sg,f
cable wire *n,sg;* Kabeldraht
n,sg,m
cable-stayed bridge;
seilverspannte Balkenbrücke
cableway *n,sg;* Drahtseilbahn
n,sg,f
cableway post *n,sg;*
Drahtseilbahnstütze *n,sg,f*
cadmium-plate *v;* kadmieren *v*
(Oberflächenbehandlung)

caisson foundation *n,sg;*
Caissongründung *n,sg,f;*
Hohlkastengründung *n,sg,f;*
Senkkastengründung *n,sg,f*
calculate *v;* berechnen *v*
calculating machine *n,sg* [BE];
Rechenmaschine *n,sg,f*
calculating principle *n,sg;*
Berechnungsgrundlage *n,sg,f*
calculation *n,sg;* Berechnung
n,sg,f
calculation by successive approximation; Berechnung
durch schrittweise Näherung
calculation of areas;
Flächenberechnung *n,sg,f*
calculator *n,sg* [AE];
Rechenmaschine *n,sg,f*
calorimeter *n,sg (measures
warmth);* Wärmemesser
n,sg,m; Kalorimeter *n,sg,m*
camber *n,sg;* Biegung *n,sg,f
(leichte Überhöhung der Straße);*
Überhöhung *n,sg,f (z.B. eines
Trägers)*
Canadian Standards Association; Kanadischer
Normenausschuß *(CSA)*
canal *n,sg (tunnel);* Stollen
n,sg,m (im Wasserbau)
canal bridge *n,sg;* Kanalbrücke
n,sg,f
canopy *n,sg;* Kragdach *n,sg,nt
(Vordach, z.B. über einer
Tankstelle);* Vordach *n,sg,nt*
cantilever *n,sg;* Auskragung
n,sg,f; Kragträger *n,sg,m*
cantilever arm *n,sg;* Kragarm
n,sg,m
cantilever beam *n,sg;*
Auslegerträger *n,sg,m;*
Gerberträger *n,sg,m*

(Auslegerträger); Kragträger
n,sg,m
cantilever bridge *n,sg;*
Auslegerbrücke *n,sg,f;*
Gerberbrücke *n,sg,f;*
Gelenkträgerbrücke *n,sg,f*
cantilever erection *n,sg;*
Freivorbau *n,sg,m*
cantilever girder *n,sg;*
Auslegerträger *n,sg,m;*
Gerberträger *n,sg,m*
(Auslegerträger); Kragträger
n,sg,m
cantilever purlin *n,sg;*
Gerberpfette *n,sg,f*
cantilever roof *n,sg;* Kragdach
*n,sg,nt (Vordach, z.B. über
einer Tankstelle)*; Vordach
n,sg,nt
cantilevered *adj;* freitragend
adj (z.B. Kragplatte)
**cantilevered arm of bridge
truss;** Kragarmbrückenträger
n,sg,m
cantilevered construction;
Freivorbau *n,sg,m*
cantilevered footway;
auskragender Fußweg
cantilevering *n,sg;*
Auskragung *n,sg,f*
canvas water pipe *n,sg;*
Leinenbindung *n,sg,f (z.B. von
Schläuchen)*
cap *n,sg;* Abdeckung *n,sg,f*
cap plate *n,sg;* Kopfplatte
n,sg,f (Stütze)
cap screw *n,sg;* Kopfschraube
n,sg,f; Zylinderschraube *n,sg,f*
capacity *n,sg;*
Leistungsfähigkeit *n,sg,f;*
Rauminhalt *n,sg,m*
capacity for strain;

Ausdehnungsfähigkeit *n,sg,f*
capacity of deformation;
Formänderungsvermögen
n,sg,nt; Verformbarkeit *n,sg,f*
capillary crack *n,sg;* Haarriß
n,sg,m
carbon arc-welding *n,sg;*
Kohlelichtbogenschweißen
n,sg,nt
carbon content *n,sg;*
Kohlenstoffgehalt *n,sg,m*
carbon steel *n,sg;*
Kohlenstoffstahl *n,sg,m;*
unlegierter Stahl
carrying cable *n,sg (of a
suspension bridge)*; Tragkabel
n,sg,nt (einer Hängebrücke)
carrying capacity *n,sg;*
Belastbarkeit *n,sg,f;*
Tragfähigkeit *n,sg,f*
carrying rope *n,sg;* Tragkabel
n,sg,nt (einer Hängebrücke)
case of loading; Belastungsfall
n,sg,m
cased beam [BE]; ummantelter
Träger *(z.B. mit Beton)*
cased column; ummantelte
Stütze
cased in concrete [BE]; mit
Beton ummantelt
cased strut [BE]; ummantelte
Stütze
casemate *n,sg;* Wehranlage
n,sg,f
casing material *n,sg;*
Schalungsmaterial *n,sg,nt*
cast spherical segment cap;
Gußkalotte *n,sg,f*
cast steel *n,sg;* Gußstahl
n,sg,m; Stahlformguß *n,sg,m*
**cast steel tubular flange
sockets;**

Stahlgußanschlußstutzen
n,pl,m

cast welding *n,sg;*
Gießschweißen *n,sg,nt*

castellated beam; Wabenträger
n,sg,m

castellated nut; Kronenmutter
n,sg,f

casting compound *n,sg*
(sealing compound);
Vergußmasse *n,sg,f (zum*
Ausgießen von Fugen)

casting defect *n,sg;* Gußfehler
n,sg,m

casting free from blowholes;
lunkerfreier Guß

casting free of shrinkholes;
lunkerfreier Guß

casting platform *n,sg;*
Gießbühne *n,sg,f*

castings *n,pl;* Gußstücke *n,pl,nt*

caterpillar crane *n,sg;*
Raupenkran *n,sg,m*

caulk *v;* nachstemmen *v;*
verstemmen *v (z.B. ein Niet*
nachstemmen)

caulk welding *n,sg;*
Dichtungsschweißung *n,sg,f*

cavity wall *n,sg;* Hohlmauer
n,sg,f; Hohlwand *n,sg,f*

ceiling *n,sg (floor decking);*
Geschoßdecke *n,sg,f (Decke)*

ceiling beam *n,sg;*
Deckenträger *n,sg,m*

center *v* [AE]; ankörnen *v*

center bay *n,sg* [AE];
Mittelhalle *n,sg,f*

center line *n,sg* [AE];
Mittellinie *n,sg,f*

center line *n,sg (of a bridge);*
Achse *n,sg,f (der Brücke)*

center line of bore;

Bohrungsmittellinie *n,sg,f*

center of moments [AE];
Momentennullpunkt *n,sg,m*

center of scaffolding;
Gerüstmittelteil *n,sg,nt*

center pier *n,sg* [AE];
Mittelpfeiler *n,sg,m*

center point *n,sg* [AE];
Mittelpunkt *n,sg,m*

center span *n,sg* [AE];
Mittelfeld *n,sg,nt;*
Mittelöffnung *n,sg,f (Mittelfeld*
der Brücke)

center support *n,sg* [AE];
Königsstuhl *n,sg,m*
(Königsbolzen)

center tolerance *n,sg* [AE];
Mittentoleranz *n,sg,f*

center-to-center distance
[AE]; Mittenabstand *n,sg,m*

centered force; Achsialkraft
n,sg,f; zentrische Kraft

centering *n,sg;* Lehrgerüst
n,sg,nt

centerpunch *v* [AE]; ankörnen
v

central *adj;* mittig *adj;*
zentrisch *adj*

central drinking water supply;
zentrale Trinkwasserversorgung

central support *n,sg;*
Mittelstütze *n,sg,f*

centrally applied load;
zentrierte Last; zentrische
Belastung

centre *n,sg* [BE]; Mittelpunkt
n,sg,m

centre bay *n,sg* [BE];
Mittelschiff *n,sg,nt*

centre hinge *n,sg;* Mittelgelenk
n,sg,nt

centre of friction;

Reibungsmittelpunkt *n,sg,m*
centre of moments [BE];
Momentennullpunkt *n,sg,m*
centre of rotation; Drehpol
n,sg,m; Drehpunkt *n,sg,m*
centre of support;
Auflagermitte *n,sg,f*
centre pier *n,sg* [BE];
Mittelpfeiler *n,sg,m*
centre punch *n,sg;* Körner
n,sg,m
centre span *n,sg* [BE];
Mittelfeld *n,sg,nt*
centre-line of bridge;
Brückenachse *n,sg,f*
centre-to-centre distance
[BE]; Mittenabstand *n,sg,m*
centrepunch *v* [BE]; ankörnen
v
centrifugal force *n,sg;*
Fliehkraft *n,sg,f;*
Zentrifugalkraft *n,sg,f*
centrifugal moment;
Zentrifugalmoment *n,sg,nt*
centripetal force;
Zentripetalkraft *n,sg,f*
centroid *n,sg (centre of gravity);*
Schwerpunkt *n,sg,m*
centroidal axis *n,sg;*
Schwerlinie *n,sg,f*
ceramic backing *n,sg;* auf
Keramikunterlage;
Keramikunterlage *n,sg,f*
certification for welding;
Eignungsnachweis zum
Schweißen
certified welder; geprüfter
Handschweißer; geprüfter
Schweißer
chain pulley block *n,sg;*
Kettenflaschenzug *n,sg,m*
chain sling *n,sg;*

Kettenschlinge *n,sg,f*
chain suspension bridge *n,sg;*
Kettenbrücke *n,sg,f*
chair for rail; Schienenstuhl
n,sg,m
chair lift *n,sg;* Sessellift *n,sg,m*
chamber of the probe block;
Kammer des Prüfblocks
chamfer *v; abkanten v (Kanten
abschrägen);* abschrägen *v*
chamfer *n,sg (chamfer heel);*
Fase *n,sg,f*
chamfering of the edge;
Abschrägen *n,sg,nt*
champing force *n,sg;*
Klemmkraft *n,sg,f*
chance variable *n,sg* [AE]
change of cross section;
Querschnittsänderung *n,sg,f*
channel *n,sg;* Kanal *n,sg,m;*
Rinne *n,sg,f;* U-Stahl *n,sg,m*
(U-Eisen)
characteristic frequency;
Eigenfrequenz *n,sg,f*
**characteristic vibration pe-
riod;** Eigenschwingungsperiode
n,sg,f
characteristics *n,pl;*
kennzeichnende Angaben
charge *n,sg (ore and fluxes);*
Möller *n,sg,m (Chargiergut für
Hochofen)*
charge blending *n,sg (charge
mixing);* Möllerung *n,sg,f
(Mischung von Chargiergut)*
charging bridge *n,sg;*
Ladebrücke *n,sg,f;*
Verladebrücke *n,sg,f*
charging carriage *n,sg;*
Möllerwagen *n,sg,m (am
Hochofen)*
charging platform *n,sg;*

Gichtbühne *n,sg,f (z.B. des Hochofens)*

Charpe-V notch *n,sg (e g. 31 Joule,-40C);* ISO-V *(Kerbschlagzähigkeit)*

charring *n,sg;* Verkohlung *n,sg,f*

check *n,sg;* Nachprüfung *n,sg,f*

check analysis *n,sg;* Kontrollanalyse *n,sg,f*

check-crack *n,sg;* Schrumpfriß *n,sg,m*

checked *adj;* geprüft *adj*

checker plate *n,sg (button pattern);* Warzenblech *n,sg,nt*

checker plate *n,sg (diamond pattern);* Riffelblech *n,sg,nt*

checkered plate; Riffelblech *n,sg,nt*

checkered sheet; Riffelblech *n,sg,nt*

cheese head screw *n,sg;* Zylinderschraube *n,sg,f*

chief mechanic *n,sg;* Richtmeister *n,sg,m*

chimney support *n,sg;* Kaminhalterung *n,sg,f (z.B. am Industriekamin)*

chip *v;* abmeißeln *v;* auskreuzen *v (z.B. Fuge vor Gegenschweißen);* meißeln *v*

chip *n,sg;* Span *n,sg,m*

chisel *v;* abmeißeln *v;* meißeln *v*

chisel *n,sg (cold chisel);* Meißel *n,sg,m (Kaltmeißel)*

chord *n,sg;* Gurt *n,sg,m (z.B. Fachwerk, Fachwerkträger);* Sehne *n,sg,f (Saite)*

chord member *n,sg;* Gurtstab *n,sg,m*

chord section *n,sg;*

Gurtquerschnitt *n,sg,m (Fachwerk)*

circlip *n,sg;* Spannschelle *n,sg,f*

circular platform; Rundbühne *n,sg,f (des Hochofens)*

circumferential weld; Rundschweißung *n,sg,f;* Umfangsschweißung *n,sg,f*

civil engineer *n,sg;* Bauingenieur *n,sg,m*

civil engineering *n,sg;* Bauwesen *n,sg,nt;* Hoch- und Tiefbau *(Bauwesen)*

civil engineering work *n,sg;* Hoch- und Tiefbaukonstruktionen

cladded girder; verkleideter Balken; verkleideter Träger

cladding *n,sg;* Auskleidung *n,sg,f;* Verkleidung *n,sg,f*

clamping bolt *n,sg;* Spannschraube *n,sg,f*

clamping force *n,sg;* Klemmkraft *n,sg,f*

class of bridge; Brückenklasse *n,sg,f*

clay plug *n,sg;* Stichlochpfropf *n,sg,m*

clear *adj;* frei *adj*

clear height [AE]; freie Durchfahrtshöhe; freie Höhe; lichte Höhe

clear span; lichte Weite

clear width *(e.g. of a trough bridge);* lichte Breite *(z.B. einer Trogbrücke)*

clearance *n,sg;* Toleranz *n,sg,f*

clearance *n,sg (allowance);* Spiel *n,sg,nt (Spielraum)*

clearance *n,sg (in but splice);* Fuge *n,sg,f;* Stoßfuge *n,sg,f*

clearance diagram *n,sg;*

Lichtraumprofil *n,sg,nt*
clearance gauge *n,sg;*
Lichtraumprofil *n,sg,nt;*
Lichtraumumgrenzung *n,sg,f;*
Umgrenzung des lichten
Raumes
clearance height *n,sg;* freie
Durchfahrtshöhe
cleat *n,sg;* Knagge *n,sg,f (hält
z.B. eine Schiene);*
Verbindungslasche *n,sg,f*
climatic load; Wind- oder
Schneelast *(z.B. auf einem
Dach)*
clip *n,sg;* Schelle *n,sg,f;*
Seilschelle *n,sg,f (z.B. an der
Hängebrücke)*
clockwise *adj;* rechtsdrehend
adj
**closed square pressure gas
welding;** geschlossenes
Gaspreßschweißen *(DIN 1910)*
closing head *n,sg;* Schließkopf
n,sg,m (bei einer Nietung)
closing plate *n,sg;* Kopfplatte
n,sg,f
cluster of pores *(pore pocket);*
Porennest *n,sg,nt*
cluster porosity *n,sg;*
Porennest *n,sg,nt*
clutch *n,sg;* Kupplung *n,sg,f*
**CO2-shielded metal-arc wel-
ding;** CO2-Schweißen *n,sg,nt*
CO2-welding *n,sg;*
CO2-Schweißen *n,sg,nt*
coal bunker *n,sg;*
Kohlenbunker *n,sg,m*
coat *v;* bestreichen *v*
coated electrode;
Mantelelektrode *n,sg,f;*
ummantelte Elektrode
code *n,sg;* Vorschrift *n,sg,f*

**code of practice for the con-
struction;** Richtlinien für die
Ausführung
coefficient *n,sg;* Beiwert
n,sg,m; Koeffizient *n,sg,m*
**coefficient of thermal expan-
sion;** Wärmedehnzahl *n,sg,f*
cold adhesive *n,sg;* Kaltkleber
n,sg,m
cold beaten; federhart *adj
(Härteangabe für Stahl)*
cold bend test *n,sg;*
Kaltbiegeversuch *n,sg,m*
cold drawn steel; kaltgezogener
Stahl
cold drive *v;* kalt schlagen
cold finished steel;
blankgezogener Stahl
cold forming *n,sg;* Kaltformung
n,sg,f; Kaltformgebung *n,sg,f*
**cold pressure extrusion wel-
ding** *n,sg;* Fließpreßschweißen
n,sg,nt
cold pressure upset welding
n,sg; Anstauchschweißen
n,sg,nt
cold pressure welding *n,sg;*
Kaltpreßschweißen *n,sg,nt*
cold rivet *v;* kalt nieten
cold rolled steel; kaltgewalzter
Stahl
cold shaping *n,sg;*
Kaltformgebung *n,sg,f*
cold stretch *v;* kaltrecken *v;*
kaltstrecken *v*
cold work ageing *n,sg;*
Alterung durch Kaltverformung
cold-brittleness *n,sg;*
Kaltbrüchigkeit *n,sg,f*
cold-drive *v;* kaltschlagen *v
(z.B. Niete)*
cold-form *v;* kaltschlagen *v*

(z.B. Niete)

cold-formed section*;* Kaltprofil
n,sg,nt

cold-shortness *n,sg;*
Kaltbrüchigkeit *n,sg,f*

cold-work hardening *n,sg;*
Verfestigung durch
Kaltverformung

collapse *v (e.g. a structure);*
einstürzen *v*

collapse design *n,sg;*
Bruchberechnung *n,sg,f*

collapse load *n,sg;* Knicklast
n,sg,f; Traglast *n,sg,f*

column *n,sg;* Säule *n,sg,f;*
Stütze *n,sg,f*

column base *n,sg;* Stützenfuß
n,sg,m

column buckling factor *n,sg;*
Knickzahl *n,sg,f*

column cap *n,sg;* Stützenkopf
n,sg,m

column head *n,sg* [BE];
Stützenkopf *n,sg,m*

column shaft *n,sg;*
Stützenschaft *n,sg,m*

column splice *n,sg;*
Stützenstoß *n,sg,m*

column test *n,sg;* Knickversuch
n,sg,m

comb support *n,sg;*
Kammträger *n,sg,m*

combination *n,sg;*
Zusammensetzung *n,sg,f*

combined *adj;*
zusammengesetzt *adj*

**combined axial and flexural
stress;** Biegung mit Längskraft

combined load;
zusammengesetzte
Beanspruchung

combined stress;

zusammengesetzte
Beanspruchung

combined stressing;
zusammengesetzte
Beanspruchung

combustibility *n,sg;*
Verbrennbarkeit *n,sg,f (z.B. im
Motor)*

combustibility test;
Brennbarkeitsversuch *n,sg,m*

combustible *adj;* brennbar *adj*

combustible content;
brennbarer Inhalt

**combustible content arrange-
ment;** Brennstoffverteilung
n,sg,f

combustible material;
brennbare Stoffe

combustion *n,sg;* Verbrennung
n,sg,f (z.B. im Motor)

combustion air *n,sg;*
Verbrennungsluft *n,sg,f*

commercial grade;
Handelsgüte *n,sg,f*

commercial quality;
Handelsgüte *n,sg,f*

company *n,sg;* Unternehmen
n,sg,nt

company manager *n,sg;*
Unternehmer *n,sg,m*

comparative test;
Vergleichsversuch *n,sg,m*

comparison stress *n,sg;*
Vergleichsspannung *n,sg,f*

comparison test *n,sg;*
Vergleichsversuch *n,sg,m*

compatibility conditions *n,pl;*
Verträglichkeitsbedingungen
n,pl,f

complete fixing; vollständige
Einspannung

complete joint penetration

groove; voll durchgeschweißte Fugennaht; vollständig durchgeschweißte Fugennaht

completion *n,sg;* Durchbildung *n,sg,f*

compliance test certificate *n,sg;* Prüfbescheinigung *n,sg,f*

component *n,sg;* Komponente *n,sg,f*

component *n,sg (part, unit);* Teil *n,sg,nt (Bauteil, Teilstück)*

composite action; Verbund *n,sg,m;* Verbundwirkung *n,sg,f*

composite beam; Verbundträger *n,sg,m*

composite column; Verbundstütze *n,sg,f*

composite construction; Verbundbauweise *n,sg,f;* Verbundkonstruktion *n,sg,f*

composite deck; Verbundplatte *n,sg,f*

composite design; Verbundbauweise *n,sg,f*

composite section; Verbundquerschnitt *n,sg,m*

composite slab; Verbundplatte *n,sg,f*

composition *n,sg;* Zusammensetzung *n,sg,f*

composition of forces; Kräftezusammensetzung *n,sg,f*

compound *n,sg;* Bindung *n,sg,f*

compound *adj;* mehrteilig *adj (Stab, Stütze);* zusammengesetzt *adj*

compound action *n,sg;* Verbund *n,sg,m*

compound beam *n,sg;* durch Gurtplatten verstärkter Träger; durch Gurtplatten verstärkter Träger

compound column; zusammengesetzte Stütze

compound girder; zusammengesetzter Träger

compound probability; zusammengesetzte Wahrscheinlichkeit

compound section; zusammengesetzter Querschnitt; zusammengesetztes Profil

compress *v;* drücken *v*

compressed cross section; Druckquerschnitt *n,sg,m*

compressed member; gedrückter Bauteil *(unter Druck stehend)*

compression *n,sg;* Pressung *n,sg,f*

compression *n,sg (pressure);* Druck *n,sg,m (auf einer Fläche)*

compression bar *n,sg;* Druckstab *n,sg,m (im Fachwerkverband)*

compression bolt *n,sg;* Spannschraube *n,sg,f*

compression chord *n,sg;* Druckgurt *n,sg,m (Fachwerkträger)*

compression diagonal; Druckdiagonale *n,sg,f*

compression fibre *n,sg;* Druckfaser *n,sg,f (Metallurgiebegriff)*

compression flange *n,sg;* Druckflansch *n,sg,m;* Druckgurt *n,sg,m (z.B. eines Blechträgers)*

compression member *n,sg;* gedrückter Bauteil; Druckstab *n,sg,m (im Fachwerkverband)*

compression member test

n,sg; Knickversuch n,sg,m
compression section n,sg;
Druckquerschnitt n,sg,m
compression strength n,sg;
Druckfestigkeit n,sg,f
compression zone n,sg;
Druckzone n,sg,f
compressive fibre; Druckfaser
n,sg,f
compressive force; Druckkraft
n,sg,f
compressive stress;
Druckspannung n,sg,f;
Druckbeanspruchung n,sg,f
compressive stressing;
Druckbeanspruchung n,sg,f
compressive test; Druckprobe
n,sg,f; Druckprüfung n,sg,f;
Druckversuch n,sg,m
compressive yield point;
Quetschgrenze n,sg,f
computation n,sg; Berechnung
n,sg,f
compute v; berechnen v
computer n,sg;
Elektronenrechner n,sg,m
(Computer)
concave fillet weld;
Hohlkehlnaht n,sg,f
(Hohlkehle)
concentrated load; Punktlast
n,sg,f; Einzellast n,sg,f
concentric to ...; konzentrisch
zu ...
concrete beam n,sg;
Betonbalken n,sg,m;
Betonträger n,sg,m
concrete bridge n,sg;
Betonbrücke n,sg,f
concrete haunch n,sg;
Aufstelzung n,sg,f
(Voutenbrücke); Voute n,sg,f

concrete-filled adj; ausgefüllt
mit Beton; betongefüllt adj
**condenser-discharged arc
stud welding;**
Lichtbbolzenschweißen mit
Spitzenzündung
condition n,sg; Beschaffenheit
n,sg,f; Zustand n,sg,m
condition of support;
Auflagerbedingung n,sg,f
conduct n,sg; Leitung n,sg,f
(elektrisch)
cone impression n,sg (Rockwell
test); Kegeleindruck n,sg,m
conflagration n,sg;
Flächenbrand n,sg,m
conical adj; kegelförmig adj;
konisch adj
connecting piece n,sg;
Zwischenstück n,sg,nt
**connecting plate for forked fi-
xing head;**
Anschlußlasche-Gabelkopf
n,sg,m
**connecting plate for wind bra-
ce;**
Anschlußblech-Windverband
n,sg,m
connecting rivet n,sg;
Anschlußniet n,sg,m
connecting socket n,sg;
Anschlußstutzen n,sg,m
connecting splice n,sg;
Verbindungslasche n,sg,f
connecting surface n,sg;
Übergang n,sg,m (zweier
Bleche beim Schweißen)
connection n,sg; Anschluß
n,sg,m; Verbindung n,sg,f
connection angle n,sg;
Anschlußwinkel n,sg,m;
Verbundwinkel n,sg,m

connection cleat *n,sg;*
Anschlußwinkel *n,sg,m;*
Beiwinkel *n,sg,m*
connection element *n,sg;*
Verbindungsglied *n,sg,nt*
connection plate *n,sg;*
Anschlußblech *n,sg,nt;*
Verbandblech *n,sg,nt*
consistent degree of safety;
gleiche Sicherheit
constant *n,sg;* Festwert *n,sg,m;*
Konstante *n,sg,f*
constant *adj;* stetig *adj;*
beständig *adj*
constant coefficient;
konstanter Beiwert
constant of integration;
Integrationskonstante *n,sg,f*
constrained beam;
eingespannter Träger
construct *v;* erbauen *v;*
errichten *v;* bauen *v*
construction *n,sg;* Ausführung
n,sg,f (die Errichtung);
Bauwerk *n,sg,nt;* Konstruktion
n,sg,f
construction depth *n,sg;*
Bauhöhe *n,sg,f*
construction drawing *n,sg;*
Bauzeichnung *n,sg,f*
construction joint *n,sg;*
Arbeitsfuge *n,sg,f*
**constructional steelwork com-
pany;** Stahlbauunternehmen
n,sg,nt
constructor *n,sg;* Erbauer
n,sg,m
consulting engineer *n,sg;*
Beratungsingenieur *n,sg,m*
consumable *n,sg;*
Schweißzusatz *n,sg,m*
consumable welding material

n,sg; Schweißzusatzwerkstoff
n,sg,m
contact surface *n,sg;* Übergang
*n,sg,m (zweier Bleche beim
Schweißen)*
contact welding *n,sg;*
Kontaktschweißen *n,sg,nt*
container *n,sg;* Behälter *n,sg,m*
continuous *adj;* durchgehend
adj; durchlaufend *adj*
continuous beam;
Durchlaufträger *n,sg,m*
continuous elastic support;
elastische Bettung
continuous girder;
Durchlaufträger *n,sg,m*
continuous purlin;
Durchlaufpfette *n,sg,f*
continuous weld; durchgehende
Schweißnaht
continuous wire feed;
kontinuierliche Drahtzuführung
(bei Schutzgas)
contract rate *n,sg;* Akkordlohn
n,sg,m
contraction *n,sg;* Kontraktion
n,sg,f; Schrumpfung *n,sg,f*
contraction coefficient *n,sg;*
Kontraktionszahl *n,sg,f*
contractor *n,sg;* ausführende
Firma; Unternehmer *n,sg,m*
**contractor of foundation
works;** Tiefbauunternehmer
n,sg,m
control *n,sg;* Kontrolle *n,sg,f;*
Überwachung *n,sg,f (Aufsicht,
Inspektion)*
control gate *n,sg;* Schütz
n,sg,nt
control test *n,sg;*
Kontrollversuch *n,sg,m*
convection *n,sg;* Konvektion

n,sg,f
convection coefficient *n,sg;*
Konvektionsbeiwert *n,sg,m*
conventional sign; Sinnbild
n,sg,nt
conventional symbol; Sinnbild
n,sg,nt
converter *n,sg;* Hochofen
*n,sg,m (als Erz-
beziehungsweise
Eisenkonverter);* Konverter
n,sg,m
converter steel *n,sg;*
Konverterstahl *n,sg,m*
convex contour *n,sg;* Naht mit
Wulst
conveyor *n,sg;* Förderer
n,sg,m; Transportanlage *n,sg,f*
conveyor belt *n,sg;*
Transportband *n,sg,nt*
conveyor belt bridge *n,sg;*
Transportbandbrücke *n,sg,f*
conveyor cage *n,sg;*
Förderkorb *n,sg,m*
conveyor chain *n,sg;*
Förderkette *n,sg,f*
cooling curve *n,sg;*
Abkühlungskurve *n,sg,f*
coordinate *n,sg;* Koordinate
n,sg,f
coordinate axis *n,sg;*
Koordinatenachse *n,sg,f*
copper steel *n,sg;* Kupferstahl
n,sg,m
copper-constantan *n,sg;*
Kupferkonstantan *n,sg,nt*
copyable drawing;
kopierfähige Zeichnung
core diameter *n,sg;*
Kerndurchmesser *n,sg,m (z.B.
einer Schraube)*
core section *n,sg;*

Kernquerschnitt *n,sg,m (z.B.
einer Schraube)*
corner *n,sg;* Ecke *n,sg,f*
corner column *n,sg;* Eckstütze
n,sg,f
corner gusset plate *n;*
Eckblech *n,sg,nt*
corner joint *n,sg;* Ecknaht
n,sg,f; Eckstoß *n,sg,m;*
Eckverbindung *n,sg,f;*
Winkelstoß *n,sg,m*
corner plate *n,sg;* Eckblech
n,sg,nt
corner post *n,sg;* Eckpfosten
*n,sg,m (z.B. an der
Fachwerkbrücke);* Eckstütze
n,sg,f
corner weld *n,sg;* äußere
Kehlnaht; Ecknaht *n,sg,f*
corrode *v;* korrodieren *v;*
verrosten *v*
corrosion *n,sg;* Korrosion *n,sg,f*
corrosion from condensation;
Schwitzwasserkorrosion *n,sg,f*
corrosion resistance *n,sg;*
Korrosionsbeständigkeit *n,sg,f;*
Rostbeständigkeit *n,sg,f*
**corrosion-proof design of steel
structure;**
korrosionsschutzgerechte
Gestaltung
corrugated sheet; Wellblech
n,sg,nt
corrugated steel; Wellblech
n,sg,nt
cosine *n,sg;* Cosinus *n,sg,m*
cost *n,sg (expenditure);*
Aufwand *n,sg,m;* Kosten *n,pl*
cost accounting *n,sg;*
Kostenrechnung *n,sg,f*
costing *n,sg;* Kostenrechnung
n,sg,f

cotangent *n,sg;* Cotangens
   n,sg,m
counter *n,sg;* Gegenstab
   n,sg,m (Fachwerk)
counter *v (by a second nut);*
   kontern *v (eine zweite Mutter*
   aufsetzen)
counter clockwise *adj* [AE]
   (Abv:ccw); linksdrehend *adj*
counter diagonal *n,sg* [AE];
   Gegendiagonale *n,sg,f;*
   Wechselstab *n,sg,m*
counteract *v;* entgegenwirken
   v
counterbrace *n,sg* [BE];
   Gegendiagonale *n,sg,f;*
   Wechselstab *n,sg,m*
counterfire *n,sg;* Gegenfeuer
   n,sg,nt
countersunk *adj;* versenkt *adj*
   (z.B. Kopf einer Schraube)
countersunk head rivet *n,sg;*
   Senkniet *n,sg,m;* Senkkopfniet
   n,sg,m
countersunk rivet *n,sg;*
   Senkniet *n,sg,m*
countersunk screw *n,sg;*
   Linsensenkschraube *n,sg,f*
countersunk wood screw;
   Senkholzschraube *n,sg,f*
counterweight *n,sg;*
   Gegengewicht *n,sg,nt*
counterweight gate *n,sg;*
   Gegengewichtsschütz *n,sg,m*
coupling *n,sg;* Kupplung *n,sg,f;*
   Verkupplung *n,sg,f (z.B. von*
   Trägern)
coupling flange *n,sg;*
   Kupplungsflansch *n,sg,m*
coupling head with stud;
   Kupplungskopf mit Stift
coupling link *n,sg;*

Verbindungsglied *n,sg,nt*
coupon *n,sg* [AE]; Zerreißprobe
   n,sg,f; Zerreißstab *n,sg,m*
course *n,sg;* Linienführung
   n,sg,f; Verlauf *n,sg,m*
course of a curve; Verlauf einer
   Kurve
cover *n,sg;* Abdeckhaube *n,sg,f*
cover plate *n,sg;* Gurtplatte
   n,sg,f; Schleppblech *n,sg,nt*
   (über einer Dehnungsfuge)
covered electrode; umhüllte
   Elektrode
covered-over welding splatter;
   überdeckte Schweißspritzer
covering board *n,sg;*
   Verschalung *n,sg,f (durch*
   Bohlen)
covering capacity *n,sg;*
   Deckvermögen *n,sg,nt*
cowper *n,sg (next to blast*
   furnace); Cowper *n,sg,m*
   (Heißlufterzeugung)
cowper plant *n,sg (next to blast*
   furnace); Cowperanlage *n,sg,f*
   (Heißlufterzeugung)
crabbing *n,sg;* Ecken *n,sg,nt*
   (der Vorgang des Eckens)
crack *n,sg;* Fehlstelle *n,sg,f;*
   Sprung *n,sg,m (Riß)*
crack initiation *n,sg;* Anriß
   n,sg,m (Beginn des Risses)
crack sensivity *n,sg;*
   Rißempfindlichkeit *n,sg,f;*
   Rißneigung *n,sg,f*
crack test *n,sg;* Anrißprüfung
   n,sg,f; Rißprüfung *n,sg,f*
cracked welding; gerissene
   Schweißung
cracking *n,sg;* Rißbildung *n,sg,f*
crane *n,sg;* Hebezeug *n,sg,nt*
   (Kran)

crane arm *n,sg (jib arm);*
Kranarm *n,sg,m*
crane column *n,sg;*
Kranbahnstütze *n,sg,f*
crane counterweight *n,sg*
[BE]; Gegengewicht eines
Kranes
crane driver *n,sg;* Kranführer
n,sg,m
crane equipment *n,sg;*
Kranausrüstung *n,sg,f*
crane gantry *n,sg;* Kranbahn
n,sg,f
crane hook *n,sg;* Lasthaken
n,sg,m
crane operator *n,sg;*
Kranführer *n,sg,m*
crane rail *n,sg;*
Kranbahnschiene *n,sg,f;*
Kranschiene *n,sg,f;*
Laufschiene *n,sg,f*
crane runway *n,sg;* Kranbahn
n,sg,f; Kranfahrbahn *n,sg,f*
crane runway column *n,sg;*
Kranbahnstütze *n,sg,f*
crane stanchion *n,sg;*
Kranbahnstütze *n,sg,f*
crane stop *n,sg;* Prellbock
n,sg,m; Puffer *n,sg,m*
(Prellbock der Kranbahn)
crane track gauge *n,sg;*
Kranspurweite *n,sg,f*
(Spurweite)
crane trolley *n,sg;* Laufkatze
n,sg,f
crane wheel *n,sg;* Laufrad
n,sg,nt; Laufrolle *n,sg,f*
crane-runway girder *n,sg;*
Kranbahnträger *n,sg,m*
craneway *n,sg;* Kranbahn
n,sg,f
craneway-girder *n,sg;*

Kranbahnträger *n,sg,m*
crater *n,sg;* Krater *n,sg,m*
crater at end of weld pass;
Endkrater *n,sg,m*
crater crack *n,sg;* Kraterriß
n,sg,m (z.B. an einer
Schweißnaht)
crater plate *n,sg;* Kraterblech
n,sg,nt
crater plates at end of weld
pass; Endkraterblech *n,sg,nt*
crawler crane *n,sg;*
Raupenkran *n,sg,m*
creep *n,sg;* Kriechen *n,sg,nt*
(Beton)
creep characteristics *n,pl;*
Dauerstandfestigkeit *n,sg,f*
creep properties *n,pl;*
Dauerstandfestigkeit *n,sg,f*
crest of thread; Gewindespitze
n,sg,f
crimb *v;* kröpfen *v*
crimb *n,sg;* Verkröpfung *n,sg,f*
criteria for design and calcula-
tion; Berechnungsgrundlage
n,sg,f
critical range; kritischer Bereich
critical stress; kritische
Spannung *(elastische Spannung)*
critical temperature; kritische
Temperatur
cross bar *n,sg;* Querriegel
n,sg,m
cross bar *n,sg (bolt, catch);*
Riegel *n,sg,m*
cross bar *n,sg (traverse);*
Traverse *n,sg,f*
cross beam *n,sg;* Querbalken
n,sg,m; Querhaupt *n,sg,nt;*
Querträger *n,sg,m*
cross bracing *n,sg* [BE];
Kreuzverband *n,sg,m*

cross butt joint *n,sg;*
  Kreuzstoß *n,sg,m (Stumpfnaht
  an kreuzartig verschweißten
  Blechen)*
cross cut *v;* ablängen *v*
cross frame *n,sg;* Querrahmen
  n,sg,m
cross girder *n,sg;* Querbalken
  n,sg,m; Querhaupt *n,sg,nt;*
  Querträger *n,sg,m*
cross head *n,sg;* Querhaupt
  n,sg,nt
cross inclination *n,sg;*
  Querneigung *n,sg,f (der
  Fahrbahn)*
cross joint *n,sg;* Kreuzstoß
  n,sg,m
cross method *n,sg;*
  Momentenausgleichsverfahren
  n,sg,nt
cross of weld; Nahtquerschnitt
  n,sg,m
cross section *n,sg;* Querprofil
  n,sg,nt; Querschnitt *n,sg,m
  (z.B. in einer Zeichnung)*
cross section at mid length;
  Querschnitt in der Mitte
cross section of a bar;
  Stabquerschnitt *n,sg,m*
cross section of a member;
  Stabquerschnitt *n,sg,m*
cross section under tension;
  Zugquerschnitt *n,sg,m*
cross truss *n,sg;* Querbalken
  n,sg,m; Querhaupt *n,sg,nt;*
  Querträger *n,sg,m*
cross-section of weld;
  Nahtquerschnitt *n,sg,m*
cross-sectional area;
  Querschnittsfläche *n,sg,f*
crossfall *n,sg* [BE];
  Querneigung *n,sg,f (der
  Fahrbahn)*
crow's feet; Krähenfüße *n,pl,m
  (Schweißen)*
crown *n,sg* [AE]; Querneigung
  n,sg,f (der Fahrbahn)
crown *n,sg (of an arch);*
  Bogenscheitel *n,sg,m (Scheitel
  eines Bogens)*
crown *n,sg (of an arch);*
  Scheitel *n,sg,m (eines Bogens)*
crown height *n,sg;*
  Scheitelhöhe *n,sg,f*
crown hinge *n,sg;*
  Scheitelgelenk *n,sg,nt*
cruciform joint *n,sg;* Kreuzstoß
  n,sg,m
cruciform testpiece *n,sg;*
  Kreuzprobestück *n,sg,nt*
crushing test *n,sg (e.g. of
  tubes);* Stauchversuch *n,sg,m
  (z.B. Quetschversuch von
  Rohren);* Quetschversuch
  n,sg,m
crystal backing *n,sg;*
  Kristallunterlage *n,sg,f*
cumulative curve;
  Summenkurve mit
  Normalverteilung
cupola *n,sg;* Dachstuhl *n,sg,m;*
  Kuppel *n,sg,f*
curb *n,sg* [AE]; Bordschwelle
  n,sg,f; Schrammbord *n,sg,nt*
current *n,sg (electricity);* Strom
  n,sg,m (Elektrizität)
curtain wall *n,sg;* Laufwand
  n,sg,f
curvature *n,sg (e.g. of a
  surface);* Wölbung *n,sg,f*
curve *v;* biegen *v (z.B. entlang
  der Biegelinie)*
curved plate; Tonnenblech
  n,sg,nt

cut *v;* abschneiden *v*
(schneiden); ablängen *v*
cut at an angle; Winkelschnitt
n,sg,m
cut autogenously; abbrennen *v*
cut surface *n,sg;* Schnittfläche
n,sg,f
cut to length; ablängen *v*
cutter *n,sg;* Messer *n,sg,nt;*
Schneide *n,sg,f (eines Messers)*
cutting edge *n,sg;*
Schneidkante *n,sg,f*
cutting line *n,sg;*
Schnittverlauf *n,sg,m*
cutting power *n,sg;*
Schnittgröße *n,sg,f*
cycle *n,sg;* Lastspiel *n,sg,nt*
(Dauerversuch)
cycle track *n,sg* [BE];
Fahrradweg *n,sg,m*
cylinder sluice gate *n,sg;*
Walzengeschütz *n,sg,nt*
cylindric *adj;* zylindrisch *adj*
cylindrical *adj;* zylindrisch *adj*

D

dam *n,sg* [AE]; Damm *n,sg,m;*
Stauwehr *n,sg,m;* Wehranlage
n,sg,f
damping *n,sg;* Dämpfung *n,sg,f*
data *n,pl;* Angaben *n,pl,f*
(Daten)
datum plane *n,sg;* Bezugsebene
n,sg,f
day shift *n,sg;* Tagesschicht
n,sg,f (auch Personal)
day turn *n,sg (also staff);*
Tagesschicht *n,sg,f (auch
Personal)*
dead load; Eigenlast *n,sg,f;*

ständige Last; tote Last
dead sheathing; verlorene
Schalung
dead steel; beruhigter Stahl
dead weight; Eigengewicht
n,sg,nt
dead-end pole *n,sg;* Endmast
*n,sg,m (z.B. Lichtmast auf
Brücke)*
dead-end tower *n,sg* [AE];
Endmast *n,sg,m*
decimal *n,sg;* Dezimalbruch
n,sg,m
deck *n,sg;* Fahrbahnplatte
n,sg,f; Fahrbahntafel *n,sg,f;*
Fahrbahn *n,sg,f (z.B. auf
Stahlbrücke)*
deck *v;* bedecken *v*
deck bridge *n,sg;* Deckbrücke
n,sg,f
deck plate girder span *n,sg;*
Vollwanddeckbrücke *n,sg,f*
deck truss bridge *n,sg;*
Fachwerk-Deckbrücke *n,sg,f*
deck-girder bridge *n,sg;*
Fahrbahnträgerbrücke *n,sg,f;*
Längsträgerbrücke *n,sg,f*
decking *n,sg (e.g. of a bridge);*
Fahrbahntafel *n,sg,f;* Fahrbahn
n,sg,f (auf der Brücke)
decrease factor *n,sg;*
Verminderungsbeiwert *n,sg,m;*
Verminderungsfaktor *n,sg,m*
decrease of cross section;
Querschnittsminderung *n,sg,f*
deduction for holes; Lochabzug
n,sg,m
deduction of holes; Lochabzug
n,sg,m
deduction of rivet holes;
Lochabzug *n,sg,m*
deep-draw *n,sg (way of steel*

treatment); Tiefziehen *n,sg,nt*
(Form der Blechbearbeitung)
deep-drawing press *n,sg;*
Tiefziehpresse *n,sg,f (z.B. für*
Kohlenstoffstahl)
deep-web T; hochstegiger
T-Stahl
deep-webbed *adj;* hochstegig
adj
defect *n,sg;* Fehlstelle *n,sg,f*
defective *adj;* fehlerhaft *adj*
defective welding;
mangelhafte Schweißung
defects of steel; Stahlfehler
n,pl,m
deflagration *n,sg;* Verpuffung
n,sg,f
deflection *n,sg;* Durchbiegung
n,sg,f
deflection gauge *n,sg;*
Durchbiegungsmesser *n,sg,nt*
deflection index *n,sg;*
Driftzahl *n,sg,f*
deflection indicator *n,sg;*
Durchbiegungsmesser *n,sg,nt*
deformability *n,sg;*
Formänderungsvermögen
n,sg,nt; Verformbarkeit *n,sg,f*
deformation *n,sg;*
Formänderung *n,sg,f;*
Verziehung *n,sg,f (Verzerrung)*
deformation work *n,sg;*
Verformungsarbeit *n,sg,f*
degrease *v;* entfetten *v*
degree of accuracy;
Genauigkeitsgrad *n,sg,m*
degree of hardness; Härtegrad
n,sg,m
degree of precision;
Genauigkeitsgrad *n,sg,m*
degree of safety;
Sicherheitsgrad *n,sg,m*

delamination *n,sg;* Öffnung
n,sg,f (der Schweißnaht)
delayed *adj (too late, retarded);*
verspätet *adj (verzögert)*
delivery *n,sg;* Lieferart *n,sg,f*
delivery platform *n,sg;*
Übergabepodest *n,sg,nt (des*
Hochofens)
delivery promise *n,sg;*
Liefertermin *n,sg,m*
demountable bridge;
Brückengerät *n,sg,nt*
dependent variable; abhängige
Veränderliche
deposit welding *n,sg;*
Auftragschweißung *n,sg,f*
depth channel *n,sg;* Höhe
n,sg,f (eines U-Stahls)
depth of a beam; Trägerhöhe
n,sg,f
depth of a girder; Trägerhöhe
n,sg,f
depth of a truss; Trägerhöhe
n,sg,f
depth of section; Profilhöhe
n,sg,f
depth of thread; Gewindetiefe
n,sg,f
depth of web; Stegblechhöhe
n,sg,f
derivative *n,sg;*
Differentialquotient *n,sg,m*
(Ableitung)
derrick *n,sg;* Derrick *n,sg,m*
(Ladebaum, Lademast)
derrick boat *n,sg* [AE];
Schwimmkran *n,sg,m*
derrick crane *n,sg;*
Derrickkran *n,sg,m*
derrick with latticed mast;
Derrick mit Fachwerkmast
derrick with solid-web pole;

Derrick mit Vollwandmast
derust *v;* entrosten *v*
descale *v;* entzundern *v*
design *n,sg,f;* Bauweise *n,sg,f;*
Durchbildung *n,sg,f;* Entwurf
n,sg,m; Konstruktion *n,sg,f*
**design and construction of in-
dustrial buildings;**
Industriebau *n,sg,m*
design base *n,sg;*
Berechnungsgrundlage *n,sg,f*
design calculation *n,sg;*
statische Berechnung
design detail *n,sg;*
Konstruktionseinzelheit *n,sg,f*
design drawing *n,sg;*
Entwurfszeichnung *n,sg,f*
design drawing for pipelines;
Rohrleitungszeichnung *n,sg,f*
design fundamentals *n,pl;*
Berechnungsgrundlage *n,sg,f*
design hours *n,sg (hours spent
on designing);*
Konstruktionsstunde *n,sg,f
(Ingenieurstunde)*
design loading *n,sg;*
Belastungsannahme *n,sg,f*
design loads for buildings;
Lastannahmen für Bauten
design office *n,sg;*
Konstruktionsbüro *n,sg,nt*
designation *n,sg;* Kurzzeichen
n,sg,nt
designer *n,sg;* Konstrukteur
n,sg,m
destructive test; zerstörende
Prüfung
detached *adj;* freistehend *adj
(isoliert, alleine)*
detail drawing *n,sg;*
Teilzeichnung *n,sg,f*
determination *n,sg;*

Bestimmung *n,sg,f;* Nachweis
n,sg,m (Beweis, Festlegung)
determine *v;* bestimmen *v
(festlegen);* ermitteln *v
(bestimmen, festlegen)*
developed length; gestreckte
Länge
deviation *n,sg (e.g. of an angle);*
Winkelabweichung *n,sg,f*
deviation force *n,sg;*
Ablenkkraft *n,sg,f*
diagonal *adj;* diagonal *adj;*
schräg *adj*
diagonal *n,sg;* Diagonale *n,sg,f;*
Strebe *n,sg,f*
diagonal bracing;
Kreuzverband *n,sg,m*
diagonal cut; Schrägschnitt
n,sg,m (schräger Schnitt)
diagonal strut; Diagonale *n,sg,f*
diagram *n,sg;* Diagramm
n,sg,nt; Schaubild *n,sg,nt*
diameter of rivet;
Nietdurchmesser *n,sg,m*
diameter of rivet hole;
Nietlochdurchmesser *n,sg,m*
diameter of the hole;
Lochdurchmesser *n,sg,m*
diaphragm *n,sg;* Querschott
n,sg,m; Schott *n,sg,m*
die *n,sg;* Matrize *n,sg,f;*
Stanzmatrize *n,sg,f*
die head *n,sg;* Setzkopf *n,sg,m*
diffusion welding *n,sg;*
Diffusionsschweißen *n,sg,nt*
dike *n,sg;* Damm *n,sg,m;*
Staudamm *n,sg,m;* Stauwehr
n,sg,m
dilatibile *adj;* dehnbar *adj*
dilatibility *n,sg;* Dehnbarkeit
n,sg,f
dimension *v;* abmessen *v;*

bemessen *v;* dimensionieren *v*

dimension *n,sg;*
Maßbezeichnung *n,sg,f;* Maß
n,sg,nt

dimension letter *n,sg;*
Maßbuchstabe *n,sg,m*

dimension line termination
n,sg; Maßlinienbegrenzung
n,sg,f

**dimension lines spaced one
above the other;**
übereinanderliegende Maßlinien

dimension unit *n,sg;*
Maßeinheit *n,sg,f*

dimensional tolerance;
Maßtoleranz *n,sg,f*

dimensioning *n,sg;* Bemessung
n,sg,f; Dimensionierung *n,sg,f*
(Bemessung)

dimensioning rule *n,sg;*
Bemaßregelung *n,sg,f*

dimensionless *adj;*
dimensionslos *adj*

dimensionless representation;
dimensionslose Darstellung

**dimensions at different loca-
tions;** auseinanderliegende
Maße

diminishing coefficient *n,sg;*
Abminderungsbeiwert *n,sg,m*

dimountable railing bridge;
Steckbrücke *n,sg,f*
(teildemontierbares Geländer)

dinging hammer *n,sg;*
Ausbeulwerkzeug *n,sg,nt*

direction of force;
Kraftrichtung *n,sg,f*

direction of rolling;
Walzrichtung *n,sg,f*

direction of rotation; Drehsinn
n,sg,m

discharge pit *n,sg;*

Ablaufschacht *n,sg,m*

discontinuity of a weld seam;
Schweißnahtunterbrechung
n,sg,f

dished plate; Buckelblech
n,sg,nt

dismantle *v;* abmontieren *v*

dismountable bridge;
Brückengerät *n,sg,nt*

dispersion *n,sg;* Streuung
n,sg,f

dispersion of load;
Lastverteilung *n,sg,f*

displacement *n,sg;*
Verschiebung *n,sg,f*

display area *n,sg;*
Darstellungsfeld *n,sg,nt*

distance *n,sg;* Entfernung
n,sg,f; Abstand *n,sg,m*

distance load *n,sg;*
Streckenlast *n,sg,f*

distance profil *n,sg;*
Distanzprofil *n,sg,nt*

distance ring *n,sg;*
Verschlußring *n,sg,m*

distant heating *n,sg;*
Fernwärmeversorgung *n,sg,f*

distortion *n,sg;* Verwerfung
n,sg,f (Verziehen)

distributed load; verteilte Last

distribution *n,sg;* Verteilung
n,sg,f

divergence of equilibrium;
Gleichgewichtsstörung *n,sg,f*

dock gate *n,sg;* Docktor *n,sg,nt*

dolly *n,sg;* Gegenhalter *n,sg,m;*
Ausbeulwerkzeug *n,sg,nt;*
Vorhalter *n,sg,m*

dome *n,sg;* Kuppel *n,sg,f*

domelight *n,sg;* Lichtkuppel
n,sg,f

door frame *n,sg;* Türrahmen

n,sg,m

doorpost *n,sg (stanchion, stanyad)*; Türstiel *n,sg,m (im Bau)*

dotting *n,sg;* Punktierung *n,sg,f*

double bevel; Doppel-HY-Naht *n,sg,f ("K-Naht")*; DHY-Naht *n,sg,f (K-Naht)*

double bevel seam; DHV-Naht *n,sg,f (Schweißnaht)*

double fillet; Doppelkehlnaht *n,sg,f*

double rocker bearing; Doppelpendellager *n,sg,nt*

double V; X-Naht *n,sg,f*

double-deck bridge; zweistöckige Brücke

double-sided bearing; beidseitige Lagerung

double-track railway bridge *n,sg;* zweigleisige Brücke

double-U; Doppel-U-Naht *n,sg,f*

double-V; Doppel-V-Naht *n,sg ("X-Naht")*; DV-Naht *n,sg,f*

double-V groove-weld; DV-Naht *n,sg,f*

double-V seam; DV-Naht *n,sg,f;* X-Naht *n,sg,f*

double-walled *adj;* doppelwandig *adj*

down pipe *n,sg;* Abfallrohr *n,sg,nt*

down spout *n,sg* [AE]; Abfallrohr *n,sg,nt*

downhand *n,sg (e.g. flat or vertically down)*; Zwangslage *n,sg,f (z.B. Schweißung nach oben)*

downhand *n,sg (vertically down)*; Wannenlage *n,sg,f (günstige Schweißposition)*

downhand welding *n,sg;*

Fallnaht *n,sg,f*

draft *n,sg* [AE]; Wasserzug *n,sg,m (Tiefgang)*

drage coefficient *n,sg (e.g. of wind power)*; Widerstandskoeffizient *n,sg,m*

drain strip *n,sg;* Abflußleiste *n,sg,f (z.B. für Wasser u.a.)*

drainage *n,sg;* Entwässerung *n,sg,f*

drainage valve *n,sg;* Entwässerungsventil *n,sg,nt*

draught *n,sg;* Wasserzug *n,sg,m (Tiefgang)*

draught *n,sg (draft; of the mould)*; Formschräge *n,sg,f (aus der Gußform)*

draughtsman *n,sg;* Ersteller einer Zeichnung

draw a continuous line; eine Linie durchziehen

draw bar *n,sg;* Zugstange *n,sg,f (als Bauteil, z.B. an einer Brücke)*

draw in shortened form; gekürzt zeichnen

draw in the mated condition; ineinanderzeichnen *v*

draw separately *(e.g. details)*; herauszeichnen *v*

draw staggered *(e.g. hatching lines)*; versetzt zeichnen

draw to a larger scale; vergrößert zeichnen

drawing *n,sg;* Riß *n,sg,m;* Ziehen *n,sg,nt (z.B. von Draht)*; Zeichnung *n,sg,f*

drawing amendment service *n,sg;* Zeichnungsänderungsdienst *n,sg,m*

drawing area *n,sg;* Zeichenfläche *n,sg,f;*

Zeichnungsfeld *n,sg,nt (Raum für Zeichnungen)*

drawing board *n,sg;* Reißbrett *n,sg,nt;* Zeichenbrett *n,sg,nt*

drawing board with free margin; Zeichenbrett mit Zusatzfläche

drawing containing preprinted representations; Zeichnung mit vorgedruckten Darstellungen

drawing curve *n,sg;* Kurvenlineal *n,sg,nt*

drawing dealing with oversize parts; Übermaßzeichnung *n,sg,f*

drawing dealing with wearing parts; Verschleißteilzeichnung *n,sg,f*

drawing instrument *n,sg;* Zeichenmittel *n,sg,nt*

drawing of the general plan; Übersichtszeichnung *n,sg,f*

drawing panel *n,sg;* Zeichnungsfeld *n,sg,nt (Raum für Zeichnungen)*

drawing practice *n,sg;* Zeichnungswesen *n,sg,nt*

drawing practice standard *n,sg;* Zeichnungsnorm *n,sg,f*

drawing sheet *n,sg;* Zeichnungsblatt *n,sg,nt*

drawing work *n,sg;* Zeichenarbeit *n,sg,f*

drawing-checked *adj;* zeichnungsgeprüft *adj*

drawn *adj;* gezeichnet *adj*

drawn arc stud welding; Lichtbbolzenschweißen mit Hubzündung

drawn steel; gezogener Stahl

dress *v;* aufbereiten *v*

drift *v;* aufdornen *v;* dornen *v*

drift *n,sg;* Dorn *n,sg,m (z.B. zum Aufweiten)*

drift *n,sg* [AE] *(of a building or structure);* Drift *n,sg,m (waagerechte Durchbiegung)*

drift of a building on structure *(swaying);* waagerechte Durchbiegung eines Bauwerks während der Bauzeit

drift pin *n,sg (to widen a hole);* Dorn *n,sg,m (z.B. zum Aufweiten)*

drill *v;* ausbohren *v;* durchbohren *v*

drill hole *n,sg;* Bohrloch *n,sg,nt*

drill tower *n,sg (for exercises);* Übungsturm *n,sg,m*

drilled hole; Bohrloch *n,sg,nt (Bohrung fertig)*

drilling template *n,sg;* Bohrschablone *n,sg,f*

drinking water *n,sg (potable water);* Trinkwasser *n,sg,nt*

drinking-water supply installations *n,pl;* Trinkwasserleitungsanlagen *n,pl,f*

drive *v (e.g. a rivet);* schlagen *v (z.B. eine Niete)*

driving belt *n,sg;* Riemen *n,sg,m (Treibriemen)*

driving belt *n,sg;* Treibriemen *n,sg,m*

dry-dock *n,sg (ships are made and repaired there);* Trockendock *n,sg,nt (für den Schiffsbau)*

dry-galvanize *v;* trocken verzinken *v*

dual sensitivity probe *n,sg;* Schalterprüfkopf *n,sg,m*

ductile fracture; Verformungsbruch *n,sg,m*
ductility *n,sg;* Dehnbarkeit *n,sg,f*
ductility factor *n,sg;* Dehnbarkeitsfaktor *n,sg,m*
duplicate test specimen *n,pl;* Gegenprobe *n,sg,f*
duplicating trial *n,sg;* Vervielfältigungsversuch *n,sg,m*
duration of shift; Schichtzeit *n,sg,f (Schichtlänge)*
dust bag *n,sg;* Staubsack *n,sg,m (Filtersack)*
dust bag girder *n,sg (dust bag framework);* Staubsackgerüst *n,sg,nt (Gerüst des Filtersacks)*
dyke *n,sg* [BE]; Damm *n,sg,m;* Staudamm *n,sg,m;* Stauwehr *n,sg,m*
dynamic coefficient; Schwingbeiwert *n,sg,m*
dynamic effect; dynamische Beanspruchung
dynamic load; dynamische Belastung
dynamometer *n,sg;* Dynamometer *n,sg,nt;* Meßdose *n,sg,f*

E

E-welder *n,sg;* E-Schweißer *n,sg,m*
earth pressure *n,sg;* Erddruck *n,sg,m*
earth tremor *n,sg;* Erdbebenstoß *n,sg,m*
earthquake calculation *n,sg;* antiseismische Berechnung
earthquake record *n,sg;* Seismogramm *n,sg,nt*

earthquake zone *n,sg;* Erdbebenzone *n,sg,f*
earthquake-proof buildings *n,sg;* erdbebensichere Bauten
eaves *n,pl;* Traufe *n,sg,f (Abfluß)*
eaves gutter *n,sg;* Dachrinne *n,sg,f;* Regenrinne *n,sg,f*
eaves purlin *n,sg* [BE]; Traufpfette *n,sg,f*
eaves strut *n,sg* [AE]; Traufpfette *n,sg,f;* Traufträger *n,sg,m*
eaves transom *n,sg;* Traufriegel *n,sg,m*
eccentric *adj;* außermittig *adj*
eccentric compression; außermittige Druckbelastung
eccentric load; außermittige Belastung
eccentric tension; außermittige Zugbeanspruchung
eccentrical *adj;* außermittig *adj*
eccentricity *n,sg;* Außermittigkeit *n,sg,f*
eccentricity coefficient *n,sg;* Exzentrizitätszahl *n,sg,f*
eccentricity factor *n,sg;* Exzentrizitätszahl *n,sg,f*
edge beam *n,sg;* Randträger *n,sg,m*
edge distance *n,sg;* Randabstand *n,sg,m (bei Nieten)*
edge girder *n,sg;* Kantenträger *n,sg,m;* Randträger *n,sg,m*
edge joint *n,sg;* Eckverbindung *n,sg,f*
edge of plate; Blechkante *n,sg,f*
edge of sheet; Blechkante *n,sg,f*
edge of the object; Körperkante

n,sg,f
edge planer n,sg;
Blechkantenhobelmaschine
n,sg,f
edge purlin n,sg; Randpfette
n,sg,f
edge stress n,sg;
Randspannung n,sg,f
edge weld n,sg; Stirnflachnaht
n,sg,f
edgewise adj; hochkantig adj
effective adj; tatsächlich adj
effective bearing area;
Lochleibungsfläche n,sg,f
effective cross section;
nutzbarer Querschnitt
effective fillet thickness;
rechnerische Kehlnahtdicke;
a-Maß n,sg,nt
effective length; Knicklänge
n,sg,f
effective width (of concrete
slab); mitwirkende
Plattenbreite
efficiency n,sg; Wirksamkeit
n,sg,f (Wirkungsgrad)
elastic bending [BE];
elastische Bettung
elastic deflection; elastische
Durchbiegung
elastic deformation; elastische
Verformung
elastic design;
Elastizitätsberechnung n,sg,f
elastic force; Spannkraft n,sg,f
elastic limit; Streckgrenze
n,sg,f; Elastizitätsgrenze n,sg,f
elastic modulus;
Elastizitätsmodul n,sg,nt
elastic neutral axis; neutrale
Achse im elastischen Bereich
elastic range; elastischer

Bereich
elastic support; elastische
Stütze
elasticity n,sg; Elastizität n,sg,f
elasticity equation n,sg;
Elastizitätsgleichung n,sg,f
electing n,sg; Montage n,sg,f
electric arc; Lichtbogen n,sg,m
(z.B. beim Schweißen)
electric arc furnace;
Elektro-Lichtbogenofen n,sg,m
electric arc welding;
Lichtbogenschweißung n,sg,f
electric flash-weld;
abbrennstumpfschweißen v
electric flash-welded;
abbrennstumpfgeschweißt adj
electric heating; elektrische
Beheizung
electric power plant [AE];
elektrisches Kraftwerk
electric power station [BE];
elektrisches Kraftwerk
electric steel; Elektrostahl
n,sg,m
electric steel casting;
Elektrostahlguß n,sg,m
electric truck; Elektrokarren
n,sg,m
electric welding; E-Schweißen
n,sg,nt; Elektroschweißen
n,sg,nt; elektronische
Schweißung
electric winch; Motorwinde
n,sg,f
electrical resistance;
elektrischer Widerstand
electricity line n,sg; elektrische
Leitung
electro weld v;
elektroschweißen v
electro-magnet n,sg;

Hubmagnet *n,sg,m*
(Lasthebemagnet)
electro-welded *adj;*
elektrogeschweißt *adj*
electrode *n,sg;* Elektrode *n,sg,f*
electrode quiver *n,sg;*
Elektrodenköcher *n,sg,m*
electrogas *n,sg;* Elektrogas
n,sg,nt
electrogas welding *n,sg;*
Elektrogasschweißen *n,sg,nt*
electron beam welding *n,sg;*
Elektronenstrahlschweißen
n,sg,nt (DIN 1910)
electronic computation;
elektronische Berechnung
electroslag welding *n,sg;*
Elektroschlackeschweißen
n,sg,nt
elevate *v (e.g. a turnable*
ladder); aufrichten *v (z.B. eine*
Drehleiter)
elevated steel construction;
Stahlhochbau *n,sg,m*
elevation *n,sg;* Ansicht *n,sg,f;*
Aufriß *n,sg,m*
elevator *n,sg;* Lastenaufzug
n,sg,m
elevator winch *n,sg* [AE];
Aufzugswinde *n,sg,f (Winde)*
ellipse *n,sg;* Ellipse *n,sg,f*
ellipse of inertia;
Trägheitsellipse *n,sg,f*
elongation *n,sg;* Bruchdehnung
n,sg,f; Ausdehnung *n,sg,f;*
Dehnung *n,sg,f*
(Bruchdehnung)
elongation at fracture;
Bruchdehnung *n,sg,f*
elongation before reduction
of area; Gleichmaßdehnung
n,sg,f

embankment *n,sg;* Staudamm
n,sg,m; Stauwehr *n,sg,m;*
Damm *n,sg,m*
emergency exit *n,sg;*
Fluchtweg *n,sg,m (z.B. aus dem*
Gefahrenbereich); Notausgang
n,sg,m
emergency exit *n,sg*
(emergency stairs); Notausstieg
n,sg,m
emergency staircase *n,sg;*
Notstiege *n,sg,f;* Nottreppe
n,sg,f
emery cloth *n,sg;*
Schmirgelleinen *n,sg,nt*
emissivity *n,sg;* Ausstrahlung
n,sg,f; Emission *n,sg,f*
emissivity coefficient *n,sg;*
Emissionswert *n,sg,m*
empirical formula; Faustformel
n,sg,f; empirische Formel
empirical probability;
Erfahrungswahrscheinlichkeit
n,sg,f
empirical rule; Faustregel
n,sg,f
encased beam *(e.g. in concrete);*
ummantelter Träger *(z.B. mit*
Beton)
encased column [AE];
ummantelte Stütze
encased in concrete; mit Beton
ummantelt; ummantelt mit
Beton
enclosed space; umbauter
Raum *(in einem Haus oder einer*
Halle)
end *n,sg;* Kopf *n,sg,m*
end batten *n,sg;* Endbindeblech
n,sg,nt
end batten plate *n,sg;*
Endbindeblech *n,sg,nt*

end blocks *n,pl (welding);*
Endklötze *n,pl,m (beim*
Schweißen)
end bush *n,sg;* Endbolzen
n,sg,m; Endbuchse *n,sg,f*
end crater *n,sg;* Endkrater
n,sg,m
end cross girder *n,sg;*
Endquerträger *n,sg,m*
end floor beam *n,sg;*
Endquerträger *n,sg,m*
end frame *n,sg;* Endrahmen
n,sg,m
end kneebrace *n,sg;* Endstrebe
n,sg,f
end panel *n,sg;* Endfeld *n,sg,nt*
(Außenöffnung)
end plate *n,sg;* Endplatte
n,sg,f; Kopfplatte *n,sg,f*
(Stütze)
end post *n,sg;* Endstrebe *n,sg,f*
end raker *n,sg;* Endstrebe
n,sg,f (z.B. Fachwerkbrücke)
end restraint *n,sg;*
Einspannung *n,sg,f*
end restraint condition *n,sg;*
Einspannbedingung *n,sg,f*
end span *n,sg;* Außenöffnung
n,sg,f; Endfeld *n,sg,nt (z.B.*
einer Stahlbrücke)
end stay plate *n,sg;*
Endbindeblech *n,sg,nt*
end stiffener *n,sg;*
Endaussteifung *n,sg,f*
end support *n,sg;* Endstütze
n,sg,f
end tie plate *n,sg;*
Endbindeblech *n,sg,nt*
end-field *n,sg;* Endfeld *n,sg,nt*
(z.B. einer Stahlbrücke)
end-fixing moment *n,sg* [BE];
Einspannmoment *n,sg,nt*

end-restraint moment *n,sg;*
Einspannmoment *n,sg,nt*
endorsement *n,sg;*
Sichtvermerk *n,sg,m*
endurance *n,sg;* Dauer *n,sg,f*
endurance failure *n,sg;*
Dauerbruch *n,sg,m*
(Ermüdungsbruch)
endurance limit *n,sg;*
Ermüdungsgrenze *n,sg,f;*
Schwingungsfestigkeit *n,sg,f*
endurance test *n,sg;*
Dauerversuch *n,sg,m*
(Ermüdungsversuch)
energy consumption *n,sg;*
Energieverbrauch *n,sg,m*
energy dissipation *n,sg;*
Energieverstreuung *n,sg,f*
engine hood *n,sg;* Abdeckhaube
n,sg,f
engineering structures *n,pl;*
Ingenieurbauwerke *n,pl,nt*
enlarge with a drift; aufdornen
v
enlarge with a drift pin;
aufweiten *v (mit einem Dorn);*
mit einem Dorn aufweiten
enlargement scale *n,sg;*
Vergrößerungsmaßstab *n,sg,m*
enthalpy *n,sg;* Enthalpie *n,sg,f*
(mittlerer Informationsgehalt
einer Nachricht)
entropy *n,sg;* Entropie *n,sg,f*
(Begriff der Thermodynamik)
equal angle; gleichschenkliger
Winkelstahl
equal-leg angle;
gleichschenkliger Winkelstahl
equation of equilibrium;
Gleichgewichtsgleichung *n,sg,f*
equilibrate *v* [AE]; ins
Gleichgewicht bringen

equilibrium *n,sg;*
Gleichgewicht *n,sg,nt*

equilibrium of forces;
Kräftegleichgewicht *n,sg,nt*

equilibrium polygon *n,sg;*
Seilpolygon *n,sg,nt*

equilibrium position *n,sg;*
Gleichgewichtslage *n,sg,f*

equipment *n,sg;* Einrichtung
n,sg,f; Ausrüstung *n,sg,f*

equivalent load; Ersatzlast
*n,sg,f (zusätzliche Kraft für
10-fach erhöhte Last)*

erect *v (assemble, commission);*
montieren *v;* aufstellen *v*

erecting scaffold *n,sg;*
Montagegerüst *n,sg,nt*

erecting shop *n,sg;*
Montagehalle *n,sg,f*

erection *n,sg;* Aufbau *n,sg,m;*
Aufstellung *n,sg,f;* Montage
n,sg,f; Zusammenbau *n,sg,m*

erection bolt *n,sg;*
Montagebolzen *n,sg,m;*
Montageschraube *n,sg,f*

erection welding *n,sg;*
Montageschweißung *n,sg,f*

erector *n,sg;* Monteur *n,sg,m*

escape *v;* flüchten *v (z.B. im
Gefahrenfall)*

escape route *n,sg;*
Sicherheitsgang *n,sg,m
(Notweg)*

escape way *n,sg;* Fluchtweg
*n,sg,m (z.B. aus dem
Gefahrenbereich)*

escape ways *n,pl;*
Rettungswege *n,pl,m*

Euler's critical stress *n,sg;*
Euler'sche Knickspannung
n,sg,f

Euler's stress *n,sg (calculate*

formula); Eulerspannung
n,sg,f; Euler'sche
Knickspannung *n,sg,f*

exact method of analysis;
genaues Berechnungsverfahren

examination *n,sg;* Prüfung
n,sg,f (Untersuchung, Prüfen)

**excess material at root of
seam;** Schweißbart *n,sg,m*

excessive reinforcement;
überhöhte Decklage *(in der
Schweißtechnik)*

excessive root penetration;
Wurzeldurchfall *n,sg,m*

exchange of drawings;
Zeichnungsaustausch *n,sg,m*

exhibition hall *n,sg;*
Ausstellungshalle *n,sg,f*

expanded metal *(lath);*
Streckmetall *n,sg,nt (z.B.
Maschendraht)*

expansion *n,sg;* Dehnung
n,sg,f; Erweiterung *n,sg,f*

expansion bearing *n,sg;*
Auflager *n,sg,nt (bewegliches
Auflager);* bewegliches Auflager

expansion joint *n,sg;*
Schleppblech *n,sg,nt (über
einer Dehnungsfuge)*

expansion joint *n,sg (e.g. rly
track, beam);* Dehnungsfuge
n,sg,f (Vorsorge Temperatur)

expansion rollers *n,pl;* Rollen
beweglicher Auflager

expansion support *n,sg;*
bewegliches Auflager

expansivity *n,sg;*
Ausdehnungsfähigkeit *n,sg,f*

expend *v (force);* aufwenden *v*

expenditure *n,sg;* Kosten *n,pl*

expensive representation;
einprägsame Darstellung

explosion welding *n,sg;*
Explosionsschweißen *n,sg,nt*

explosive stud welding;
Sprengbolzenschweißen *n,sg,nt*

explosive welding;
Sprengschweißen *n,sg,nt*

exposed area;
Windangriffsfläche *n,sg,f*

extension *n,sg;* Erweiterung
n,sg,f

extension block *n,sg;*
Erweiterungsfeld *n,sg,nt*

extensometer *n,sg;*
Dehnungsmesser *n,sg,m*

exterior wall [AE]; Außenwand
n,sg,f

external force; äußere Kraft

external wall [BE];
Außenwand *n,sg,f*

external welding;
Außenschweißung *n,sg,f*

extinguisher *n,sg;*
Feuerlöscher *n,sg,m*

extinguishing agent;
Feuerlöschmittel *n,sg,nt*

extra hard; extrahart *adj*
(Härteangabe für Stahl)

extrados *n,sg;* Bogenrücken
n,sg,m

extreme fibre stress;
Randspannung *n,sg,f*

extreme value; äußerster Wert

extruded section;
stranggepreßtes Profil

extrusion *n,sg;* Strangpressen
n,sg,nt

eyebar *n,sg;* Augenstab *n,sg,m*

F

fabricated steel structures;
Stahlbauteile *n,pl,nt*

fabrication *n,sg;*
Werkstattarbeit *n,sg,f*

face *v;* auskleiden *v (z.B. einen
Schacht);* verschalen *v*

face *n,sg;* Stirnseite *n,sg,f*

face bend test *n,sg;*
Flächenbiegungsprobe *n,sg,f*

face roller *n,sg;* Laufrolle *n,sg,f*

face shield *n,sg;* Handschild
n,sg,m; Schweißerschild *n,sg,m*

face-to-face dimension *n,sg;*
Baulänge *n,sg,f (z.B. der
Armatur)*

facing *n,sg;* Verkleidung *n,sg,f*

facing material *n,sg;*
Schalungsmaterial *n,sg,nt*

factor *n,sg;* Beiwert *n,sg,m*

factored load; gewogene
Belastung

factored stress; gewogene
Spannung

factory building *n,sg;*
Fabrikgebäude *n,sg,nt*

factory code *n,sg;* Werksnorm
n,sg,f (fabrikeigene Norm)

factory standard *n,sg;*
Werksnorm *n,sg,f (fabrikeigene
Norm)*

factory test *n,sg;*
Betriebsversuch *n,sg,m*

factory test certificate *n,sg*
[AE]; Werkstattest *n,sg,m;*
Werksbescheinigung *n,sg,f*

failure *n,sg;* Bruch *n,sg,m (z.B.
Riß)*

failure criterion *n,sg;*
Vergleichsspannung *n,sg,f;*
Versagenskriterium *n,sg,nt*

false ceiling *n,sg* [BE];
Doppeldecke *n,sg,f (abgehängte
Decke)*

falsework *n,sg;* Gerüst *n,sg,nt;*

Lehrgerüst *n,sg,nt;*
Montagegerüst *n,sg,nt*
farm building *n,sg;*
landwirtschaftliches Gebäude
fascia *n,sg (on top of roof);*
Attika *n,sg,f (Gurtsims,*
Dachverkleidung)
fastener *n,sg;*
Verbindungsmittel *n,sg,nt*
fastening *n,sg;* Befestigung
n,sg,f
fastening with adhesive;
Kleben *n,sg,nt;*
Klebeverbindung *n,sg,f*
fatigue bend test *n,sg;*
Dauerbiegeversuch *n,sg,m*
fatigue crack *n,sg;* Dauerbruch
n,sg,m (Ermüdungsbruch);
Ermüdungsbruch *n,sg,m*
(Dauerbruch)
fatigue limit *n,sg;*
Ermüdungsgrenze *n,sg,f;*
Schwingungsfestigkeit *n,sg,f;*
Wechselfestigkeit *n,sg,f (z.B.*
eines Materials)
fatigue resistance *n,sg;*
Dauerfestigkeit *n,sg,f;*
Ermüdungsfestigkeit *n,sg,f*
fatigue strength *n,sg;*
Ermüdungsfestigkeit *n,sg,f;*
Dauerfestigkeit *n,sg,f;*
Schwingungsfestigkeit *n,sg,f*
fatigue strength diagram *n,sg;*
Dauerfestigkeitsschaubild
n,sg,nt
fatigue stressing *n,sg;*
Dauerbeanspruchung *n,sg,f*
fatigue test *n,sg;*
Ermüdungsversuch *n,sg,m*
(Dauerversuch); Dauerversuch
n,sg,m (Ermüdungsversuch)
faulty *adj;* fehlerhaft *adj*

fayance *n,sg (faience; fine*
earthenware); Fayence *n,sg,f*
(Majolika; Scherbe mit Glasur)
FCAW *(Abv);* FCAW *(Abk);*
(MAGM; Schweißarten)
Fehmarn Sund Bridge *n,sg*
(built by Dunsche);
Fehmarnsund-Brücke *n,sg,f*
(Vogelfluglinie)
ferritic steel; ferritischer Stahl
ferro-salt method of reproduc-
tion;
Eisensalzlichtpausverfahren
n,sg,nt
fettle *v;* abgraten *v;* entgraten
v
fettling *n,sg;* Entgraten *n,sg,nt*
fibre *n,sg;* Faser *n,sg,f*
fictitious modulus; fiktiver
Modul
field connection *n,sg* [AE];
Baustellenanschluß *n,sg,m;*
Baustellenstoß *n,sg,m;*
Montagestoß *n,sg,m*
field joint *n,sg;* Montagestoß
n,sg,m
field of application [AE];
Anwendungsbereich *n,sg,m;*
Verwendungsbereich *n,sg,m*
field rivet *n,sg;* Baustellenniet
n,sg,f
field splice *n,sg;* Baustellenstoß
n,sg,m (nicht in der Werkstatt)
field weld *n,sg;* Schweißung am
Einsatzort
field welding *n,sg;*
Baustellenschweißung *n,sg,f*
field-driven rivet [AE];
Baustellenniet *n,sg,f*
filing margin *n,sg;* Heftrand
n,sg,m (z.B. einer Zeichnung)
filings *n,pl;* Feilspäne *n,pl,m*

filler *n,sg;* Futter *n,sg,nt*
(*Ausfutterungsplatte*)
filler metal *n,sg;*
Zusatzwerkstoff *n,sg,m*
filler plate *n,sg;* Futter *n,sg,nt*
(*Ausfutterungsplatte*)
fillet *n,sg;* Kehlnaht *n,sg,f (z.B.*
an senkrecht
aufeinanderstehenden Blechen);
Ausrundung *n,sg,f*
fillet depth *n,sg;* Nahtdicke
n,sg,f (an einer
Kehlschweißnaht)
fillet thickness *n,sg;* Nahtdicke
n,sg,f (an einer
Kehlschweißnaht)
fillet weld *n,sg (e.g. in a corner*
joint); Ecknaht *n,sg,f;*
Hohlkehlschweißung *n,sg,f;*
Kehlnaht *n,sg,f (z.B. an*
senkrecht aufeinanderstehenden
Blechen); Kehlschweißung
n,sg,f (Kehlschweißnaht);
äußere Kehlnaht;
Flankenkehlnaht *n,sg,f*
fillet weld in a lap joint;
Kehlnaht am Überlappstoß
fillet weld test specimen *n,sg;*
Kehlnahtprüfstück *n,sg,nt*
fillet welding *n,sg;*
Kehlnahtschweißung *n,sg,f*
fillister-head rivet *n,sg;*
Rundkopfniet *n,sg,m*
filming of drawings;
Zeichnungsverfilmung *n,sg,f*
filming of textual documents;
Schriftgutverfilmung *n,sg,f*
fin *n,sg;* Bohrgrat *n,sg,m;* Grat
n,sg,m
fine sheet processing *n,sg;*
Flaschnerei *n,sg,f*
(*Feinblechverarbeitung*)

fine-grained fracture;
feinkörniger Bruch
fine-grained steel;
Feinkornstahl *n,sg,m*
finger lining *n,sg;* Fingerfutter
n,sg,nt
finished component;
vorgefertigtes Teil
finishing coat *(top coat);*
Deckanstrich *n,sg,m*
fire alarm box *n,sg;*
Brandmelder *n,sg,m*
(*Feuermelder*)
fire alarm system *n,sg;*
Brandmeldeanlage *n,sg,f*
fire behaviour *n,sg;*
Feuerverhalten *n,sg,nt*
fire compartment *n,sg;*
Brandabschnitt *n,sg,m*
fire danger *n,sg;* Brandgefahr
n,sg,f
fire detection *n,sg;*
Brandentdeckung *n,sg,f*
fire door *n,sg;* Brandschutztür
n,sg,f
fire escape ladder *n,sg;*
Notleiter *n,sg,f*
fire load *n,sg;* Brandlast *n,sg,f*
fire losses *n,pl;* Brandschaden
n,sg,m
fire prevention *n,sg;*
Brandverhütung *n,sg,f*
fire protection *n,sg;*
Brandschutz *n,sg,m*
fire resistance *n,sg;*
Feuerbeständigkeit *n,sg,f;*
Feuersicherheit *n,sg,f;*
Feuerwiderstand *n,sg,m*
fire resistance period *n,sg;*
Brandwiderstandsdauer *n,sg,f;*
Feuerwiderstandsdauer *n,sg,f*
fire room *n,sg;* Brandhaus

n,sg,nt; Brandraum *n,sg,m*
fire safety *n,sg;*
Brandsicherheit *n,sg,f*
fire spreading *n,sg (e.g. from
one building to another);*
Brandausbreitung *n,sg,f*
fire test *n,sg;* Brandversuch
n,sg,m
fire wall *n,sg;* Brandmauer
n,sg,f
fire-cracker welding *n,sg;*
Unterschieneschweißen *n,sg,nt*
fire-fighting *n,sg;*
Brandbekämpfung *n,sg,f*
fire-proof *adj;* feuerschützend
adj; feuersicher *adj (feuerfest)*
fire-proof barrier *n,sg;*
Gegenfeuer *n,sg,nt*
fire-resistance grading *n,sg;*
Feuerwiderstandsklasse *n,sg,f*
fire-resistant *adj;*
brandbeständig *adj;*
feuerbeständig *adj*
fire-resistant paint;
Feuerschutzanstrich *n,sg,m*
fire-resisting *adj;*
feuerhemmend *adj*
fire-shielding *adj;*
feuerhemmend *adj*
fire-stopping *adj;*
feuerhemmend *adj*
fireproofing *n,sg;* Anwendung
von Feuerschutzmitteln
firm *n,sg;* Unternehmen *n,sg,nt*
first ore *n,sg;* Anbruch *n,sg,m*
first-aid station *n,sg;*
Unfallstation *n,sg,f*
fish *v;* verlaschen *v*
fish bellied beam *n,sg;*
Fischbauchträger *n,sg,m*
fish bellied girder *n,sg;*
Fischbauchträger *n,sg,m*

fish bellied truss *n,sg;*
Fischbauchträger *n,sg,m*
fish girder *n,sg;*
Fischbauchträger *n,sg,m*
fishbelly girder *n,sg;*
Fischbauchträger *n,sg,m*
fissure *n,sg;* Sprung *n,sg,m
(Riß)*
fit *v;* anpassen *v (ein Bauteil
einsetzen);* einpassen *v (z.B.
ein Bauteil anpassen)*
fitted bolt; Paßschraube *n,sg,f*
fitting *n,sg (putting in,
inserting);* Einpassen *n,sg,nt
(z.B. Anpassen eines Bauteiles);*
Anpassen *n,sg,nt*
fitting piece *n,sg;* Paßstück
n,sg,nt
fix *v;* einspannen *v*
fixed *adj;* eingespannt *adj*
fixed bearing; festes Auflager
fixed condition;
Einspannbedingung *n,sg,f*
fixed ended arch;
eingespannter Bogen
fixed support; eingespannte
Auflagerung
fixed value; Festwert *n,sg,m
(z.B. zum Festwert gekauft)*
fixed-end moment *n,sg;*
Einspannmoment *n,sg,nt*
fixed-ended column;
eingespannte Stütze
fixing *n,sg;* Einspannung *n,sg,f;*
Fixierung *n,sg,f;* Befestigung
n,sg,f
fixing sheet *n,sg;* Halteblech
n,sg,nt
fixture *n,sg;*
Aufspannvorrichtung *n,sg,f;*
Einspannvorrichtung *n,sg,f;*
Haltevorrichtung *n,sg,f*

flaking *n,sg (scaling);*
Schuppung *n,sg,f (der
Schweißnaht oder
Schweißraupe)*

flame *v;* brennen *v (mit
Flammen)*

flame *n,sg;* Flamme *n,sg,f*

flame arresting *n,sg;*
Flammenschutz *n,sg,m*

flame clean *v;* flammstrahlen *v*

flame cleaning *n,sg;*
Flammstrahlen *n,sg,f*

flame cut *v;* brennschneiden *v*

flame cutting *n,sg;*
Brennschneiden *n,sg,nt*

flame detector *n,sg;*
Flammenmelder *n,sg,m*

flame-cut *adj;* abgebrannt *adj
(z.B. geschnittenes Metall)*

flame-cut *v;* brennschweißen *v;*
abbrennen *v*

flame-cut subsequently;
nachschweißen *v (nachträglich)*

flame-harden *v;* flammhärten
v

flame-hardened *adj;*
flammgehärtet *adj*

flange *n,sg;* Krempe *n,sg,f
(durch Stanzen);* Schenkel
n,sg,m (des Winkelstahls)

flange *n,sg (e.g. of a beam);*
Flansch *n,sg,m*

flange *n,sg (e.g. of a wheel);*
Laufkranz *n,sg,m*

flange *n,sg (e.g. of plate girder);*
Gurt *n,sg,m (z.B. eines
Blechträgers)*

flange angle *n,sg;* Gurtwinkel
n,sg,m

flange in compression;
Druckflansch *n,sg,m*

flange in tension; Zugflansch

flange joint *n,sg;* Gurtstoß
n,sg,m (Gurtplattenstoß)

flange plate *n,sg;* Gurtplatte
n,sg,f

flange plate joint *n,sg;*
Gurtplattenstoß *n,sg,m*

flange section *n,sg;*
Gurtquerschnitt *n,sg,m
(Blechträger)*

flange slope *n,sg;*
Flanschneigung *n,sg,f*

flange splice *n,sg;* Gurtstoß
n,sg,m (Gurtplattenstoß)

flange stiffening *n,sg;*
Gurtversteifung *n,sg,f*

flange taper *n,sg;*
Flanschneigung *n,sg,f*

flange thickness *n,sg;*
Flanschdicke *n,sg,f*

flange width *n,sg;*
Flanschbreite *n,sg,f*

flange width *n,sg (e.g. of plate
girder);* Gurtbreite *n,sg,f (z.B.
eines Blechträgers)*

flange-angle splice *n,sg;*
Gurtwinkelstoß *n,sg,m;*
Winkelstoß *n,sg,m
(Gurtwinkelstoß)*

flanged edge joint; Stumpfstoß
n,sg,m

flanged seam; Bördelnaht *n,sg,f*

flap gate *n,sg;* Klapptor *n,sg,nt*

flash *n,sg;* Stichflamme *n,sg,f*

flash or upset weld; Stumpf-
oder Stauchschweißung

flash over *n,sg;*
Feuerübersprung *n,sg,m*

flashing *n,sg;* Verwahrung
n,sg,f

flat *n,sg;* Flacheisen *n,sg,nt
(Flachstahl);* Flachstab *n,sg,m*

(*Flachstahl*)
flat bar *n,sg;* Flacheisen *n,sg,nt*
(*Flachstahl*); Flachstab *n,sg,m*
(*Flachstahl*)
flat bend test *n,sg;* Faltversuch
n,sg,m
flat bottom rail;
Breitfußschiene *n,sg,f*
flat bulb steel *n,sg;*
Flachwulststahl *n,sg,m*
flat head bolt *n,sg;*
Flachrundschraube *n,sg,f*
flat iron *n,sg;* Flacheisen
n,sg,nt
flat member *n,sg;* Flachstab
n,sg,m (*Flachstahl*)
flat steel *n,sg;* Flacheisen
n,sg,nt (*Flachstahl*); Flachstab
n,sg,m (*Flachstahl*)
flat surface; ebene Fläche
flat wheel; Abflachung *n,sg,f*
(*des Radkranzes*)
flats *n,pl;* Flacheisen *n,pl,nt*
(*mit Gummibelag; schützt
Glasbalustrade*)
flatten *v* (*beat out dents*);
ausbeulen *v* (*z.B. Kotflügel*)
flattening test *n,sg* (*of tubes*);
Quetschversuch *n,sg,m* (*von
Rohren*)
flaw *n,sg;* Lunker *n,sg,m*
(*Hohlraumbildung,
Schrumpfung*)
flexibility *n,sg;* Biegbarkeit
n,sg,f; Biegfähigkeit *n,sg,f;*
Biegsamkeit *n,sg,f*
flexible shear connector;
biegeweicher Dübel
flexural buckling;
Biegeknickung *n,sg,f;*
Biegeknicken *n,sg,nt*
flexural moment;

Biegemoment *n,sg,nt*
flexural rigidity;
Biegesteifigkeit *n,sg,f*
flexural stiffness;
Biegesteifigkeit *n,sg,f*
flexural stress; Biegespannung
n,sg,f
flexure *n,sg;*
Biegebeanspruchung *n,sg,f;*
Biegung *n,sg,f*
flight *n,sg* (*of stairs*);
Treppenlauf *n,sg,m* (*zwischen
zwei Absätzen*)
floating body *n,sg;*
Schwimmkörper *n,sg,m*
floating derrick *n,sg;*
Schwimmkran *n,sg,m*
flood span *n,sg;* Flutbrücke
n,sg,f
floor *n,sg;* Decke *n,sg,f*
(*Fußboden*)
floor *n,sg* (*e.g. on a bridge*);
Fahrbahn *n,sg,f* (*z.B. auf
Stahlbrücke*)
floor arch *n,sg* (*for drainage*);
Sohlenbogen *n,sg,m* (*z.B. im
Tunnelbau*)
floor area *n,sg;* Bodenfläche
n,sg,f; überbaute Fläche
floor beam *n,sg;* Deckenträger
n,sg,m; Querträger *n,sg,m;*
Unterzug *n,sg,m* (*Hauptträger
im Fachwerk*)
floor finish *n,sg* [BE];
Fußbodenbelag *n,sg,m*
floor girder *n,sg;*
Fahrbahnträger *n,sg,m*
floor grid *n,sg;* Fahrbahnrost
n,sg,nt
floor loading *n,sg;*
Deckenbelastung *n,sg,f;*
Deckenlast *n,sg,f*

floor plate *n,sg;*
Fahrbahnplatte *n,sg,f*
floor slab *n,sg;* Fahrbahnplatte
n,sg,f
floor space *n,sg;* Bodenfläche
n,sg,f; überbaute Fläche
floor system *n,sg;*
Fahrbahnrost *n,sg,nt*
flooring *n,sg;* Fahrbahn *n,sg,f*
(auf der Brücke);
Fußbodenbelag *n,sg,m*
flooring *n,sg (covering, deck);*
Abdeckung *n,sg,f (Fußboden,*
Platte)
flooring *n,sg (floor);* Fußboden
n,sg,m (Oberkante Fußboden);
Belag *n,sg,m (z.B. Fußboden)*
flow sheet *n,sg;* Fließbild
n,sg,nt
flue *n,sg;* Schornstein *n,sg,m*
flush *n,sg;* Fluchtlinie *n,sg,f*
flush contour *n,sg;* Naht ohne
Wulst
flute *n,sg;* Rinne *n,sg,f*
flute bottom *n,sg;* Rinnenboden
n,sg,m
flutter *n,sg;* Flattern *n,sg,nt*
(z.B. Schwingungen der Brücke)
flux *n,sg;* Schweißmittel *n,sg,nt*
flux-cored arc welding;
Röhrchendrahtschweißen
n,sg,nt
flux-cored metal arc welding;
Metallichtbogenschweißen mit
Fülldruckelektrode
fluxes *n,pl (for slag and*
welding); Flußmittel *n,sg,nt*
(für Schlacke und Schweißen)
fodder fermenting silo *n,sg;*
Gärfuttersilo *n,sg,m*
fold *v;* abkanten *v (Bleche*
umbiegen)

folded plate; Faltwerk *n,sg,nt*
folded structure; Faltwerk
n,sg,nt
folding test *n,sg;* Faltversuch
n,sg,m
foot bridge *n,sg;*
Fußgängerbrücke *n,sg,f*
footpath *n,sg;* Laufsteg *n,sg,m*
footway *n,sg* [AE]; Fußweg
n,sg,m; Laufsteg *n,sg,m*
footway railing *n,sg;*
Fußweggeländer *n,sg,nt*
force *n,sg;* Kraft *n,sg,f*
force diagram *n,sg;* Kräfteplan
n,sg,m
force in a member; Stabkraft
n,sg,f
force line *n,sg;* Kraftlinie *n,sg,f*
force line course *n,sg;*
Kraftlinienverlauf *n,sg,m*
force parallelogram *n,sg;*
Kräfteparallelogramm *n,sg,nt*
force polygon *n,sg;* Krafteck
n,sg,nt
force scale *n,sg;* Kräftemaßstab
n,sg,m
force system *n,sg;* Kräfteplan
n,sg,m
force trajectory *n,sg;*
Kraftlinie *n,sg,f*
force triangle *n,sg;*
Kräftedreieck *n,sg,nt*
force-couple *n,sg;* Kräftepaar
n,sg,nt
foreign part drawing;
Fremdteilzeichnung *n,sg,f*
foreman *n,sg;* Meister *n,sg,m*
(in einem Werk); Werkmeister
n,sg,m
forge welding *n,sg;*
Feuerschweißen *n,sg,nt*
forgeability *n,sg;*

Schmiedbarkeit *n,sg,f*
forgeable *adj;* schmiedbar *adj*
forged steel; Schmiedeeisen
n,sg,nt; geschmiedeter Stahl
forged steel turned stanchion;
gedrehte Schmiedestange
forging *n,sg;* Schmieden
n,sg,nt; Schmiedestück *n,sg,nt*
forging contour *n,sg;*
Schmiedekontur *n,sg,f*
**forging contours are shown in
phantom line;**
Schmiedekonturen sind
unsichtbar angegeben
forging drawing *n,sg;*
Schmiedestückzeichnung *n,sg,f*
forging steel *n,sg;*
Schmiedestahl *n,sg,m*
fork bearing *n,sg;*
Gabellagerung *n,sg,f*
forked fixing head; Gabelkopf
n,sg,m
form *v;* formen *v;* gestalten *v*
form factor *n,sg* [BE];
Querschnittsformbeiwert *n,sg,m*
formation of plastic hinges;
Bildung von plastischen
Gelenken
forming *n,sg;* Formgebung
n,sg,f
forming the edges; Formen der
Flanke
forms other than square;
formbearbeitete Flanke
formwork *n,sg;* Lehrgerüst
n,sg,nt; Schalung *n,sg,f*
(Beton); Verschalung *n,sg,f*
(im Betonbau)
fortuitous variable;
Zufallsveränderliche *n,sg,f*
foundation *n,sg;* Gründung
n,sg,f; Fundament *n,sg,nt*

foundation bolt *n,sg;*
Ankerschraube *n,sg,f;*
Fundamentschraube *n,sg,f*
foundation contractor *n,sg;*
Tiefbauunternehmer *n,sg,m*
foundation drawing *n,sg;*
Fundamentzeichnung *n,sg,f*
foundation of blast furnace;
Ofenstütze *n,sg,f (Hochofen)*
foundation plan *n,sg;*
Fundamentplan *n,sg,m*
foundation work *n,sg;* Tiefbau
n,sg,m
foundation working *n,sg;*
Tiefbau *n,sg,m*
foundry casting bay *n,sg;*
Gießhalle *n,sg,f*
four-side area *n,sg;* vierseitige
Fläche
foyer *n,sg;* Foyer *n,sg,nt*
fractional crack; gemeiner
Bruch
fracture *n,sg;* Anbruch *n,sg,m;*
Bruch *n,sg,m (z.B. Riß);*
Bruchstelle *n,sg,f;* Sprödbruch
n,sg,m
fracture *v;* brechen *v*
(vernichten, zerbrechen)
fracture appearance *n,sg;*
Bruchaussehen *n,sg,nt*
fracture point *n,sg;* Bruchstelle
n,sg,f
fracture surface *n,sg;*
Bruchfläche *n,sg,f*
frame *n,sg;* Portal *n,sg,nt;*
Portalrahmen *n,sg,m;* Rahmen
n,sg,m
frame *n,sg (skeleton);* Skelett
n,sg,nt; Tragwerk *n,sg,nt*
frame column *n,sg;*
Rahmenständer *n,sg,m;*
Rahmenstütze *n,sg,f*

frame corner *n,sg;*
Rahmenecke *n,sg,f*
frame girder *n,sg;*
Rahmenträger *n,sg,m*
frame leg *n,sg;* Rahmenständer
n,sg,m; Rahmenstütze *n,sg,f*
frame stanchion *n,sg;*
Rahmenstütze *n,sg,f;*
Rahmenstiel *n,sg,m*
frame structure *n,sg;*
Rahmenkonstruktion *n,sg,f*
framework *n,sg;* Fachwerk
n,sg,nt (Rahmengerüst);
Rahmenkonstruktion *n,sg,f*
framework axis *n,sg;*
Ofengerüstachse *n,sg,f*
(Hochofen)
framing of beams; Balkenlage
n,sg,f
free from rust; rostfrei *adj*
(nichtrostend)
free margin *(on a drawing
board);* Zusatzfläche *n,sg,f*
free standing *adj;* freistehend
adj (ohne Stützen)
freehand drawing *n,sg*
(freehand sketch);
Freihandskizze *n,sg,f (ohne
Lineal)*
freehand line *n,sg;*
Freihandlinie *n,sg,f (ohne
Lineal)*
freeway bridge *n,sg* [AE];
Autobahnbrücke *n,sg,f*
freight elevator *n,sg* [AE];
Lastenaufzug *n,sg,m (auf der
Baustelle)*
French drawing curve;
Kurvenlineal *n,sg,nt*
frequency *n,sg (e.g. in
statistics);* Häufigkeit *n,sg,f*
frequency curve *n,sg;*

Häufigkeitskurve *n,sg,f*
friction bearing *n,sg;*
Gleitlager *n,sg,nt*
friction stud welding *n,sg;*
Reibbolzenschweißen *n,sg,nt*
friction welding *n,sg;*
Reibschweißen *n,sg,nt*
friction-type connection *n,sg;*
HV-Verbindung *n,sg,f (DIN
6916)*
frictional resistance;
Reibungswiderstand *n,sg,m*
front elevation *n,sg;*
Vorderansicht *n,sg,f*
front plate *n,sg;* Stirnplatte
n,sg,f
front side *n,sg;* Stirnseite *n,sg,f*
front view *n,sg;* Vorderansicht
n,sg,f
frontal section; Frontabschnitt
n,sg,m
fuel consumption *n,sg;*
Brennstoffverbrauch *n,sg,m*
full circle; Vollkreis *n,sg,m*
full fixity; volle Einspannung
full penetration; vollwertiger
Einbrand
full section; Vollschnitt *n,sg,m*
full-scale representation *n,sg;*
Naturgröße *n,sg,f*
full-size test; Versuch
natürlicher Größe
fully annealed; weichgeglüht
adj
fully killed steel; beruhigter
Stahl
fully plastic moment;
vollplastisches Moment
function diagram *n,sg;*
Funktionsschema *n,sg,nt*
function plan *n,sg;*
Funktionsplan *n,sg,m*

function-related dimensioning; funktionsbezogene Maßeintragung

functionally important *adj*

functionally important datum plane; funktionsbezogene Bezugsebene

functionally significant dimension; funktionsbedingtes Maß

fundamentals of design; Berechnungsgrundlage *n,sg,f*

funicular polygon *n,sg;* Seilpolygon *n,sg,nt*

furnace *n,sg;* Ofen *n,sg,m*

furnace bottom *n,sg;* Unterofen *n,sg,m (des Hochofens)*

furnace charge *n,sg;* Hochofencharge *n,sg,f*

fusibility *n,sg;* Schmelzbarkeit *n,sg,f*

fusion welding *n,sg;* Schmelzschweißung *n,sg,f*

fusion welding with liquid heat transfer; Gießschmelzschweißen *n,sg,nt*

G

gable frame *n,sg;* Rahmen mit geknicktem Riegel

gable post *n,sg;* Giebelstütze *n,sg,f*

gable stanchion *n,sg* [BE]; Giebelstütze *n,sg,f*

gable transom *n,sg;* Ortgangrippe *n,sg,f*

gable wall girder *n,sg;* Giebelwandverband *n,sg,m (z.B. von Haus, Halle)*

gable-to-gable purlin; Pfettenstrang von Giebel zu Giebel

gabled roof; Satteldach *n,sg,nt*

gage *n,sg;* Dicke *n,sg,f;* Lehre *n,sg,f;* Stärke *n,sg,f*

gage marker *n,sg;* Streichmaß *n,sg,nt (Anreißwerkzeug)*

galvanized sheet; verzinktes Blech

galvanizing *n,sg;* Verzinken *n,sg,nt*

gamma-ray examination *n,sg;* Prüfung mit Gammastrahlen; Prüfung mit Isotopenstrahlen

gang *n,sg;* Schicht *n,sg,f (Schichtende und Mannschaft)*

gangway *n,sg* [BE]; Laufsteg *n,sg,m (Bedienungssteg)*

gantry *n,sg;* Portal *n,sg,nt*

gantry crane *n,sg;* Portalkran *n,sg,m*

gantry girder *n,sg;* Kranbahnträger *n,sg,m*

gas *n,sg;* Gas *n,sg,nt*

gas burner *n,sg;* Gasbrenner *n,sg,m*

gas cutting *n,sg;* Brennschneiden *n,sg,nt*

gas holder *n,sg;* Gasbehälter *n,sg,m*

gas metal arc welding *n,sg;* Schutzgaslichtbogenschweißen *n,sg,nt;* GMAW *(Abk)*

gas pipeline *n,sg;* Gasleitung *n,sg,f*

gas pocket *n,sg;* Gasblase *n,sg,f*

gas shield welding *n,sg;* Schutzgasschweißung *n,sg,f (DIN 1910)*

gas weld *v;* gasschweißen *v*

gas welding *n,sg;*

Autogenschweißung *n,sg,f;*
Gasschmelzschweißung *n,sg,f;*
Gasschweißung *n,sg,f*
gas-cut *v;* abbrennen *v*
gas-distribution plant *n,sg;*
Gasverteilungsanlage *n,sg,f*
gas-fired heating;
Gasbeheizung *n,sg,f*
(Ölfeuerung); Gasfeuerung
n,sg,f (Ölbeheizung)
**gas-mixture shielded metal-
arc welding;**
Mischgasschweißen *n,sg,nt*
gas-powder welding *n,sg;*
Gaspulverschweißen *n,sg,nt*
**gas-shielded metal arc wel-
ding;** Schutzgasschweißen
n,sg,nt (DIN 1910)
**gas-shielded tungsten-arc wel-
ding;**
Wolfram-Schutzgas-Schweißen
n,sg,nt
gasholder *n,sg* [AE];
Gasbehälter *n,sg,m*
gasometer *n,sg* [BE];
Gasbehälter *n,sg,m*
gate *n,sg (e.g. dock gate);* Tor
n,sg,nt (z.B. Docktor)
gate post *n,sg;* Torstiel *n,sg,m*
(Rahmen des Tores)
gauge *n,sg;* Dicke *n,sg,f;*
Eichmaß *n,sg,nt;* Maß *n,sg,nt*
gauge *n,sg (thickness);* Stärke
n,sg,f
gauge length *n,sg;* Meßlänge
n,sg,f (z.B. eines Prüfstabs)
gauge of sheet; Blechdicke
n,sg,f
gauge point *n,sg;* Meßstelle
n,sg,f
gear rim *n,sg;* Zahnkranz
n,sg,m

general arrangement;
Massenplan *n,sg,m;*
Übersichtszeichnung *n,sg,f*
general arrangement drawing;
Gesamtzeichnung *n,sg,f*
general design rule; allgemeine
Regelung
general drawing;
Übersichtszeichnung *n,sg,f*
general physics; allgemeine
Physik
general plan; Übersichtsplan
n,sg,m (Generalplan)
general regulations;
Grundlagen *n,pl,f*
generalities *n,pl;* allgemeine
Angaben
geometrical imperfection;
geometrische Imperfektion
geometry *n,sg;* Geometrie *n,sg,f*
gerber-joint *n,sg;* Gerbergelenk
n,sg,nt
girder *n,sg;* Fachwerkträger
n,sg,m (meist waagerecht);
Profilträger *n,sg,m;* Träger
n,sg,m; Walzträger *n,sg,m*
girder bridge *n,sg* [BE];
Balkenbrücke *n,sg,f;*
Fachwerkträgerbrücke *n,sg,f*
(z.B. aus Metall)
**girder bridge without overhe-
ad bracing;** oben offene
Fachwerkbrücke
girder casing *n,sg;*
Trägerverkleidung *n,sg,f*
girder connection *n,sg;*
Trägeranschluß *n,sg,m*
girder joint *n,sg;* Trägerstoß
n,sg,m
girder reinforcing *n,sg;*
Trägerverstärkung *n,sg,f (z.B.*
am Hochofen)

girder splice *n,sg;* Trägerstoß
n,sg,m

girt *n,sg;* Wandträger *n,sg,m*

glas roof *n,sg;* Glasdach *n,sg,nt*

glass roof structure *n,sg;*
Glasdachkonstruktion *n,sg,f*

glass wall *n,sg;* Glaswand *n,sg,f*

glazed roof;
Glasdachkonstruktion *n,sg,f*

glazing *n,sg;* Verglasung *n,sg,f*

glazing bar *n,sg;*
Fenstersprosse *n,sg,f;* Sprosse
n,sg,f; Glasdachsprosse *n,sg,f;*
Sprossenstahl *n,sg,m*

glazing purlin *n,sg;*
Oberlichtpfette *n,sg,f*

glazing tee *n,sg;*
Stahlfensterprofil *n,sg,nt*

glowing *n,sg;* Glut *n,sg,f*

GMAW *(Abv);* GMAW *(Abk)*

GMAW *(gas metal arc welding);*
MAGM *(Abk.;*
Schutzgasschweißen)

goffered plate; Waffelblech
n,sg,nt

goods lift *n,sg* [BE];
Lastenaufzug *n,sg,m (auf der
Baustelle)*

gouge *v;* ausarbeiten *v (der
Schweißwurzel);* ausfugen *v
(z.B.Schweißnähte)*

gouging symbol *n,sg;*
Ausfugzeichen *n,sg,nt*

gradation *n,sg (e.g. of values or
dimensions);* Abstufung *n,sg,f*

grade *n,sg;* Güte *n,sg,f;*
Gütegrad *n,sg,m*

grade of steel; Stahlgüte *n,sg,f*

gradient *n,sg;* Ebene *n,sg,f
(Gefälle);* Gradiente *n,sg,f*

gradient *n,sg (incline or slope);*
schiefe Ebene *(Gefälle oder*

Anstieg)

gradient of bridge;
Brückengradiente *n,sg,f*

grain structure *n,sg;*
Korngefüge *n,sg,nt*

graphical representation;
graphische Darstellung

graphical symbol; graphisches
Symbol; Bildzeichen *n,sg,nt*

grapnel *n,sg;* Suchanker *n,sg,m*

grate *n,sg;* Gitterrost *n,sg,nt*

grating *n,sg;* Rost *n,sg,m;*
Gitterrost *n,sg,nt*

**gravity arc welding with a co-
vered electrode;**
Schwerkraftlichtbogenschweißen
n,sg,nt

gravity axis *n,sg;* Schwerlinie
n,sg,f

gravity force *n,sg;* Schwerkraft
n,sg,f

grey cast iron; Grauguß *n,sg,m*

grey iron easting; Grauguß
n,sg,m

grey shading; Grautönung
n,sg,f

grid *n,sg;* Gitterrost *n,sg,nt;*
Kreuzwerk *n,sg,nt;* Rost
n,sg,m; Trägerrost *n,sg,m*

grid *n,sg (of a representation);*
Netz *n,sg,nt*

grid structure *n,sg;* Kreuzwerk
n,sg,nt

grillage *n,sg;* Gitterrost *n,sg,nt;*
Kreuzwerk *n,sg,nt;* Rost
n,sg,m; Trägerrost *n,sg,m*

grind *v;* abfräsen *v*

grind *v (grind with emery);*
schleifen *v (abschleifen);*
abschmirgeln *v*

grinding wheel *n,sg;*
Schleifscheibe *n,sg,f;*

Schleifstein *n,sg,m*
grip *n,sg;* Klemmlänge *n,sg,f*
grip length *n,sg;* Klemmlänge *n,sg,f*
grip of rivet; Klemmlänge bei einer Nietung
grit blasting *n,sg;* Strahlen mit Stahlsand
groove *n,sg;* Fuge *n,sg,f (Nut beim Schweißen);* Kehle *n,sg,f (Rille);* Rinne *n,sg,f*
groove angle *n,sg* [AE]; Öffnungswinkel *n,sg,m*
groove bottom *n,sg;* Rinnenboden *n,sg,m*
gross floor area; Brutto-Grundrißfläche *n,sg,f*
gross section *n,sg;* Vollquerschnitt *n,sg,m;* Bruttoquerschnitt *n,sg,m*
gross sectional area; Vollquerschnitt *n,sg,m;* Bruttoquerschnitt *n,sg,m*
gross volume; Brutto-Rauminhalt *n,sg,m*
ground and polished steel; geschliffener und polierter Stahl
ground line *n,sg;* Grundlinie *n,sg,f*
ground wire *n,sg;* Massel *n,sg,f*
group of defects; Mängelgruppe *n,sg,f*
grout *n,sg;* dünner Mörtel; Zementmilch *n,sg,f*
grouting space *n,sg;* Lagerfuge *n,sg,f*
guard rail *n,sg;* Leitbalken *n,sg,m;* Leitplanke *n,sg,f*
guard timber *n,sg;* Leitbalken *n,sg,m (z.B. der Brücke)*
guide bar *n,sg;* Leitschiene *n,sg,f*

guide rail *n,sg;* Laufschiene *n,sg,f;* Leitschiene *n,sg,f;* Radlenker *n,sg,m (Leitschiene im Metallbau)*
guide rod *n,sg;* Führungsstange *n,sg,f*
guss connection *n,sg;* Knotenblechverbindung *n,sg,f*
gusset plate *n,sg;* Anschlußblech *n,sg,nt;* Knotenblech *n,sg,nt*
gusset plate beam junction *n,sg;* Zentralknotenträgerrost *n,sg,m*
gusset plate joint *n,sg;* Knotenblechverbindung *n,sg,f*
gusseted connection; Knotenblechverbindung *n,sg,f*
guy *n,sg;* Spannseil *n,sg,nt;* Abspanndraht *n,sg,m;* Abspannseil *n,sg,nt;* Abspannungsseil *n,sg,nt*
guy *v (e.g. a big tent; anchor a tent);* absegeln *v (z.B. ein großes Zelt)*
guyed bridge; seilverspannte Balkenbrücke
guyed smokestack; abgespannter Schornstein
guyed tower *n,sg;* Abspannmast *n,sg,m*
guying *n,sg;* Abspannung *n,sg,f;* Verspannung *n,sg,f*
gyration radius *n,sg;* Trägheitshalbmesser *n,sg,m*

H

H-beam *n,sg;* Breitflanschträger *n,sg,m*
H-force *n,sg (storm from the side);* H-Kraft *n,sg,f*

(horizontale Drücke, Wind)
H-section *n,sg;* IPB-Profil
n,sg,nt
hairline crack *n,sg;* Haarriß
n,sg,m
half section; Halbschnitt *n,sg,m*
half-hard *adj;* halbhart *adj*
half-open single seam;
Halbsteilflankennaht *n,sg,f*
half-parabolic girder;
Halbparabelträger *n,sg,m*
half-parabolic truss;
Halbparabelträger *n,sg,m*
half-round rivet; Halbrundniet
n,sg,m
half-round steel;
Halbrundstahl *n,sg,m*
half-section drawing *n,sg;*
Halbschnittzeichnung *n,sg,f*
half-truss *n,sg;* Halbbinder
n,sg,m
hammer hardening *n,sg;*
Härtung durch Kalthämmern
hammer riveting *n,sg;*
Hammernietung *n,sg,f*
hand crane *n,sg;* Handkran
n,sg,m
hand railing *n,sg;* Geländer
n,sg,nt
hand rivet *v;* handnieten *v*
hand riveting *n,sg;*
Handnietung *n,sg,f*
hand screen *n,sg;* Handschild
n,sg,m; Schweißerschild *n,sg,m*
hand shield *n,sg;* Handschild
n,sg,m; Schweißerschild *n,sg,m*
hand winch *n,sg;* Handwinde
n,sg,f
hand-screwed *adj;* handfest
geschraubt
handling in the factory;
Stückbeförderung in der

Werkstatt
handling on site; Stückheben
auf der Baustelle
handling slot for assembly;
Montagegriffloch *n,sg,nt*
hangar *n,sg;* Flugzeughalle
n,sg,f; Hänger *n,sg,m*
(Hängestange)
hard facing *(abrasion-resistant
mat);* Panzerung *n,sg,f (harte
Schweißung)*
hard facing *(hard top layer);*
Aufpanzerung *n,sg,f*
(Auftragschweißung);
Auftragschweißung *n,sg,f (z.B.
auf Schaufel; Panzerung)*
hard lead; Hartblei *n,sg,nt*
hard steel; harter Stahl
hardening by peening;
Härtung durch Kalthämmern
**hardness test in the heat-affec-
ted zone;** Härtebestimmung in
der Wärmeeinflußzone
hatched area; schraffierter
Bereich
hatching angle *n,sg;*
Schraffurwinkel *n,sg,m*
hatching pattern *n,sg;*
Schraffurmuster *n,sg,nt*
haunch *n,sg;* Rahmenecke *n,sg,f*
head *n,sg;* Sturz *n,sg,m*
*(Sturzträger über Tür oder
Fenster)*
head beam detail *n,sg;*
Hutträger *n,sg,m*
head rail *n,sg;* Torriegel *n,sg,m*
head rail frame strut *n,sg (no
girder);* Rahmenriegel *n,sg,m*
(Verbinder, Steifer)
header *n,sg;* Döpper *n,sg,m*
(drückt z.B. die Niete zusammen)
header *n,sg (of a rivet);*

Nietdöpper *n,sg,m (drückt Niete zusammen);* Nietstempel *n,sg,m*

headgear *n,sg;* Fördergerüst *n,sg,nt*

heading set *n,sg;* Döpper *n,sg,m (drückt z.B. die Niete zusammen)*

heat *n,sg;* Schmelze *n,sg,f*

heat absorption *n,sg;* Wärmeaufnahme *n,sg,f*

heat accumulation *n,sg;* Wärmestauung *n,sg,f*

heat balance *n,sg;* Wärmebilanz *n,sg,f*

heat capacity *n,sg;* Wärmeinhalt *n,sg,m;* Wärmekapazität *n,sg,f*

heat conducting capacity *n,sg;* Wärmeleitvermögen *n,sg,nt*

heat conduction *n,sg;* Wärmeleitung *n,sg,f*

heat consumption *n,sg;* Wärmeverbrauch *n,sg,m*

heat convection *n,sg;* Konvektion *n,sg,f*

heat detector *n,sg;* Thermomaximalmelder *n,sg,m;* Wärmemelder *n,sg,m*

heat exchange *n,sg;* Wärmeaustausch *n,sg,m*

heat flow *n,sg;* Wärmeabgabe *n,sg,f;* Wärmedurchsatz *n,sg,m;* Wärmefluß *n,sg,m;* Wärmeströmung *n,sg,f*

heat flow density *n,sg;* Wärmestromdichte *n,sg,f*

heat radiation; Wärmeübergang *n,sg,m;* Wärmeübertragung *n,sg,f*

heat storage *n,sg;*

Wärmestauung *n,sg,f*

heat transmission coefficient *n,sg;* Wärmeübergangszahl *n,sg,f*

heat treatment *n,sg;* Wärmebehandlung *n,sg,f*

heat-affected zone; Wärmeeinflußzone *n,sg,f;* WEZ *(Abk. f. Wärmeeinflußzone)*

heat-resisting steel; wärmebeständiger Stahl; warmfester Stahl

heat-treated steel; Vergütungsstahl *n,sg,m*

heated tool welding; Heizelementschweißen *n,sg,nt (DIN 1910)*

heated wedge pressure welding; Heizkeilschweißen *n,sg,nt (DIN 1910)*

heating curve *n,sg;* Erwärmungskurve *n,sg,f*

heating value *n,sg;* Heizwert *n,sg,m*

heavy plate; Grobblech *n,sg,nt*

height *n,sg;* Höhe *n,sg,f*

height of arch; Bogenhöhe *n,sg,f (Bogenpfeil)*

helix *n,sg;* Schraubenlinie *n,sg,f*

hessian scrim *n,sg;* Jutestreifen *n,sg,m*

hexagon bar *n,sg;* Sechskantstahl *n,sg,m*

hexagon head *n,sg;* Sechskantkopf *n,sg,m*

hexagon nut *n,sg;* Sechskantmutter *n,sg,f*

hexagon steel *n,sg;* Sechskantstahl *n,sg,m*

hexagonal head bolt; Sechskantschraube *n,sg,f*

hexagons *n,pl;* Sechskantstahl

n,sg,m

hidden edge; unsichtbare Kante
**high temperature structural
steel;** warmfester Baustahl
high tension n,sg;
Hochspannung n,sg,f
high-alloy steel n,sg;
hochlegierter Stahl
high-carbon steel n,sg;
hochgekohlter Stahl;
kohlenstoffreicher Stahl;
Schmiedestahl n,sg,m
high-contrast reproduction
n,sg; kontrastreiche Wiedergabe
high-level tank n,sg [BE]
(elevated tank); Hochbehälter
n,sg,m
high-speed steel n,sg;
Hochgeschwindigkeitsstahl
n,sg,m
high-strength adj; hochfest
adj; hochwertig adj
high-strength bolt n,sg [AE];
hochfeste Schraube;
HV-Schraube n,sg,f
high-strength bolted joint;
hochfeste Schraubverbindung
high-strength steel n,sg;
hochfester Stahl
**high-temperature limit of ela-
sticity;** Warmstreckgrenze
n,sg,f
high-tensile adj; hochfest adj
high-tensile bolt [BE];
hochfeste Schraube
high-tensile grip bolt [BE];
HV-Schraube n,sg,f
high-tensile steel; hochfester
Stahl; hochzugfester Stahl
high-tensile structural steel;
hochfester Baustahl
high-tension line n,sg;

Hochspannungsleitung n,sg,f
high-tension line tower n,sg;
Hochspannungsmast n,sg,m
high-tension tower n,sg;
Hochspannungsmast n,sg,m
high-yield steel n,sg; Stahl mit
hoher Streckgrenze
highway-bridge n,sg [BE];
Autobahnbrücke n,sg,f
hinge n,sg; Gelenk n,sg,nt (z.B.
Scharnier)
hinge-bolt n,sg; Gelenkbolzen
n,sg,m
hinge-bolt framework n,sg;
Gelenkbolzenfachwerk n,sg,nt
hinged adj; eingehängt adj;
gelenkig gelagert
hinged frame; Gelenkrahmen
n,sg,m
hingeless arch; eingespannter
Bogen
hip truss n,sg; Walmdachbinder
n,sg,m
hip vertical n,sg; Eckpfosten
n,sg,m (z.B. an der
Fachwerkbrücke)
hipped roof; Walmdach n,sg,nt
hogging bending moment n,sg
[BE]; negatives Biegemoment
hoist n,sg; Lastenaufzug n,sg,m
hoist frame n,sg; Förderturm
n,sg,m
hoisting equipment n,sg;
Hebezeug n,sg,nt
hoisting speed n,sg;
Hubgeschwindigkeit n,sg,f
hold v; aufnehmen v (z.B.
Druck usw.)
holder-on n,sg [BE]; Vorhalter
n,sg,m
holding-down bolt n,sg;
Ankerbolzen n,sg,m;

Ankerschraube *n,sg,f*
hole *n,sg;* Bohrung *n,sg,f*
hole *v;* lochen *v*
hole diameter *n,sg;*
Lochdurchmesser *n,sg,m*
hollow block; Hohlblockstein
n,sg,m
hollow brick; Hohlziegel *n,sg,m*
hollow column; Hohlstütze
n,sg,f
hollow girder; Hohlträger
n,sg,m
hollow screw; Hohlschraube
n,sg,f
hollow section;
Hohlquerschnitt *n,sg,m;*
Rohrquerschnitt *n,sg,m*
hollow stanchion; Hohlstütze
n,sg,f (rund)
honeycomb construction *n,sg;*
Wabenbauweise *n,sg,f (z.B.*
Sechskantöffnungen)
honeycomb element *n,sg;*
Wabenträger *n,sg,m*
hook on *v;* einhaken *v*
hook with safety toggle;
X-Haken *n,sg,m*
hook with shank; Schafthaken
n,sg,m
Hooke's law; Hookesches Gesetz
hoops *n,pl;* Band *n,sg,nt;*
Bandstahl *n,sg,m;* Streifen
n,pl,m
horizontal acceleration;
Horizontalbeschleunigung *n,sg,f*
horizontal bond *(wall bond);*
Horizontalverband *n,sg,m (des*
Mauerwerks)
horizontal member *(of a*
frame); Rahmenriegel *n,sg,m*
horizontal projection;
Grundriß *n,sg,m*

horizontal thrust; Bogenschub
n,sg,m
hose bridge *n,sg;*
Schlauchbrücke *n,sg,f*
hot crack; Warmriß *n,sg,m*
hot dip galvanize;
feuerverzinken *v*
hot forming; Warmformgebung
n,sg,f
hot galvanize; feuerverzinken *v*
hot pressure welding;
Warmpreßschweißen *n,sg,nt*
(DIN 1910)
hot riveted; warm genietet
hot shaping; Warmformgebung
n,sg,f
hot-rivet *v;* warmnieten *v*
hot-rolled; warm gewalzt
hot-rolled bar;
Handelsstabstahl *n,sg,m;*
Stabstahl *n,sg,m*
hot-rolled steel; warmgewalzter
Stahl
hot-shortness *n,sg;*
Warmbrüchigkeit *n,sg,f*
HSS *(Abv);* HSS *(Abk)*
hull *n,sg (of a boat);* Rumpf
n,sg,m (Schiffsrumpf);
Bootrumpf *n,sg,m (Unterschiff)*
hybrid beam *n,sg;*
Hybridstahlträger *n,sg,m*
hybrid girder *n,sg;*
Hybridstahlträger *n,sg,m*
hydrant *n,sg (fire hydrant);*
Hydrant *n,sg,m*
hydraulic engineering;
Wasserbau *n,sg,m*
hydraulic jack; hydraulische
Hubspindel
hydraulic power plant;
Wasserkraftwerk · *n,sg,nt*
hydraulic press; hydraulische

Presse
hydraulic room *(hydraulic station);* Hydraulikraum *n,sg,m (Hydraulikstation)*
hydraulic steel construction; Stahlwasserbau *n,sg,m*
hydraulic steel structure; Stahlwasserbau *n,sg,m*
hydroelectric plant; Wasserkraftwerk *n,sg,nt*
hygroscopic coefficient; Feuchtigkeitsgehalt *n,sg,m*
hygroscopic content; Feuchtigkeitsgehalt *n,sg,m*
hyperbola *n,sg;* Hyperbel *n,sg,f*
hypothesis *n,sg;* Annahme *n,sg,f;* Hypothese *n,sg,f*
hysteresis *n,sg;* Hysterese *n,sg,f (Hysteresis)*
hysteresis loop *n,sg;* Hysteresisschleife *n,sg,f*

I

I-beam *n,sg;* Doppel-T-Träger *n,sg,m;* I-Träger *n,sg,m*
I-section *n,sg* [BE]; I-Profil *n,sg,nt;* I-Träger *n,sg,m*
I-section *n,sg (H-section, I-steel);* Doppel-T-Profil *n,sg,nt*
I-shape *n,sg* [AE]; I-Profil *n,sg,nt;* I-Träger *n,sg,m (I-Profil)*
ice load *n,sg;* Eislast *n,sg,f (z.B. auf Dach)*
ideal bar [AE]; idealvollkommener Stab
ideal member; idealvollkommener Stab
identification marking of dimensions; Maßkennzeichen *n,sg,nt*

identification number *n,sg;* Stufung *n,sg,f*
ignition *n,sg;* Entzündung *n,sg,f*
ignition point *n,sg;* Entzündungstemperatur *n,sg,f;* Zündpunkt *n,sg,m*
ignition temperature *n,sg;* Zündpunkt *n,sg,m;* Entzündungstemperatur *n,sg,f*
impact *n,sg;* Schlag *n,sg,m (Stoß)*
impact bending test *n,sg;* Schlagbiegeversuch *n,sg,m*
impact coefficient *n,sg;* Stoßbeanspruchung *n,sg,f (Spannung);* Stoßbeiwert *n,sg,m;* Stoßzahl *n,sg,f*
impact load *n,sg;* Stoßbelastung *n,sg,f*
impact stress *n,sg;* Stoßspannung *n,sg,f*
impact value *n,sg;* Kerbschlagfestigkeit *n,sg,f*
impact value *n,sg;* Kerbschlagzähigkeit *n,sg,f*
imperfect straightening; Richtfehler *n,sg,m (z.B. nicht exakt fluchtend)*
imperfection *n,sg;* Imperfektion *n,sg,f;* Mangel *n,sg,m*
implements *n,pl;* Geräte *n,pl,nt;* Zubehör *n,sg,nt*
imposed load; Auflast *n,sg,f*
impregnated paper; getränktes Papier
improve *v (better, inhance);* veredeln *v*
impulsive load; Stoßbelastung *n,sg,f*
in double shear; zweischnittig *adj (z.B. eine Nietung)*

in single shear; einschnittig
adj (z.B. Nietverbindung)
inch *v;* einpassen *v (z.B. ein*
Bauteil anpassen)
incipient fracture; Anbruch
n,sg,m
inclination *n,sg;* Neigung
n,sg,f
inclined elevator;
Schrägaufzug *n,sg,m*
inclined end post; Endstrebe
n,sg,f (z.B. Fachwerkbrücke)
inclined plane; schiefe Ebene
included angle;
Öffnungswinkel *n,sg,m*
inclusion *n,sg;* Einschluß
n,sg,m
incomplete fusion *(bonding*
defect); Bindefehler *n,sg,m*
(beim Schweißen)
incomplete joint penetration;
nicht durchgeschweißte Wurzel
incomplete joint penetration;
Wurzelkerbe *n,sg,f*
incomplete penetration;
teilweiser Einbrand P
increase factor *n,sg;*
Erhöhungsbeiwert *n,sg,m;*
Erhöhungsfaktor *n,sg,m*
indentation test *n,sg;*
Kugeldruckversuch *n,sg,m*
individual component *(e.g. in*
a drawing); Einzelbauteil
n,sg,nt
industrial building;
Industriegebäude *n,sg,nt*
industrial construction;
Industriebau *n,sg,m*
industrial gasses;
Industriegase *n,pl,nt*
industrial smokestack;
Industriekamin *n,sg,m*

inelastic system; unelastisches
System
inequality *n,sg;* Ungleichheit
n,sg,f
inert-gas metal-arc welding
n,sg; MIG *(Abk.; inertes Gas,*
z.B. Argon);
Metall-Inertgas-Schweißen
n,sg,nt
inertia *n,sg;*
Beharrungsvermögen *n,sg,nt*
inertia welding *n,sg;*
Schwungradreibschweißen
n,sg,nt
infinitesimal calculus;
Infinitesimalrechnung *n,sg,f*
influence diagram *n,sg;*
Einflußfläche *n,sg,f*
influence line *n,sg;* Einflußlinie
n,sg,f
influence surface *n,sg;*
Einflußfläche *n,sg,f*
information centre *n,sg (AE:*
center); Informationszentrum
n,sg,nt
informative content;
Informationsinhalt *n,sg,m*
initial deflection;
Anfangsdurchbiegung *n,sg,f*
initial tension; Vorspannung
n,sg,f (z.B. eines Stahlteils)
initiate flaming; entflammen *v*
insensibility to brittle fractu-
re; Unempfindlichkeit gegen
Trennbruch
insert *v;* anpassen *v (ein*
Bauteil einsetzen)
inside all-round weld; innere
Rundnaht
inside rear mirror *n,sg;*
Innenspiegel *n,sg,m (im Auto,*
usw.)

inside round weld; runde
Innennaht

inspection *n,sg;* Abnahme
n,sg,f

inspection *n,sg (checking,
surveillance);* Überwachung
n,sg,f (Aufsicht, Inspektion)

inspection of welds;
Schweißnahtprüfung *n,sg,f*

**inspection-oriented dimensio-
ning;** prüfgerechte
Maßeintragung

instability *n,sg;* Instabilität
n,sg,f

install *v;* anpassen *v (ein
Bauteil einsetzen);* einbauen *v*

installation *n,sg;* Anlage
n,sg,f; Einrichtung *n,sg,f;*
Aufstellung *n,sg,f;*
Zusammenbau *n,sg,m*

insulator *n,sg;* Isolator *n,sg,m*

intake gate *n,sg;* Einlaufschütz
n,sg,m

integral calculus;
Integralrechnung *n,sg,f*

intensity of wind; Windstärke
n,sg,f

interlock flooring *n,sg;*
Gitterrostbelag *n,sg,m*

interlocking device *n,sg;*
Verriegelungseinrichtung *n,sg,f*

intermediate bar;
Zwischenstab *n,sg,m*

intermediate beam;
Zwischenträger *n,sg,m*

intermediate copying paper;
Zwischenkopierpapier *n,sg,nt*

intermediate cross girder;
Zwischenquerträger *n,sg,m*

intermediate floor beam;
Zwischenquerträger *n,sg,m*

intermediate purlin;

Zwischenpfette *n,sg,f*

intermediate stanchion;
Zwischenstütze *n,sg,f*

intermediate stiffener;
Zwischensteife *n,sg,f*

intermediate support;
Zwischenstütze *n,sg,f*

intermittent *adj;* aussetzend
adj; diskontinuierlich *adj;*
unterbrochen *adj;* zeitweise
unterbrochen

intermittent welding;
unterbrochene Schweißung

internal crack; Innenriß *n,sg,m*

internal force *(stressing);*
Beanspruchung *n,sg,f;* innere
Kraft

internal longitudinal flaw;
Innenlängsfehler *n,sg,m*

internal welding;
Innenschweißen *n,sg,nt*

interpass temperature *n,sg;*
Zwischenlagentemperatur *n,sg,f*

intersection *n,sg;* Schnittpunkt
n,sg,m

intersection line *n,sg;*
Schnittlinie *n,sg,f*

intersection point *n,sg;*
Schnittpunkt *n,sg,m*

interval *n,sg;* Abstand *n,sg,m
(Zeitabstand)*

intrados *n,sg;* Bogenleibung
n,sg,f; Bogenkreuzung *n,sg,f;*
Leibung *n,sg,f*

intrados pressure *n,sg;*
Lochleibungsdruck *n,sg,m*

intumescent paint;
anschwellender Anstrich;
schaumschichtbildender
Anstrich

invitation to bid;
Ausschreibung *n,sg,f*

invoice for assembly;
 Montagerechnung *n,sg,f*
invoice for erection;
 Montagerechnung *n,sg,f*
iron *n,sg;* Eisen *n,sg,nt*
iron and steel products;
 Eisen- und Stahlerzeugnisse
irreversible process; nicht
 umkehrbarer Vorgang
isolated *adj;* freistehend *adj*
 (isoliert, alleine)
isometric projection;
 isometrische Darstellung
isoseismal lines; Isoseisten
 n,pl,f
item not shown *(in drawings);*
 Position nicht dargestellt *(in
 einer Zeichnung)*
item xx shortened to yy mm
 (in drawings); Position XX auf
 YY mm gekürzt *(in einer
 Zeichnung)*

J

J-weld *n,sg;* J-Naht *n,sg,f*
jack *n,sg;* Hubspindel *n,sg,f*
jacketed girder; verkleideter
 Balken; verkleideter Träger
jacking up; Abheben *n,sg,nt*
 (z.B. eines Brückenlagers)
jetty *n,sg;* Verladebühne *n,sg,f*
jib crane *n,sg;* Auslegerkran
 n,sg,m
jig *n,sg;* Aufspannvorrichtung
 n,sg,f; Haltevorrichtung *n,sg,f;*
 Einspannvorrichtung *n,sg,f*
job rate *n,sg;* Akkordlohn
 n,sg,m
job specification *n,sg;*
 Ausschreibungsunterlagen
 n,pl,f; Lastenheft *n,sg,nt;*

 Pflichtenheft *n,sg,nt*
joggle *v;* kröpfen *v*
join *n,sg;* Gelenk *n,sg,nt* *(z.B.
 Scharnier)*
join *v (connect);* verbinden *v*
join by adhesive; kleben *v*
joint *n,sg;* Stoß *n,sg,m;*
 Anschluß *n,sg,m;* Verbindung
 n,sg,f
joint *v;* aneinanderstoßen *v*
 (verbinden)
joint area *n,sg;* Bindezone
 n,sg,f (entlang der Schweißnaht)
joint between three plates;
 Dreiblechstoß *n,sg,m*
joint bolt *n,sg;* Gelenkbolzen
 n,sg,m
joint configuration *n,sg;*
 Stoßausbildung *n,sg,f*
joint formation *n,sg;*
 Stoßausbildung *n,sg,f*
joint of stanchion; Stützenstoß
 n,sg,m
joint sample *n,sg (for welding);*
 Prüfstück *n,sg,nt (beim
 Schweißen)*
joint with butt strap;
 Laschenstoß *n,sg,m*
joint with cover plate;
 Laschenstoß *n,sg,m*
joist *n,sg* [AE]; Deckenträger
 n,sg,m; Profilträger *n,sg,m;*
 Walzträger *n,sg,m*
jump *v;* anstauchen *v;*
 stauchen *v*

K

K-shaped lattice work;
 K-Fachwerk *n,sg,nt*
K-truss *n,sg;* K-Fachwerk
 n,sg,nt

kentledge *n,sg* [AE];
Gegengewicht eines Kranes
kerb *n,sg* [BE]; Bordschwelle
n,sg,f; Schrammbord *n,sg,nt*
kernel point *n,sg;* Kernpunkt
n,sg,m
keyhole notch *n,sg;*
Schlüssellochkerbe *n,sg,f*
kid *n,sg (groin);* Buhne *n,sg,f*
(Flußregulierung, aus Maschine)
killed steel; beruhigter Stahl;
nichtunberuhigter Stahl
King truss *n,sg;* Sprengwerk
n,sg,nt
King-post truss *n,sg;*
Sprengwerk *n,sg,nt*
knee *n,sg (elbow);* Kniestück
n,sg,nt (Knie)
knee *n,sg (of a frame);*
Rahmenecke *n,sg,f*
knee bracket *n,sg* [BE];
Eckblech *n,sg,nt*
kneebrace *n,sg;* Kopfband
n,sg,nt; Kopfstrebe *n,sg,f*
knife *n,sg;* Schneide *n,sg,f*
(eines Messers)
knife-edge load *n,sg* [BE];
Linienlast *n,sg,f;* Streckenlast
n,sg,f

L

laced member; Gitterstab
n,sg,m
lacing *n,sg;* Vergitterung *n,sg,f*
(Stütze)
lacing bar *n,sg;*
Vergitterungsstab *n,sg,m*
(Stütze)
lack of fusion; Bindefehler
n,sg,m (beim Schweißen)
lack of side-fusion *(welding);*

Flankenbindefehler *n,sg,m*
(Schweißtechnik)
ladder *n,sg;* Steigleiter *n,sg,f*
ladle analysis *n,sg;*
Schmelzanalyse *n,sg,f*
laminar defect *n,sg (no longer
weldable);* Dopplung *n,sg,f*
(Fehler beim Beschichten)
**laminated elastomeric bea-
ring;** bewehrtes
Elastometerlager
lamination *n,sg (e.g. check for
laminations);* Blechtrennung
n,sg,f; Dopp(e)lung *n,sg,f (z.B.
Trennung im Walzwerk)*
lance *n,sg* [BE]; Lanze *n,sg,f*
landing *n,sg;* Podest *n,sg,nt;*
Treppenpodest *n,sg,nt*
landing slab *n,sg;*
Treppenpodest *n,sg,nt*
landing stage *n,sg;*
Landungsbrücke *n,sg,f;*
Verladebühne *n,sg,f*
lane *n,sg;* Fahrspur *n,sg,f;*
Bahn *n,sg,f (Spur)*
lane load *n,sg;* Belastung einer
Fahrspur
lane loading *n,sg;* Ersatzlast
*n,sg,f (zusätzliche Kraft für
10-fach erhöhte Last)*
lantern light *n,sg* [BE];
Dachlaterne *n,sg,f (Dachreiter,
Dachaufsatz)*
lap *v;* überlappen *v (z.B. der
Schweißnaht)*
lap joint *n,sg;* Überlappstoß
n,sg,m
lap rivet joint *n,sg;*
Überlappungsnietung *n,sg,f*
lap riveting *n,sg;*
Überlappungsnietung *n,sg,f*
lap welding *n,sg;*

Überlappungsschweißung *n,sg,f*
large-scale test; Großversuch
n,sg,m
laser welding *n,sg (e.g. tubes,
pipes);* Laserschweißen *n,sg,nt
(DIN 1910);*
Laserstrahlschweißen *n,sg,nt
(DIN 1910)*
laser-welded *adj (e.g. tubes,
pipes);* lasergeschweißt *adj
(DIN 1910)*
lateral bracing; Windverband
n,sg,m (Bauteil)
lateral bracing *n,sg (against
noising);* Schlingerverband
n,sg,m
lateral buckling; Kippen
n,sg,nt (z.B. von Trägern)
lateral edge distance;
Randabstand senkrecht zur
Kraftrichtung
lateral force; Seitenkraft *n,sg,f*
lateral member;
Windverbandstab *n,sg,m*
lateral pressure; Seitendruck
n,sg,m
lateral rigidity;
Seitensteifigkeit *n,sg,f*
lateral strain *n,sg;*
Querdehnung *n,sg,f*
lateral-torsional buckling *(e.g.
of beams);* Kippen *n,sg,nt (z.B.
von Trägern)*
lath *n,sg (expended metal);*
Maschendraht *n,sg,m
(Streckmetall)*
lattice *n,sg;* Fachwerkträger
n,sg,m (meist waagerecht);
Gitter *n,sg,nt*
lattice bar *n,sg;*
Vergitterungsstab *n,sg,m
(Stütze)*

lattice boom *n,sg;*
Gittermastausleger *n,sg,m*
lattice bracing *n,sg;*
Netzverband *n,sg,m*
lattice bridge *n,sg;*
Fachwerkbrücke *n,sg,f*
lattice column *n,sg;*
Fachwerkstütze *n,sg,f (meist
senkrecht)*
lattice girder *n,sg;*
Fachwerkträger *n,sg,m
(leichter R-Träger);* Gitterträger
n,sg,m
lattice girder bridge *n,sg;*
Fachwerkträgerbrücke *n,sg,f
(z.B. aus Metall);*
Fachwerkbrücke *n,sg,f (z.B.
aus Metall)*
lattice purlin *n,sg;*
Fachwerkpfette *n,sg,f;*
Gitterpfette *n,sg,f*
lattice stanchion *n,sg;*
Fachwerkstütze *n,sg,f (meist
senkrecht)*
lattice tower *n,sg;* Gittermast
n,sg,m
lattice truss *n,sg;* Gitterbinder
n,sg,m; Gitterträger *n,sg,m;*
Fachwerkbinder *n,sg,m*
lattice work *n,sg;* Gitterwerk
n,sg,nt; Fachwerk *n,sg,nt
(Stützen und Träger)*
latticed arch; Fachwerkbogen
n,sg,m
latticed member; Gitterstab
n,sg,m
latticing *n,sg;* Vergitterung
n,sg,f (Stütze)
launching *n,sg;* Vorschieben
n,sg,nt
launching nose *n,sg;*
Vorbauschnabel *n,sg,m*

lay out v; anreißen v

layer n,sg; Schweißlage n,sg,f
(Schicht); Lage n,sg,f

laying out n,sg; Anzeichnen
n,sg,nt; Anreißen n,sg,nt;
Anriß n,sg,m; Vorzeichnen
n,sg,nt

laying out of the tendons;
Anordnung der Vorspannglieder

layout n,sg; Massenplan
n,sg,m; Übersichtszeichnung
n,sg,f

lead oxide n,sg; Bleiweiß
n,sg,nt

lead welding n,sg;
Bleischweißen n,sg,nt

leading n,sg; Verbleiung n,sg,f

leaf n,sg (of a bascule bridge);
Klappe n,sg,f (einer
Klappbrücke)

lean-to n,sg; Anbau n,sg,m

lean-to n,sg (leans on a frame or
skeleton); Pultdach n,sg,nt

lean-to roof n,sg; Pultdach
n,sg,nt

leeward adj (not in luff);
leeseitig adj (windabgekehrte
Seite)

left hand; Ausführung links

left side view; Seitenansicht
von links

left type; linke Ausführung

leg n,sg; Schenkel n,sg,m (des
Winkelstahls)

leg of an angle; Schenkel eines
Winkelstahls

length v; ablängen v

length n,sg; Länge n,sg,f

length of a bar; Stablänge
n,sg,f

length of a member; Stablänge
n,sg,f

length of bridge; Brückenlänge
n,sg,f

length of shank; Schaftlänge
n,sg,f

length scale n,sg;
Längenmaßstab n,sg,m

level n,sg; Abschrägung n,sg,f;
Meereshöhe n,sg,f
(Meeresspiegel)

level luffing crane n,sg;
Wippkran n,sg,m

levelling of the edge;
Abschrägen n,sg,nt

levelling table n,sg; Richtplatte
n,sg,f

liberation of energy;
Energiebefreiung n,sg,f

lid n,sg; Abdeckhaube n,sg,f

life n,sg; Lebensdauer n,sg,f

lift bridge n,sg; Hubbrücke
n,sg,f

lift winch n,sg [BE];
Aufzugswinde n,sg,f (Winde)

lifting n,sg; Abheben n,sg,nt
(z.B. eines Brückenlagers)

lifting capacity n,sg; Traglast
n,sg,f (beim Hochheben)

lifting gate n,sg; Hubtor n,sg,nt

lifting gear n,sg (hoisting gear);
Hubwerk n,sg,nt

lifting magnet n,sg;
Hubmagnet n,sg,m
(Lasthebemagnet)

lifting spindle n,sg; Hubspindel
n,sg,f

light alloy;
Leichtmetallegierung n,sg,f

light gauge design; Leichtbau
n,sg,m

light metal; Leichtmetall
n,sg,nt

light print n,sg; Lichtpause

n,sg,f

light radiation welding *n,sg;*
Lichtstrahlschweißen *n,sg,nt*
(DIN 1910)

light section; Leichtprofil
n,sg,nt

light-gauge steel construction
n,sg; Stahlleichtbau *n,sg,m*

light-weight bridge deck *n,sg;*
Leichtfahrbahn *n,sg,f*

light-weight construction
n,sg; Leichtbau *n,sg,m*

**light-weight steel construc-
tion** *n,sg;* Stahlleichtbau
n,sg,m

limit *n,sg;* Grenzmaß *n,sg,nt*

limit of flammability;
Zündgrenze *n,sg,f*

limit of proportionality;
Proportionalitätsgrenze *n,sg,f*

limit state *n,sg;* Grenzzustand
n,sg,m

limit states design *n,sg;*
Grenzzustandsberechnung
n,sg,f

limit value *n,sg;* Grenzwert
n,sg,m

limited submission;
beschränkte Ausschreibung

limiting case; Grenzfall *n,sg,m*

line *v;* auskleiden *v (z.B. einen
Schacht)*

line *n,sg;* Eisenbahnstrecke
n,sg,f; Leitung *n,sg,f
(elektrisch);* Linienführung
n,sg,f

line assembly work *n,sg (e.g.
serial production);* Fließarbeit
n,sg,f (z.B. am Fließband)

line load *n,sg;* Streckenlast
n,sg,f; Linienlast *n,sg,f*

line of action; Wirkungslinie

n,sg,f

line of force; Kraftlinie *n,sg,f*

line of holes; Lochreihe *n,sg,f*

line of rivets; Nietreihe *n,sg,f*

line of trusses; Trägerstrang
n,sg,m

line of welding; Schweißnaht
n,sg,f

linear expansion;
Längsdehnung *n,sg,f*

linear porosity; linear verteilte
Porosität

lining *n,sg;* Futter *n,sg,nt (des
Hochofens, Brechers)*

link *n,sg;* Gelenk *n,sg,nt (z.B.
Scharnier)*

link pin *n,sg;* Gelenkbolzen
n,sg,m

linseed oil; Leinöl *n,sg,nt*

lintel *n,sg;* Sturz *n,sg,m
(Sturzträger über Tür oder
Fenster)*

lip *n,sg;* Krempe *n,sg,f*

live load; nicht ständige Last;
Nutzlast *n,sg,f;* Verkehrslast
n,sg,f

load *v;* belasten *v*

load *n,sg;* Belastung *n,sg,f (z.B.
durch Gewicht);* Last *n,sg,f*

load cycle *n,sg;* Lastspiel
n,sg,nt (Dauerversuch)

load dispersion;
Lastverteilung *n,sg,f*

load factor *n,sg;* gewogener
Sicherheitsfaktor; Lastfaktor
n,sg,m; Sicherheitsfaktor
n,sg,m (Sicherheitszahl)

load per unit area;
Flächenbelastung *n,sg,f*

load position *n,sg;* Laststellung
n,sg,f

load reversal *n,sg;* Lastwechsel

n,sg,m
load test *n,sg;* Probebelastung
n,sg,f; Belastungsversuch
n,sg,m
load train *n,sg* [BE];
Lastenzug *n,sg,m*
load-bearing stiffener;
tragende Aussteifung
load-bearing structure;
Tragwerk *n,sg,nt*
load-carrying capacity;
Tragfähigkeit *n,sg,f;* Traglast
n,sg,f
load-carrying rivet; Kraftniet
n,sg,m
loaded length; Belastungslänge
n,sg,f; belastete Länge
loading *n,sg;* Beanspruchung
n,sg,f; Belastung *n,sg,f (z.B.
durch Gewicht);* Ladung *n,sg,f;*
Lastenzug *n,sg,m*
loading bridge *n,sg;*
Fahrbrücke *n,sg,f;* Ladebrücke
n,sg,f; Verladebrücke *n,sg,f*
loading capacity *n,sg;*
Traglast *n,sg,f*
loading case *n,sg;*
Belastungsfall *n,sg,m;* Lastfall
n,sg,m
loading gauge *n,sg;* Lademaß
n,sg,nt
loading platform *n,sg;*
Ladebühne *n,sg,f*
loading point *n,sg;*
Lastangriffspunkt *n,sg,m*
loading test *n,sg;*
Belastungsversuch *n,sg,m*
local buckling; Ausbeulen
n,sg,nt (örtliches Werfen);
Beulen *n,sg,nt (Ausbeulen)*
local buckling stress;
Beulspannung *n,sg,f*

locating rod *n,sg;*
Führungsstange *n,sg,f*
locating screw *n,sg;*
Führungsschraube *n,sg,f*
location *n,sg;* Linienführung
n,sg,f
lock gate *n,sg;* Schleusentor
n,sg,nt
lock nut *n,sg;* Verschlußmutter
n,sg,f
lock screw *n,sg;*
Verschlußschraube *n,sg,f*
lock-nut *n,sg;* Gegenmutter
n,sg,f; Sicherungsmutter *n,sg,f*
locking block *n,sg;*
Verriegelungskulisse *n,sg,f*
locking bolt *n,sg;*
Verriegelungsbolzen *n,sg,m*
locking bolt guide *n,sg;*
Verriegelungsklotz *n,sg,m*
locomotive crane *n,sg;*
Lokomotivkran *n,sg,m*
longitudial plastification;
plastisches Verhalten eines
Tragwerkes
longitudinal *adj;* Längs... *affix*
longitudinal beam;
Längsträger *n,sg,m*
longitudinal bracing;
Längsverband *n,sg,m*
longitudinal crack; Längsriß
n,sg,m (der Schweißnaht);
longitudinal edge distance;
Randabstand in Kraftrichtung
longitudinal elongation;
Längsdehnung *n,sg,f*
longitudinal force; Längskraft
n,sg,f
longitudinal girder;
Längsträger *n,sg,m*
longitudinal prestressing;
Längsvorspannung *n,sg,f*

longitudinal rib; Längsrippe
n,sg,f
longitudinal seam; Längsnaht
n,sg,f
longitudinal section
(drawing); Längsschnitt *n,sg,m*
(Zeichnung)
longitudinal shear;
Längsschubkraft *n,sg,f*
longitudinal stiffener;
Längssteife *n,sg,f*
longitudinal test specimen;
Längsprobe *n,sg,f*
longitudinal wall girder;
Seitenwandverband *n,sg,m*
(z.B. eines Hauses oder einer
Halle)
longitudinal weld;
Längsschweiße *n,sg,f*
loop shear connector *n,sg;*
Schubdübel in Schlaufenform
loosening *n,sg;* Lockerung
n,sg,f (beim Niet)
lorry-mounted crane;
Automobilkran *n,sg,m*
lost sheathing; verlorene
Schalung
low alloy steel; niedrig legierter
Stahl
low carbon steel; Flußstahl
n,sg,m; niedrig gekohlter Stahl;
Schmiedeeisen *n,sg,nt*
low-alloy steel *n,sg;* schwach
legierter Stahl
lower boom; Untergurt *n,sg,m*
lower chord connecting pla-
tes; Untergurtanschlußlaschen
n,pl,f
lower chord connection;
Untergurtanschluß *n,sg,m*
lower deck; unten liegende
Fahrbahn

lower flange; Unterflansch
n,sg,m
luffing crane *n,sg;* Wippkran
n,sg,m
lug angle *n,sg;* Beiwinkel
n,sg,m; Anschlußwinkel *n,sg,m*
lug cleat *n,sg;* Anschlußwinkel
n,sg,m; Beiwinkel *n,sg,m*
(Anschlußwinkel)

M

M.C.R. *(Abv);* Grenzlast *n,sg,f*
(z.B. in der Architektur)
machinable *adj;* bearbeitbar
adj; bearbeitungsfähig *adj*
machine *v (e.g. turn);*
bearbeiten *v*
machine riveting *n,sg;* Nieten
mit Presse
machine steel *n,sg;*
Maschinenbaustahl *n,sg,m*
machined *adj;* bearbeitet *adj*
machined bolt; Paßschraube
n,sg,f
machining *n,sg;* Bearbeitung
n,sg,f
machining allowance *n,sg;*
Bearbeitungszugabe *n,sg,f*
machining allowance is identi-
fied by shading;
Bearbeitungszulage ist
schattiert gekennzeichnet
machining time *n,sg;*
Bearbeitungszeit *n,sg,f*
macroscopic *adj;*
makroskopisch *adj*
macroseismic scale;
makroseismischer Maßstab
MAG *(Abv.; active gas, like e.g.*
CO2); MAG *(Abk.; Aktivgas wie*
z.B. CO2)

magnaflux testing method
  n,sg; Magnetpulververfahren
  n,sg,nt
magnet crane *n,sg;*
  Magnetkran *n,sg,m*
magnetic crack detection;
  Durchflutungsverfahren
  n,sg,nt; Prüfverfahren *n,sg,nt*
magnetic method;
  Magnetpulververfahren *n,sg,nt*
  (Schweißprüfung)
magnetic particle inspection;
  Magnetpulververfahren *n,sg,nt*
  (Schweißprüfung)
magnetic particle test;
  Durchflutungsverfahren
  n,sg,nt; magnetisches
  Prüfverfahren
magnetic powder method;
  Magnetpulververfahren *n,sg,nt*
magnetic pulse welding;
  Magnetimpulsschweißen *n,sg,nt*
main assembly *n,sg;*
  Hauptzusammenstellung *n,sg,f*
main beam *n,sg* [BE];
  Unterzug *n,sg,m (Hauptträger*
  im Fachwerk)
main girder *n,sg;* Hauptträger
  n,sg,m
main span *n,sg;* Hauptöffnung
  n,sg,f (Brücke)
main truss *n,sg;* Hauptträger
  n,sg,m
maintenance *n,sg;*
  Unterhaltung *n,sg,f (Wartung,*
  Pflege, Erhaltung)
malleability *n,sg;*
  Schmiedbarkeit *n,sg,f*
malleable *adj;* schmiedbar *adj*
malleable cast iron;
  Temperguß *n,sg,m*
malleable iron castings;

Temperguß *n,sg,m*
mandrel *n,sg (for cold bend*
  test); Dorn *n,sg,m (für*
  Faltversuch)
manganese steel *n,sg;*
  Manganstahl *n,sg,m*
manhole *n,sg;* Fenster *n,sg,nt*
  (Einstieg im Stahlbauteil)
mansard roof *n,sg;*
  Mansardendach *n,sg,nt*
manual arc welding with co-
  vered electrode;
  Lichtbogenhandschweißen
  n,sg,nt
manual shielded metal arc wel-
  ding;
  Handlichtbogenschweißen
  n,sg,nt
manual welding *n,sg;*
  Handschweißung *n,sg,f*
manufacture *n,sg;* Fertigung
  n,sg,f
manufacturing time *n,sg;*
  Fertigungszeit *n,sg,f*
margin *n,sg;* Abmaß *n,sg,nt*
mark *v;* ankörnen *v*
mark off *v;* anreißen *v*
marking *n,sg;* Markierung
  n,sg,f
marking off *n,sg;* Anreißen
  n,sg,nt; Anriß *n,sg,m;*
  Vorzeichnen *n,sg,nt;*
  Anzeichnen *n,sg,nt*
masonry *n,sg;* Ausmauerung
  n,sg,f; Mauerwerk *n,sg,nt*
mass acceleration *n,sg;*
  Massenbeschleunigung *n,sg,f*
mast *n,sg;* Mast *n,sg,m*
mastic *n,sg;* Glaserkitt *n,sg,m;*
  Kitt *n,sg,m*
mastic asphalt *n,sg;*
  Gußasphalt *n,sg,m*

match-marking *n,sg;*
Anzeichnen *n,sg,nt;* Markieren
n,sg,nt
matched probe; angepaßter
Prüfkopf
material defect *n,sg;*
Materialfehler *n,sg,m*
material handling *n,sg;*
Stückbeförderung *n,sg,f*
material testing *n,sg;*
Materialprobe *n,sg,f;*
Materialprüfung *n,sg,f*
(Werkstoffprüfung)
mathematics *n,sg;* Mathematik
n,sg,f
mating dimension *n,sg;*
Anschlußmaß *n,sg,nt*
matrix *n,sg;* Matrize *n,sg,f*
maximum capacity load *n,sg;*
Traglast *n,sg,f*
maximum continuous rating;
Grenzlast *n,sg,f (z.B. in der
Architektur)*
maximum load *n,sg;* Bruchlast
n,sg,f; Grenzlast *n,sg,f (z.B. in
der Architektur);*
Höchstbelastung *n,sg,f*
maximum stress *n,sg;*
Höchstspannung *n,sg,f (z.B.
eines Drahtseils)*
mean *n,sg (average);*
Durchschnitt *n,sg,m;* Mittel
n,sg,nt
mean deviation *n,sg;* mittlere
Abweichung
mean error *n,sg;* mittlerer
Fehler
mean square deviation;
mittlere quadratische
Abweichung
mean value *n,sg;* Mittelwert
n,sg,m

means of heat transfer;
Gießpreßschweißen *n,sg,nt
(DIN 1910)*
measurement *n,sg;* Abmessung
n,sg,f; Messung *n,sg,f*
measuring apparatus *n,sg
(measuring device);*
Meßeinrichtung *n,sg,f*
measuring error *n,sg;*
Meßfehler *n,sg,m*
measuring instrument *n,sg;*
Meßapparat *n,sg,m;* Meßgerät
n,sg,nt
measuring point *n,sg;*
Meßstelle *n,sg,f*
measuring range *n,sg;*
Meßbereich *n,sg,m*
mechanical equipment;
maschinelle Einrichtung
mechanical properties of steel;
mechanische Eigenschaften des
Stahls
mechanical property;
Festigkeitswert *n,sg,m;*
Gütewert *n,sg,m;* mechanische
Eigenschaft
mechanical workshop [BE];
mechanische Werkstatt
mechanics *n,sg (e.g. as a trade);*
Mechanik *n,sg,f (z.B. als
Gewerbezweig)*
medium plate *n,sg;* Mittelblech
n,sg,nt
medium sheet *n,sg;* Mittelblech
n,sg,nt
medium-carbon steel *n,sg;*
Schmiedestahl mit mittlerem
Kohlenstoffgehalt
medium-hard steel; halbharter
Stahl
melt *n,sg;* Schmelze *n,sg,f*
member *n,sg (bar);* Stab

n,sg,m (Stabstahl)

member in tension; gezogener
Bauteil; Zugstab n,sg,m

**member of constant cross sec-
tion;** Stab mit
gleichbleibendem Querschnitt

member of constant inertia;
Stab mit gleichbleibender
Trägheit

**member of variable cross sec-
tion;** Stab mit veränderlichem
Querschnitt

member of variable inertia;
Stab mit veränderlicher
Trägheit

member-force analysis n,sg;
Kräfteermittlung n,sg,f

membrane effect n,sg;
Membranwirkung n,sg,f

merchant bar n,sg;
Handelsstabstahl n,sg,m;
Stabstahl n,sg,m

mesh n,sg (of lattice work);
Masche n,sg,f; Netzmasche
n,sg,f

metal arc welding n,sg;
Metallichtbogenschweißen
n,sg,nt

metal lath n,sg; Putzträger aus
Stahl

metallic arc welding;
Lichtbogenschweißen n,sg,nt

method n,sg (of machining);
Bearbeitungsverfahren n,sg,nt;
Verfahren n,sg,nt
(Arbeitsverfahren)

method of analysis;
Berechnungsverfahren n,sg,nt

method of computating;
Berechnungsverfahren n,sg,nt

metric thread; metrisches
Gewinde

micro section n,sg; Mikroschliff
n,sg,m

micro-crack n,sg; Haarriß
n,sg,m; Mikroriß n,sg,m

micrograph n,sg; Gefügebild
n,sg,nt; Schliffbild n,sg,nt

microscopic adj; mikroskopisch
adj

middle bay n,sg [BE];
Mittelhalle n,sg,f; Mittelschiff
n,sg,nt

middle hall n,sg; Mittelhalle
n,sg,f; Mittelschiff n,sg,nt

middle purlin n,sg;
Zwischenpfette n,sg,f

middle-field n,sg; Mittelfeld
n,sg,nt (z.B. einer Stahlbrücke)

middle-girder n,sg;
Schwebeträger n,sg,m

midrail n,sg; Knieleiste n,sg,f

midspan n,sg; Feldmitte n,sg,f

MIG-welding n,sg;
Metall-Inertgas-Schweißen
n,sg,nt

migration of weld; Wandern
von Schweißnähten

mild steel; Flußstahl n,sg,m;
Handelsbaustahl n,sg,m

mild steel covered electrode;
umhüllte Schweißelektrode

mild steel electrode;
Flußstahlelektrode n,sg,f

mill v; abfräsen v

mill n,sg; Walzzunder n,sg,m

mill scale n,sg; Walzhaut
n,sg,f; Walzzunder n,sg,m;
Zunder n,sg,m

mill state n,sg; Walzzustand
n,sg,m

mill test certificate n,sg;
Walzwerksbescheinigung n,sg,f

milling n,sg (by machining);

Abgleichung *n,sg,f (durch Bearbeitung)*

milling machine *n,sg;*
Fräsmaschine *n,sg,f*

minium *n,sg;* Mennige *n,sg,f*

minor diameter;
Kerndurchmesser *n,sg,m (z.B. einer Schraube)*

missing seams; fehlende Nähte

mitre cut *n,sg;*
Gehrungsschnitt *n,sg,m*

mix *v;* möllern *v (Chargiergut mischen)*

mobile crane; fahrbarer Kran;
Rollkran *n,sg,m*

mobile fire tower; beweglicher
Schaummast

mobile platform; bewegliche
Bohrplattform

mode of vibration;
Schwingungsform *n,sg,f*

model test *n,sg;* Modellversuch
n,sg,m

modulus *n,sg;* Modul *n,sg,m*

modulus of elasticity;
Elastizitätsmodul *n,sg,nt*

modulus of elongation;
Dehnungszahl *n,sg,f;* Dehnzahl
n,sg,f

modulus of rigidity;
Schubmodul *n,sg,nt*

modulus of transverse elasticity; Gleitmodul *n,sg,nt*

molten pool *n,sg;* Schmelzbad
n,sg,nt

moment *n,sg;* Moment *n,sg,nt;*
Torsionsmoment *n,sg,nt*

moment at a support;
Stützenmoment *n,sg,nt*

moment at midspan;
Feldmoment *n,sg,nt*

moment at supports;

Stützmoment *n,sg,nt (Moment an einer Stütze)*

moment curve *n,sg;*
Momentenlinie *n,sg,f*

moment diagram *n,sg;*
Momentenfläche *n,sg,f;*
Momentenlinie *n,sg,f*

moment diagram area *n,sg;*
Momentenfläche *n,sg,f*

moment distribution method
n,sg;
Momentenausgleichsverfahren
n,sg,nt

moment in a span; Feldmoment
n,sg,nt

moment of residence;
widerstehendes Moment

moment of resistance;
aufnehmbares Moment;
Widerstandsmoment *n,sg,nt*

monitor *n,sg;* Dachlaterne
n,sg,f (Dachreiter, Dachaufsatz)

monorail *n,sg;*
Einschienenbahn *n,sg,f*

motor pump *n,sg;* Motorpumpe
n,sg,f; Motorspritze *n,sg,f*

motorway bridge *n,sg* [BE];
Autobahnbrücke *n,sg,f*

mount *v (fit);* montieren *v*

mounting *n,sg;* Montage *n,sg,f
(Zusammenbau)*

mounting foreman *n,sg;*
Monteur *n,sg,m*

movable bridge; bewegliche
Brücke

moving load; bewegliche Last;
Verkehrslast *n,sg,f*

muff joint *n,sg;* Rohrstoß mit
Einsteckmuffe

multi-axial state of stress;
mehrachsiger Spannungszustand

multi-bay *adj;* mehrfeldrig *adj*

(z.B. Rahmen); mehrschiffig
adj (z.B. Halle)

multi-bay frame; mehrfeldriger
Rahmen

multi-bay industrial building
n,sg; mehrschiffige Halle

multi-nave *adj;* mehrschiffig
adj (z.B. Halle)

multi-nave hall; mehrschiffige
Halle

multi-nave shed; mehrschiffige
Halle

multi-pass weld *n,sg;*
Mehrlagenschweißung *n,sg,f*

multi-pass welding *n,sg;*
Mehrlagenschweißung *n,sg,f*

multi-run welding *n,sg;*
Mehrlagenschweißung *n,sg,f*

multi-sheave block *n,sg;*
Rollenzug *n,sg,m*

multi-span bridge; Brücke mit
mehreren Öffnungen

multi-storey *adj* [BE];
mehrstöckig *adj (z.B. Rahmen)*

multi-storey frame *n,sg;*
mehrstöckiger Rahmen;
Stockwerksrahmen *n,sg,m*

multi-story *adj* [AE];
mehrstöckig *adj (z.B. Rahmen)*

multiple *adj;* mehrfach *adj*

multiple drill;
Mehrspindelbohrmaschine
n,sg,f; Reihenbohrmaschine
n,sg,f

multiple punch; mehrdornige
Stanze

multiple-roller bearing *n,sg;*
Rollenlager *n,sg,nt*

multiple-span *adj;* mehrfeldrig
adj (z.B. Rahmen)

N

N-truss *n,sg;* N-Fachwerk
n,sg,nt

name of company *n,sg;*
Firmenname *n,sg,m*

name of drawing; Benennung
der Zeichnung

name plate *n,sg;* Firmenschild
n,sg,nt

narrow-gap welding *n,sg;*
Schutzgasengspaltschweißen
n,sg,nt

natural fire; natürlicher Brand

nave *n,sg;* Schiff *n,sg,nt*
(Hallenteil oder Kirchenschiff)

nave *n,sg (of a church);*
Kirchenschiff *n,sg,nt*
(Längsschiff)

negative *n,sg;* Lichtpause *n,sg,f*

negative bending moment
[AE]; negatives Biegemoment

negligible factor;
vernachlässigbarer Faktor

negligible item;
vernachlässigbarer Faktor

net bracing *n,sg;* Netzverband
n,sg,m

net floor area *n,sg;* Nutzfläche
n,sg,f

net price *n,sg;*
Gestehungskosten *n,pl;*
Selbstkosten *n,pl*

net section *n,sg;*
Nettoquerschnitt *n,sg,m*

net width *n,sg;* Nutzbreite
n,sg,f

neutral axis; Nullinie *n,sg,f;*
Spannungsnullinie *n,sg,f*

neutral fibre; neutrale Faser

nick-bend test *n,sg;*
Kerbbiegeversuch *n,sg,m*

nickelizing *n,sg;* Vernickelung
n,sg,f
night turn *n,sg (night shift);*
Nachtschicht *n,sg,f*
(Arbeitsgruppe)
nil-ductility strength *n,sg;*
Trennwiderstand *n,sg,m*
nipple *n,sg;* Schraubstutzen
n,sg,m
node *n,sg (panel point);*
Knotenpunkt *n,sg,m;* Knoten
n,sg,m
**node joint for suspension
bars;** Anschlußknoten der
Hängestangen
noising *n,sg (e.g. of a
locomotive);* Schlingern *n,sg,nt*
nominal diameter;
Nenndurchmesser *n,sg,m*
nominal dimension; Nennmaß
n,sg,nt; Sollmaß *n,sg,nt*
nominal elastic limit;
Nennstreckgrenze *n,sg,f;*
Regelstreckgrenze *n,sg,f*
nominal loading; Nennlast
n,sg,f
nominal pressure ratings;
Nenndruckstufen *n,pl,f*
nominal size; Nennweite *n,sg,f*
nominal value; Nennmaß
n,sg,nt; Nennwert *n,sg,m*
nominal width; Nennweite
n,sg,f
nomogram *n,sg;* Nomogramm
n,sg,nt
nomograph *n,sg;* Nomogramm
n,sg,nt
non-blistered *adj (e.g. steel);*
blasenfrei *adj (z.B. Stahl)*
non-combustible *adj;* nicht
brennbar; unbrennbar *adj*
non-corrosive *adj;*

nichtrostend *adj (rostfrei)*
non-destructive test;
zerstörungsfreie Prüfung;
zerstörungsfreier Versuch
non-ferrous metals;
Nichteisenmetalle *n,pl,nt*
non-machined *adj;*
unbearbeitet *adj*
non-puttied; kittlos *adj*
non-riming steel;
nichtunberuhigter Stahl
non-rusting *adj;* rostfrei *adj
(nichtrostend)*
normal force *n,sg (standard
force);* Normalkraft *n,sg,f*
normal stress *n,sg;*
Normalspannung *n,sg,f*
normalizing *n,sg (through
glowing);* Normalglühen *n,sg,nt*
not blistered *adj (e.g. steel);*
blasenfrei *adj (z.B. Stahl)*
not puttied; kittlos *adj*
notch *v;* ausklinken *v
(Ausklinkung, Flansch);*
einkerben *v (z.B. mit Feile)*
notch *n,sg;* Einschnitt *n,sg,m
(Kerbe);* Schrägschnitt *n,sg,m
(Einschnitt, Kerbe)*
notch bend test *n,sg;*
Kerbbiegeversuch *n,sg,m*
notch bend test *n,sg (e.g. for
plate);* Kerbbiegeprobe *n,sg,f
(z.B. für Blech)*
notch effect *n,sg;* Kerbwirkung
n,sg,f
notch impact *n,sg;* Kerbschlag
n,sg,m
notch impact strength *n,sg;*
Kerbschlagfestigkeit *n,sg,f;*
Kerbschlagzähigkeit *n,sg,f*
notch sensitivity *n,sg;*
Kerbschlagempfindlichkeit

n,sg,f

notch toughness *n,sg;*
Kerbschlagfestigkeit *n,sg,f;*
Kerbschlagzähigkeit *n,sg,f*

notch value *n,sg;*
Kerbschlagfestigkeit *n,sg,f;*
Kerbschlagzähigkeit *n,sg,f*

notched bar; Kerbstab *n,sg,m*

**notched bar impact bending
test;** Kerbschlagbiegeversuch
n,sg,m; Kerbschlagversuch
n,sg,m

notched bar impact strength;
Kerbschlagfestigkeit *n,sg,f;*
Kerbschlagzähigkeit *n,sg,f*

notched bar impact test;
Kerbschlagbiegeversuch
n,sg,m; Kerbschlagversuch
n,sg,m

notched bar impact value;
Kerbwirkungszahl *n,sg,f*

notched test bar; Kerbstab
n,sg,m

notched test specimem;
Kerbstab *n,sg,m*

notched weld bend test;
Biegeversuch *n,sg,m (über
eingekerbte Decklage)*

nozzle weld *n,sg;*
Stutzenschweißung *n,sg,f*

nuclear energy *n,sg;*
Atomenergie *n,sg,f
(Kernenergie)*

nuclear power plant *n,sg*
[BE]; Atomkraftwerk *n,sg,nt*

nuclear power station *n,sg*
[AE]; Atomkraftwerk *n,sg,nt*

number of alternations;
Lastspielzahl *n,sg,f;*
Schwingungszahl *n,sg,f*

numerical calculation;
numerische Berechnung

numerical computation;
numerische Berechnung

nut *n,sg;* Bolzenmutter *n,sg,f
(Schraubenmutter)*

O

oblique *adj;* schief *adj*

oblong hole *n,sg;* Langloch
*n,sg,nt (zum Korrigieren eines
Spaltes)*

observation *n,sg (e.g. on a
measure instrument);* Ablesung
n,sg,f (einer Messung);
Überwachung *n,sg,f (Aufsicht,
Inspektion)*

off-size *n,sg;* Abmaß *n,sg,nt*

office building *n,sg;*
Bürogebäude *n,sg,nt*

offset point *n,sg;* Fließgrenze
n,sg,f (z.B. bei Stahl St 37)

offset yield point *n,sg;*
elastische Grenze zu 0.2%

offshore drilling platform
n,sg; Bohrinsel *n,sg,f;*
schwimmende Plattform

offsize *n,sg (outside tolerance);*
Maßabweichung *n,sg,f*

oil burner *n,sg;* Ölbrenner
n,sg,m

oil-fired heating; Ölbeheizung
n,sg,f; Ölfeuerung *n,sg,f*

on edge; hochkantig *adj*

one-bayed *adj (e.g. hall);*
einschiffig *adj (z.B. Halle)*

one-bayed hall; einschiffige
Halle

one-bayed shed; einschiffige
Halle

one-point bearing *n,sg;*
Punktlager *n,sg,nt*

open single V; Steilflankennaht

n,sg,f
**open square pressure gas wel-
ding;** offenes
Gaspreßschweißen *(DIN 1910)*
open transverse crack;
klaffender Querriß
open-hearth furnace n,sg;
Siemens-Martin-Ofen n,sg,m
open-hearth steel n,sg;
Siemens-Martin-Stahl n,sg,m
open-web girder; Gitterträger
n,sg,m; Fachwerkträger n,sg,m
(leichter R-Träger)
operation n,sg *(of machining);*
Arbeitsvorgang n,sg,m;
Vorgang n,sg,m
operation position n,sg;
Bedienungsstand n,sg,m *(der
Drehleiter)*
opposite n,sg; entgegengesetzt
adj (Spiegelbild)
Order No. n,sg; Auftrag Nr.
n,sg,f; Auftragsnummer n,sg,f
ordering of material;
Materialbestellung n,sg,f
ordinate n,sg; Ordinate n,sg,f
ore bunker n,sg; Erzbunker
n,sg,m
orifice welding n,sg;
Düsenschweißen n,sg,nt *(DIN
1910)*
orthogonal-anistropic plate;
orthotrope Platte *(Stützteil ist
die Fahrbahn)*
orthotropic plate; orthotrope
Platte
oscillating force; schwingende
Belastung
oscillation n,sg; Flattern
n,sg,nt *(z.B. Schwingungen der
Brücke)*
oscillator n,sg; Schwinger

n,sg,m
oscillator diameter n,sg;
Schwingerdurchmesser n,sg,m
other materials; sonstige
Werkstoffe
other metal structures;
Stahlbausonderkonstruktionen
n,pl,f
oustanding flange
out of tolerances; nicht
maßhaltig
outer edge of foundation;
Außenkante Fundament
outer wall; Außenwand n,sg,f
outlet gate n,sg; Auslaßschütz
n,sg,nt
outline drawing n,sg;
Entwurfszeichnung n,sg,f
outside all-round weld; äußere
Rundnaht
outside diameter n,sg;
Außendurchmesser n,sg,m
outside platform n,sg;
Außenpodest n,sg,nt
outside rear mirror n,sg;
Außenspiegel n,sg,m *(am Auto)*
outside rearview mirror n,sg;
Außenspiegel n,sg,m *(am Auto)*
outside round weld; runde
Außennaht
outside wall n,sg; Außenwand
n,sg,f
outstand n,sg; Überstand
n,sg,m *(einer Kante oder eines
Sims)*
oval head countersunk screw;
Linsensenkschraube n,sg,f
oval heat countersunk rivet;
Linsensenkniet n,sg,m
overall depth *(e.g. of a beam);*
Gesamthöhe n,sg,f
overall dimension; Gesamtmaß

n,sg,nt
overall height; Gesamthöhe
n,sg,f
overflowing weld spill;
überlaufendes Schweißgut
overhand weld n,sg;
Überkopfschweißung n,sg,f
overhang n,sg; Auskragung
n,sg,f; Ausladung n,sg,f;
Überhang n,sg,m; Überstand
n,sg,m (einer Kante oder eines
Sims)
overhead n,sg (e.g. welding
upwards); Zwangslage n,sg,f
(z.B. Schweißung nach oben)
overhead line mast n,sg;
Oberleitungsmast n,sg,m
overhead position n,sg;
Überkopfposition n,sg,f (z.B.
beim Schweißen)
overhead travelling crane
n,sg; Laufkran n,sg,m
overhead weld n,sg;
Überkopfschweißung n,sg,f
overhead welding n,sg;
Überkopfschweißung n,sg,f
overheating n,sg; Überhitzung
n,sg,f
overlap v; überlappen v (z.B.
der Schweißnaht)
overlap n,sg; Überlappung
n,sg,f (z.B. der Schweißnaht)
overload n,sg; Überbelastung
n,sg,f
overstrain v; überanstrengen v
overstress v (overstrain);
überbeanspruchen v;
überbetonen v
overturning n,sg; Kippung
n,sg,f
overturning n,sg (e.g. of a car);
Umkippen n,sg,nt (z.B. eines

Autos)
overturning moment n,sg;
Kippmoment n,sg,nt
overview n,sg; Übersicht n,sg,f
oxidizer n,sg; Oxydationsmittel
n,sg,nt
oxyacetylene welding n,sg;
Azetylenschweißen n,sg,nt
oxygen cutting machine n,sg;
Brennschneidemaschine n,sg,f
oxygen furnace n,sg;
Sauerstoffkonverter n,sg,m
oxygen-refined steel;
Sauerstoffblasstahl n,sg,m

P

packing n,sg; Futter n,sg,nt
(Ausfutterungsplatte)
padstone n,sg; Auflagerstein
n,sg,m
paint v; bestreichen v
painting gun n,sg; Pistole
n,sg,f; Spritzpistole n,sg,f
panel n,sg; Feld n,sg,nt
(Brücke, Träger)
panel n,sg (truss); Fach n,sg,nt
panel length n,sg; Feldlänge
n,sg,f; Feldweite n,sg,f
(Fachwerk)
panel moment n,sg (moment at
midspan); Feldmoment n,sg,nt
panel point n,sg; Knoten
n,sg,m; Knotenpunkt n,sg,m
(Fachwerk)
panel wall n,sg; Fachwand
n,sg,f; Fachwerkwand n,sg,f
parabola n,sg; Parabel n,sg,f
parabolic girder; Parabelträger
n,sg,m
parabolic truss; Parabelträger
n,sg,m

parallel lay; parallele Oberflächen
parallel-flanged beam; Parallelflanschträger *n,sg,m*
parallelogram of forces; Kräfteparallelogramm *n,sg,nt*
parameter *n,sg;* Parameter *n,sg,m*
parapet *n,sg (e.g. on balcony);* Geländer *n,sg,nt (niedrig);* Brüstung *n,sg,f*
parapet wall *n,sg;* Brüstungsmauer *n,sg,f (niedrig, z.B. Balkon)*
parent drawing *n,sg;* Stammzeichnung *n,sg,f*
parent metal *n,sg;* Grundwerkstoff *n,sg,m*
parent metal test specimen *n,sg;* Probe aus dem Grundwerkstoff
Parker truss *n,sg;* N-Fachwerkträger *n,sg,m*
part groove *n,sg;* Teilfuge *n,sg,f (beim Schweißen)*
part list *n,sg;* Stückliste *n,sg,f*
part of a bridge; Brückenglied *n,sg,nt*
partial joint; Teilnaht *n,sg,f*
partial joint penetration groove; teilweise durchgeschweißte Fugennaht
partial joint penetration test specimen; teilweise durchgeschweißtes Prüfstück
partial penetration P; teilweiser Einbrand P
partition *n,sg;* Scheidewand *n,sg,f;* Trennwand *n,sg,f;* Zwischenwand *n,sg,f*
partition wall *n,sg;* Scheidewand *n,sg,f;*

Trennwand *n,sg,f;* Zwischenwand *n,sg,f*
parts of beams; Trägerteile *n,pl,nt*
party wall *n,sg;* Brandmauer *n,sg,f*
pass *n,sg;* Lage *n,sg,f (Schweißlage);* Schweißlage *n,sg,f (Schicht)*
pass piece *n,sg;* Zwischenstück *n,sg,nt*
passage *n,sg* [AE]; Laufsteg *n,sg,m*
passage way *n,sg (gangway);* Laufsteg *n,sg,m*
pause *n,sg;* Pause *n,sg,f (Lichtpause)*
pedestal *n,sg;* Lagerstuhl *n,sg,m*
pedestal body *n,sg;* Lagerkörper *n,sg,m*
pedestrian bridge *n,sg;* Fußgängerbrücke *n,sg,f*
peel test *n,sg;* Ausreißversuch *n,sg,m*
peer *n,sg;* Verladebühne *n,sg,f*
pendulum *n,sg;* Pendelzugstab *n,sg,m*
pendulum bearing *n,sg;* Pendellager *n,sg,nt*
penetrate *v;* durchschweißen *v*
penetration *n,sg;* Einbrand *n,sg,m*
penetration cut *n,sg;* Einbrandkerbe *n,sg,f*
penetration drawing *n,sg;* Durchbruchszeichnung *n,sg,f*
penetration into the root; Wurzeleinbrand *n,sg,m*
penstock *n,sg;* Druckrohrleitung *n,sg,f*
pent roof *n,sg;* Pultdach *n,sg,nt*

percussion welding *n,sg;*
  Funkenschweißen *n,sg,nt*
perfect hinge; reibungsloses
  Gelenk
perforate *v;* durchbohren *v*
permanent *adj;* fortdauernd
  adj; ständig *adj*
permanent deflection;
  bleibende Durchbiegung
permanent deformation;
  bleibende Verformung
permanent load; ständige Last;
  tote Last
permanent set; bleibende
  Dehnunng
permanent-flexible *adj;*
  dauerelastisch *adj*
permissible *adj (allowable);*
  zulässig *adj (zugelassen,*
  erlaubt)
permissible bending stress;
  zulässige Biegespannung
permissible compressive
  stress; zulässige
  Druckspannung
permissible load; zulässige
  Belastung; zulässige Last
permissible stress; zulässige
  Spannung
permissible variation; Abmaß
  n,sg,nt
permissible working load
  [AE]; zulässige Nutzlast
perpendicular *adj (vertical);*
  lotrecht *adj (senkrecht)*
perpendicular to ...;
  rechtwinklig zu ...
pettit truss *n,sg;* mehrteiliges
  Pfostenfachwerk;
  Pfostenfachwerk *n,sg,nt*
phase out *n,sg;* Auslauf *n,sg,m*
  (der Schweißnaht)

phase out *n,sg (of a seam);*
  Nahtauslauf *n,sg,m (der*
  Schweißnaht)
photo copy *n,sg (photo print);*
  Ablichtung *n,sg,f*
photo print *n,sg (photo copy);*
  Ablichtung *n,sg,f (Pause)*
photoelasticity *n,sg;*
  Photoelastizität *n,sg,f;*
  Spannungsoptik *n,sg,f*
physics *n,sg;* Physik *n,sg,f*
pickle *v;* beizen *v*
pickling *n,sg;* Beizen *n,sg,nt*
pickling bath *n,sg;* Beizbad
  n,sg,nt; Beize *n,sg,f*
pickling plant *n,sg;* Beizanlage
  n,sg,f; Beizerei *n,sg,f*
piece rate *n,sg;* Akkordlohn
  n,sg,m; Stücklohn *n,sg,m*
piece time *n,sg (time per*
  finished part); Stückzeit *n,sg,f*
  (vorgegebene Akkordzeit)
piece work wage *n,sg;*
  Stücklohn *n,sg,m*
pier *n,sg;* Pfeiler *n,sg,m*
pig bed *n,sg;* Masselbett
  n,sg,nt; Masselgießbett *n,sg,nt*
pig iron *n,sg;* Masseleisen
  n,sg,nt; Roheisen *n,sg,nt*
pig iron platform *n,sg;*
  Formbühne *n,sg,f (z.B.*
  Masselbühne); Masselbühne
  n,sg,f
pile *n,sg (pilework on pile*
  bridge); Joch *n,sg,nt (z.B. der*
  Jochbrücke)
piling *n,sg;* Spundbohle *n,sg,f*
piling *n,sg (on pile bridge);* Joch
  n,sg,nt (z.B. der Jochbrücke)
pillar hydrant *n,sg;*
  Überfluthydrant *n,sg,m*
pin *n,sg;* Achse *n,sg,f;* Bolzen

n,sg,m; Gelenkbolzen *n,sg,m;*
Zapfen *n,sg,m*
pin bearing *n,sg;*
Linienkipplager *n,sg,nt*
pin connection *n,sg;*
Bolzenverbindung *n,sg,f*
pin hole *n,sg;* Bolzenloch
n,sg,nt
pin joint *n,sg;* Bolzengelenk
n,sg,nt
pin-connected truss;
Gelenkbolzenfachwerk *n,sg,nt*
pin-ended *adj;* gelenkig
gelagert
pin-ended column;
Pendelstütze *n,sg,f*
pin-joint truss *n,sg;*
Gelenkbolzenfachwerk *n,sg,nt*
pincers *n,pl;* Zange *n,sg,f*
pinion *n,sg;* Zapfen *n,sg,m*
pinned plate; Warzenblech
n,sg,nt
pipe *n,sg;* Rohr *n,sg,nt*
pipe bend *n,sg;* Rohrbogen
n,sg,m
pipe bridge *n,sg;* Rohrbrücke
n,sg,f; Rohrleitungsbrücke
n,sg,f
pipeline bridge *n,sg* [AE];
Rohrleitungsbrücke *n,sg,f*
pipeline classes *n,pl;*
Rohrklassen *n,pl,f*
piping and conduit;
Kanalisation *n,sg,f;*
Verrohrung *n,sg,f*
pit-head frame *n,sg;*
Förderturm *n,sg,m*
pitch *n,sg;* Nietteilung *n,sg,f*
pitch *n,sg (of hole);*
Lochabstand *n,sg,m (bei
Nieten)*
pitch of staggered rivets;

halbe Nietteilung einer
versetzten Nietung
pitch of thread; Gewindegang
n,sg,m; Gewindesteigung *n,sg,f*
pitch of weld; Teilung der
Schweißnaht
pitchfork *n,sg (prevents
vibrating; Y-type);* Mistgabel
*n,sg,f (Stütze an einer
Stahlbrücke)*
pivot *n,sg;* Drehpol *n,sg,m;*
Drehpunkt *n,sg,m;* Zapfen
n,sg,m
pivot bearing of swing bridge;
Königsstuhl *n,sg,m
(Königsbolzenlagerung)*
pivot hinge *n,sg;* Zapfengelenk
n,sg,nt
pivot pier *n,sg (of a swing
bridge);* Drehpfeiler *n,sg,m*
pivot pin *n,sg;*
Drehpunktbolzen *n,sg,m;*
Drehpunktbuchse *n,sg,f*
place on edge; hochkant stellen
plain sling with two hard eyes;
einfaches Anschlagseil
plan *n,sg;* Grundriß *n,sg,m;*
Riß *n,sg,m*
plan for pipe-systems;
Rohrnetzplan *n,sg,m*
plan view *n,sg;* Draufsicht
n,sg,f
plane *v;* abhobeln *v;* hobeln *v*
plane *n,sg;* Ebene *n,sg,f*
plane *adj (e.g. not a bumpy
road);* eben *adj (z.B. nicht
holperige Straße)*
plane bending; Biegung in einer
Ebene
plane of bending; Biegeebene
n,sg,f
plane of web; Stegebene *n,sg,f*

plane surface; ebene Fläche
planer *n,sg;* Hobelmaschine
  n,sg,f
**planing and contract manage-
  ment;** Planung und Bauleitung
planing machine *n,sg;*
  Hobelmaschine *n,sg,f*
planish *v;* ausbeulen *v (z.B.
  Kotflügel)*
planking *n,sg;* Verschalung
  n,sg,f (durch Bohlen)
planning *n,sg;* Terminplan
  n,sg,m
planning principles *n,pl;*
  Berechnungsgrundlage *n,sg,f*
plans for public supplies;
  Planwerke für
  Versorgungswirtschaft
plant *n,sg;* Ausrüstung *n,sg,f;*
  Einrichtung *n,sg,f;* Anlage
  n,sg,f; Fabrikanlage *n,sg,f*
plasma-metal G-welding *n,sg;*
  Plasma-Metall-Schutzgasschweiß
  en *n,sg,nt*
plaster *n,sg;* Außenputz *n,sg,m*
plaster board *n,sg;* Putzdiele
  *n,sg,f (Wandbauplatte als
  Putzträger)*
plastic *adj;* plastisch *adj*
**plastic behaviour of a structu-
  re;** plastisches Verhalten eines
  Tragwerkes
plastic deformation; plastische
  Verformung
plastic flow *n,sg;* Kriechen
  n,sg,nt (Beton)
plastic hinge; plastisches
  Gelenk
plastic neutral axis; neutrale
  Achse im plastischen Bereich
plastic range; plastischer
  Bereich

plasticity *n,sg;* Plastizität *n,sg,f*
plasticity design *n,sg;*
  Plastizitätsberechnung *n,sg,f
  (Lastverformung);*
  Traglastverfahren *n,sg,nt*
**plastification in a cross sec-
  tion;** Plastizierung im
  Querschnitt
plate *n,sg;* Platte *n,sg,f;* Blech
  n,sg,nt; Grobblech *n,sg,nt*
plate girder *n,sg;* Blechträger
  n,sg,m
plate girder bridge *n,sg;*
  Blechträgerbrücke *n,sg,f*
plate girder web *n,sg;*
  Blechträgersteg *n,sg,m*
plate of thickness; Blechdicke
  n,sg,f
plates *n,pl;* Breitflachstahl
  n,sg,m; Universalstahl *n,sg,m*
platform *n,sg;* Bühne *n,sg,f;*
  Plattform *n,sg,f;*
  Fahrbahnplatte *n,sg,f*
platform girder *n,sg;*
  Bühnenträger *n,sg,m
  (Hochofen);* Fahrbahnträger
  n,sg,m
plot *n,sg;* graphische Darstellung
plug *n,sg;* Verschluß *n,sg,m*
plug weld *n,sg;* Lochnaht
  n,sg,f; Nietschweiße *n,sg,f;*
  Rundlochnaht *n,sg,f;*
  Lochschweißung *n,sg,f;*
  Pfropfenschweißung *n,sg,f*
plug welding *n,sg;*
  Stichlochschweißen *n,sg,nt*
pneumatic hand riveting *n,sg;*
  pneumatisches Handnieten *(mit
  dem Preßlufthammer);*
  Preßlufthandnieten *n,sg,nt*
pneumatic riveting;
  Preßluftnietung *n,sg,f*

pneumatic riveting hammer;
Preßluftniethammer *n,sg,m*
point *n,sg;* Punkt *n,sg,m*
point load *n,sg;* Einzellast
n,sg,f; Punktlast *n,sg,f*
point loading *n,sg;* Punktlast
n,sg,f
point of application of load;
Kraftangriffspunkt *n,sg,m;*
Lastangriffspunkt *n,sg,m*
point of construction;
Konstruktionspunkt *n,sg,m*
point of contraflexure;
Wendepunkt *n,sg,m (z.B. der
Biegelinie)*
point of intersection;
Schnittpunkt *n,sg,m*
point of support;
Auflagerpunkt *n,sg,m;*
Stützpunkt *n,sg,m*
point support *n,sg;* Punktlager
n,sg,nt
point welding *n,sg;*
Punktschweißung *n,sg,f*
Poisson's ratio; Poissonsche
Zahl
polar moment of inertia;
polares Trägheitsmoment
pole *n,sg;* Mast *n,sg,m*
polished section *(for
microscopic examination);*
Anschliff *n,sg,m*
polygon *n,sg;* Vieleck *n,sg,nt*
polygon of forces; Krafteck
n,sg,nt
pontoon bridge *n,sg;*
Pontonbrücke *n,sg,f*
pony truss bridge *n,sg;*
Fachwerkbrücke *n,sg,f (oben
offene Fachwerkbrücke)*
pool groove *n,sg (on furnace);*
Poolrinne *n,sg,f (zum Ablassen

des Pools)
poor concrete; Magerbeton
n,sg,m
poor lime; Magerkalk *n,sg,m*
porcelain blue *n,sg (English
porcelain-blue);* Fayenceblau
n,sg,nt (Englischblau)
porosity *n,sg;* Porosität *n,sg,f;*
Porösität *n,sg,f*
porous *adj;* porös *adj*
portal *n,sg;* Portal *n,sg,nt;*
Portalrahmen *n,sg,m;* Rahmen
n,sg,m
portal bracing *n,sg;*
Portalverband *n,sg,m*
portal crane *n,sg;* Bockkran
n,sg,m; Portalkran *n,sg,m*
portal frame *n,sg;*
Portalrahmen *n,sg,m*
portal leg *n,sg (of a rigid portal
with a hinged base);*
Rahmenstiel *n,sg,m (gelenkig
gelagerter Rahmen)*
portion *n,sg (share);* Anteil
n,sg,m (Portion, Zuteilung)
position *n,sg;* Lage *n,sg,f*
position of load; Laststellung
n,sg,f
position of welding;
Schweißposition *n,sg,f*
positive bending moment
[AE]; positives Biegemoment
post *n,sg;* Ständer *n,sg,m;*
Stütze *n,sg,f*
post *n,sg (pole, mast, rod);*
Pfosten *n,sg,m (Fachwerk)*
post-tensioned *adj;*
nachgespannt *adj*
pour *n,sg;* Arbeitsgang *n,sg,m*
powder *n,sg;* Schweißpulver
n,sg,nt
Pratt truss *n,sg;*

Ständerfachwerk *n,sg,nt;*
Ständerfachwerkträger *n,sg,m*
pre-stress *v;* vorspannen *v*
pre-tensioned *adj;*
vorgespannt *adj*
predominantly static loading;
vorwiegend ruhende Belastung
prefabricated *adj;*
vorfabriziert *adj;* vorgefertigt
adj
prefabricated element;
Fertigbauteil *n,sg,nt*
prefabricated girder;
Fertigteilträger *n,sg,m*
prefabricated member;
Fertigbauteil *n,sg,nt*
**prefabrication elements made
by the main-contractor;**
Fertigbau *n,sg,m*
(schlüsselfertig)
**prefabrication elements made
by a subcontractor;**
Fertigbau *n,sg,m (im Rohbau)*
preliminary drawing;
Entwurfszeichnung *n,sg,f*
preliminary statics; Vorstatik
n,sg,f
preliminary treatment;
Vorbehandlung *n,sg,f*
premium *n,sg;* Prämie *n,sg,f*
preparation of welds;
Schweißnahtvorbereitung *n,sg,f*
prepared edge; formbearbeitete
Flanke
preprinted drawing;
Vordruckzeichnung *n,sg,f*
press *v (squeeze forcefully);*
drücken *v (pressen)*
pressure *n,sg;* Pressung *n,sg,f*
(Druck)
pressure distribution *n,sg;*
Druckverteilung *n,sg,f*

pressure gas welding *n,sg;*
Gaspreßschweißen *n,sg,nt*
(DIN 1910)
pressure line *n,sg* [AE];
Stützlinie *n,sg,f*
pressure on the bottom;
Bodenpressung *n,sg,f*
pressure tunnel *n,sg;*
Druckstollen *n,sg,m*
pressure water installation
n,sg; Druckwasseranlage *n,sg,f*
pressure welding *n,sg;*
Druckschweißung *n,sg,f;*
Preßschweißen *n,sg,nt (DIN
1910)*
pressure-welded *adj;*
HF-geschweißt *adj*
**pressure-welding with thermo-
chemical energy;**
Gießpreßschweißen *n,sg,nt*
(DIN 1910)
prestressed *adj;* vorgespannt
adj
prestressed concrete; Beton
n,sg,m (vorgespannter Beton);
vorgespannter Beton
prestressing *n,sg;*
Vorspannung *n,sg,f (z.B. eines
Stahlteils)*
previous erecting; Vormontage
n,sg,f
price per ton *(ton price);*
Tonnenpreis *n,sg,m*
primary coat; Grundanstrich
n,sg,m (z.B. der Rolltreppe)
prime coat *n,sg;* Grundanstrich
n,sg,m (z.B. der Rolltreppe)
principal axis *n,sg;*
Hauptachse *n,sg,f*
principal loads *n,pl;*
Hauptlasten *n,pl,f*
principal stress *n,sg;*

Hauptspannung *n,sg,f*
print pause *n,sg;* Lichtpause
n,sg,f
print pause *n,sg (light print);*
Ablichtung *n,sg,f (Foto)*
prismatic member;
Prismenstab *n,sg,m*
**probabilistic concept of safe-
ty;** Wahrscheinlichkeitsbegriff
der Sicherheit
probability of failure;
Wahrscheinlichkeit des
Versagens
probe *n,sg (ultra-sonic);*
Prüfkopf *n,sg,m (für Schalltest
oder Ultraschall)*
probe adapter *n,sg;*
Prüfkopfanpasser *n,sg,m*
probe clamp *n,sg;*
Prüfkopfklammer *n,sg,f*
probe clip *n,sg;*
Prüfkopfhaltebügel *n,sg,m*
probe diameter *n,sg;*
Prüfkopfdurchmesser *n,sg,m*
probe guiding device *n,sg;*
Prüfkopfführungseinrichtung
n,sg,f
probe holder *n,sg;*
Prüfkopfhalterung *n,sg,f*
probe holder receptable *n,sg;*
Prüfkopfhalteraufnahme *n,sg,f*
probe motion *n,sg;*
Prüfkopfbewegung *n,sg,f*
probe mount *n,sg;*
Prüfkopfführungseinrichtung
n,sg,f
probe shoe *n,sg;* Prüfkopfschuh
n,sg,m
procedure *n,sg;* Verfahren
n,sg,nt (Arbeitsverfahren);
Vorgang *n,sg,m;*
Bearbeitungsverfahren *n,sg,nt;*

Arbeitsvorgang *n,sg,m*
procedure test *n,sg;*
Verfahrensprüfung *n,sg,f*
process *n,sg (of machining);*
Arbeitsvorgang *n,sg,m;*
Vorgang *n,sg,m*
process plant *n,sg;*
verfahrenstechnische Anlage
product analysis *n,sg;*
Stückanalyse *n,sg,f*
product line *n,sg;*
Gesamtprogramm *n,sg,nt*
product of inertia;
Zentrifugalmoment *n,sg,nt*
production *n,sg;* Herstellung
n,sg,f; Fertigung *n,sg,f*
production bonus *n,sg;*
Leistungslohn *n,sg,m*
production capacity *n,sg;*
Leistungsfähigkeit *n,sg,f (z.B.
einer Werkstatt)*
production method *n,sg;*
Herstellungsverfahren *n,sg,nt*
production time *n,sg;*
Fertigungszeit *n,sg,f*
productivity *n,sg;*
Produktivität *n,sg,f*
products of combustion;
Verbrennungsprodukte *n,pl,nt*
profile *n,sg;* Aufriß *n,sg,m;*
Profil *n,sg,nt*
project *n,sg;* Entwurf *n,sg,m*
project drawing *n,sg;*
Projektzeichnung *n,sg,f*
project engineer *n,sg;*
Projektingenieur *n,sg,m*
projection *n,sg;* Auskragung
n,sg,f; Grundriß *n,sg,m*
projection weld *n,sg;*
Warzenschweißung *n,sg,f*
proof *n,sg;* Nachweis *n,sg,m*
(Beweis, Festlegung)

proof load *n,sg;*
Probebelastung *n,sg,f;* Prüflast
n,sg,f
proof stress *n,sg;*
Versuchsspannung *n,sg,f*
prop *v;* abstützen *v*
proportion *v;* Abmessungen
festsetzen; bemessen *v;*
dimensionieren *v*
proportional limit;
Proportionalitätsgrenze *n,sg,f*
proportional test specimen;
Proportionalstab *n,sg,m*
proportionality *n,sg;*
Proportionalität *n,sg,f*
proportionality bar *n,sg;*
Proportionalstab *n,sg,m*
proportioning *n,sg;*
Bemessung *n,sg,f;*
Dimensionierung *n,sg,f*
(Bemessung)
propped beam [BE];
unterstempelter Träger
propped-cantilever beam;
einseitig eingespannter Träger
propping *n,sg;* Abstützung
n,sg,f (z.B. Einsturzbedrohtes)
protection against corrosion;
Korrosionsschutz *n,sg,m*
**protection of steel structures
from corrosion;**
Korrosionsschutz von
Stahlbauten
protective coat; Schutzschicht
n,sg,f
protective coating;
Schutzanstrich *n,sg,m;*
Schutzumhüllung *n,sg,f*
protective device [AE];
Schutzvorrichtung *n,sg,f*
protective film; Schutzfilm
n,sg,m

protective paint;
Schutzanstrich *n,sg,m*
public competition; öffentliche
Ausschreibung
public submission; öffentliche
Ausschreibung
public tender; öffentliche
Ausschreibung
pulley block *n,sg;* Flaschenzug
n,sg,m
pulling cable *n,sg;* Rollenzug
n,sg,m
pulling rope *n,sg;* Rollenzug
n,sg,m
pulsating load; Belastung
*n,sg,f (schwellende
Gewichtslast);* schwellende
Belastung
pump station *n,sg (pump
house, pump);* Pumpenstation
n,sg,f
punch *v;* ankörnen *v;*
durchlochen *v*
punch *n,sg;* Lochstempel
n,sg,m; Stanze *n,sg,f;* Stempel
n,sg,m
punched hole; Stanzloch
n,sg,nt
**punching and shearing machi-
ne;** Stanz- und
Schneidmaschine
punching test *n,sg;*
Stanzversuch *n,sg,m*
pure bending; reine Biegung
purlin *n,sg (template);* Pfette
n,sg,f; Dachpfette *n,sg,f (Pfette)*
purlin angle *n,sg;*
Pfettenwinkel *n,sg,m*
purlin overview *n,sg;*
Pfettenübersicht *n,sg,f*
purlin profiles *n,pl;*
Pfettenprofile *n,pl,nt*

purlin spacing *n,sg;*
Pfettenabstand *n,sg,m*
put in *v;* anpassen *v (ein
Bauteil einsetzen)*
putty *n,sg;* Kitt *n,sg,m*
puttyless *adj;* kittlos *adj*
pylon *n,sg;* Pylon *n,sg,m*
pyrometer *n,sg;* Hitzemesser
n,sg,m; Pyrometer *n,sg,nt*
pyrophoric *adj;* pyrophor *adj*

Q

quadrangle *n,sg;* Viereck
n,sg,nt
quality assurance *n,sg;*
Sicherung der Güte
quality factor *n,sg;* Gütezahl
n,sg,f
quality standard *n,sg;*
Gütenorm *n,sg,f*
quantity per assembly; Anzahl
pro Zusammenstellung
quasi arc-welding *n,sg;*
Asbestmantel-Elektrode *n,sg,f*
Queen-post truss *n,sg;*
Hängewerk *n,sg,nt*
Queentruss *n,sg;* Hängewerk
n,sg,nt
quench *v;* abschrecken *v*
quench aging *n,sg;*
Abschreckalterung *n,sg,f*
quench and temper; vergüten
v
quenching *n,sg;* Abschrecken
n,sg,nt (Härten); Härten
n,sg,nt

R

radial drill;
Radialbohrmaschine *n,sg,f*

radial gate [BE]; Sektorschütz
n,sg,m
radiation capacity *n,sg;*
Strahlungsvermögen *n,sg,nt*
radiation coefficient *n,sg,*
Strahlungsbeiwert *n,sg,m*
**radiation coefficient of the
black body;** Strahlungszahl
des schwarzen Körpers
radio mast *n,sg;* Antennenmast
n,sg,m; Funkmast *n,sg,m*
radio tower *n,sg* [AE];
Antennenmast *n,sg,m;*
Funkmast *n,sg,m*
radiographic inspection;
Durchstrahlungsprüfung *n,sg,f*
radius *n,sg;* Radius *n,sg,m
(Halbmesser)*
radius of curvature;
Krümmungshalbmesser *n,sg,m*
radius of gyration;
Trägheitshalbmesser *n,sg,m*
rafter *n,sg;* Dachsparren
n,sg,m; Sparren *n,sg,m*
rafter of frame; Rahmenriegel
n,sg,m
rag bolt *n,sg;* Steinschraube
n,sg,f
rail flange *n,sg (rail head);*
Schienenkopf *n,sg,m*
rail steel *n,sg;* Schienenstahl
n,sg,m
railing *n,sg;*
Geländer *n,sg,nt*
railing post *n,sg;*
Geländerpfosten *n,sg,m*
rain gutter *n,sg;* Regenrinne
n,sg,f
rain water pipe *n,sg;*
Abfallrohr *n,sg,nt*
raised countersunk head;
Linsensenkschraube *n,sg,f*

raised edge; Bördel *n,sg,m*
raised headed countersunk rivet; Linsensenkniet *n,sg,m*
raising *n,sg;* Abheben *n,sg,nt*
(*z.B. eines Brückenlagers*)
ramp *n,sg;* Rampe *n,sg,f*
random error *n,sg;*
Zufallsfehler *n,sg,m*
random sample *n,sg;*
Stichprobe *n,sg,f* (*von einem*
Material)
range of analyses;
Analysenspanne *n,sg,f*
range of application [BE];
Anwendungsbereich *n,sg,m*
ratio *n,sg;* Verhältnis *n,sg,nt*
raw material *n,sg;*
Rohmaterial *n,sg,nt* (*Rohstoff*)
re-entrant angle;
einspringender Winkel
re-weld *v;* nachschweißen *v*
reaction *n,sg* (*at support*);
Auflagerdruck *n,sg,m;*
Auflagerkraft *n,sg,f*
reading *n,sg;* Ablesung *n,sg,f*
(*einer Messung*)
reading error *n,sg;*
Ablesefehler *n,sg,m*
ream *v;* aufreiben *v*
reamed hole; aufgerissenes Loch
reamer *n,sg;*
Nachbohrmaschine *n,sg,f;*
Reibahle *n,sg,f*
reamering *n,sg;* Aufreiben
n,sg,nt
reaming *n,sg;* Aufreiben *n,sg,nt*
reaming machine *n,sg;*
Nachbohrmaschine *n,sg,f*
reaming opening *n,sg*
(*reaming taphole*);
Ausräumungsöffnung *n,sg,f*
rear view *n,sg;* Rückansicht

n,sg,f
rebuilding *n,sg;* Umbau *n,sg,m*
(*Modernisierung*);
Wiederaufbau *n,sg,m*
recalculation *n,sg;*
Nachrechnung *n,sg,f*
recaulk *v;* nachstemmen *v*
receiver probe *n,sg;*
Empfangsprüfkopf *n,sg,m*
reconstruction *n,sg;* Sanierung
n,sg,f (*an einem Bau*); Umbau
n,sg,m (*Modernisierung*);
Wiederaufbau *n,sg,m*
rectangle *n,sg;* Rechteck *n,sg,nt*
rectangular *adj;* rechtwinklig
adj
rectangular steel tube;
Rechteckstahlrohr *n,sg,nt*
red lead; Bleimennige *n,sg,f;*
Mennige *n,sg,f*
reduced modulus; reduzierter
Knickmodul
reduced section tension;
ausgerundete Zugprobe
reduced shank; Dehnschaft
n,sg,f
reducing coefficient *n,sg;*
Abminderungsfaktor *n,sg,m*
reduction factor *n,sg;*
Abminderungsbeiwert *n,sg,m*
reduction in area;
Einschnürung *n,sg,f*
**reduction in area at breaking
point;** Brucheinschnürung
n,sg,f
reduction of cross section;
Querschnittsminderung *n,sg,f*
redundant *adj;* statisch
unbestimmt
redundant member;
überschüssiger Stab;
überzähliger Stab

reference block *n,sg;*
Kontrollkörper *n,sg,m*
(Teststück für Prüfungen; USA)
refine *v;* veredeln *v*
refine *v (freshen, clean, sinter);*
affinieren *v (frischen, säubern,*
sintern)
refining *n,sg;* Affinieren
n,sg,nt; Frischen *n,sg,nt*
refraction angle *n,sg;*
Einschallwinkel *n,sg,m*
refractory *adj;* feuerfest *adj*
(feuersicher); feuersicher *adj*
(feuerfest)
regulation *n,sg;* Vorschrift
n,sg,f
regulation for laying pipeli-
nes; Rohrverlegungsrichtlinie
n,sg,f
reinforced concrete; armierter
Beton; Eisenbeton *n,sg,m*
(Stahlbeton)
reinforced concrete construc-
tion; Stahlbetonbau *n,sg,m*
reinforcement *n,sg;*
Armierung *n,sg,f;* Betonstahl
n,sg,m; Bewehrung *n,sg,f;*
Bewehrungsstahl *n,sg,m;*
Verstärkung *n,sg,f*
reinforcement of a welded
seam *n,sg;*
Schweißnahterhöhung *n,sg,f;*
Nahtüberhöhung *n,sg,f*
reinforcing *n,sg;* Verstärkung
n,sg,f
reinforcing bar *n,sg;*
Betonstahl *n,sg,m;*
Bewehrungsstahl *n,sg,m*
reinforcing bars *n,pl;*
Moniereisen *n,pl,nt*
reinforcing plate *n,sg;*
Verstärkungsplatte *n,sg,f*

reinforcing rod *n,sg;*
Betonstahl *n,sg,m;*
Bewehrungsstahl *n,sg,m*
rejected plate; Ausschußblech
n,sg,nt (zurückgewiesen)
rejected sheet; Ausschußblech
n,sg,nt (zurückgewiesen)
rejection *n,sg;* Verweigerung
n,sg,f
relevant welding parameters;
entsprechende Schweißdaten
remeasure *n,sg;* Nachmessen
n,sg,nt
removable ring flange;
Losflanschring *n,sg,m*
removable top plate and fixed
plate; Los- und Festflansch
removal of rust; Entrostung
n,sg,f
remove by chipping;
abmeißeln *v*
remove by milling; abfräsen *v*
remove by planing; abhobeln *v*
remove rust; entrosten *v*
repair shop *n,sg;*
Reparaturwerkstatt *n,sg,f*
repair welding *n,sg;*
Reparaturschweißung *n,sg,f*
repair-weld *v;* nachbrennen *v*
(als Reparatur); nachschweißen
v (als Reparatur)
repeated load; Dauerbelastung
n,sg,f (Schwingbelastung);
Dauerschwingbelastung *n,sg,f*
repeated load;
Schwingbelastung *n,sg,f*
(Dauerbelastung)
repeated notched-bar impact
bending test;
Dauerkerbschlagversuch *n,sg,m*
repeated stress;
Dauerbeanspruchung *n,sg,f;*

Dauerschwingbeanspruchung
n,sg,f;
Schwingungsbeanspruchung
n,sg,f
repeated tensile test*;*
Dauerzugversuch *n,sg,m*
repeated tension test;
Dauerzugversuch *n,sg,m*
repetitive stressing;
Dauerschwingbeanspruchung
n,sg,f
replacement bolt *n,sg;*
Auswechsschaube *n,sg,f (bei
Ermüdung)*
requirements on firms;
Anforderung an den Betrieb
reservoir *n,sg* [BE]; Behälter
n,sg,m (Tank)
reservoir construction *n,sg*
[BE]; Behälterbau *n,sg,m*
residential building;
Wohnhaus *n,sg,nt*
residual deflection; bleibende
Durchbiegung
residual stress *n,sg;*
Restspannung *n,sg,f;*
Eigenspannung *n,sg,f*
residual stress due to rolling;
Walzspannung *n,sg,f;*
Schweißspannung *n,sg,f*
residual stress due to welding
resist *v;* aufnehmen *v;*
aushalten *v;* widerstehen *v*
resistance *n,sg;* Festigkeit
n,sg,f; Widerstand *n,sg,m*
resistance fusion welding
n,sg;
Widerstandsschmelzschweißen
n,sg,nt (DIN 1910)
resistance moment *n,sg;*
Widerstandsmoment *n,sg,nt*
resistance to ageing;

Alterungsbeständigkeit *n,sg,f*
**resistance to alternating stres-
ses;**
Wechselbelastungsfähigkeit
n,sg,f (z.B. des Materials)
**resistance to fluctuating stres-
ses;** Festigkeit gegen
schwellende Belastung
resistance to wear;
Verschleißfestigkeit *n,sg,f*
resistance to weathering;
Wetterbeständigkeit *n,sg,f;*
Witterungsbeständigkeit *n,sg,f*
resistance welding *n,sg;*
Widerstandspreßschweißen
n,sg,nt;
Widerstandsschweißung *n,sg,f*
resisting moment *n,sg;*
widerstehendes Moment;
aufnehmbares Moment;
Widerstandsmoment *n,sg,nt*
resistivity *n,sg;*
Widerstandsfähigkeit *n,sg,f*
resolution of forces*;*
Kräftezerlegung *n,sg,f*
response spectrum *n,sg;*
Ansprechspektrum *n,sg,nt*
restrain *v;* einspannen *v*
restrained weld test; Rißprobe
unter Einspannung
restraint *n,sg;* Einspannung
n,sg,f; Schrumpfbehinderung
n,sg,f
restraint condition *n,sg;*
Einspannbedingung *n,sg,f*
restraint moment *n,sg;*
Einspannmoment *n,sg,nt*
resultant *n,sg;* Mittelkraft
n,sg,f; Resultierende *n,sg,f*
resulting drawings;
angefallene Zeichnungen
resulting statics; angefallene

Statik

resurfacing *n,sg (by welding);*
Auftragschweißung *n,sg,f*
(Reparatur)

retaining rail *n,sg;*
Handlaufschiene *n,sg,f*

retaining wall *n,sg;*
Stützmauer *n,sg,f*

retest *n,sg;* Gegenprobe *n,sg,f*
(Wiederholungsversuch)

retest specimen *n,sg;*
Nachprüfungsmusterstück
n,sg,nt

Rev. *(Abv);* Rev. *(Abk.*
Änderung)

reversal of forces; Umschlagen
von Kräften *(Umkehren)*

reversal of stress; Lastwechsel
n,sg,m

reversal stressing;
Wechselbeanspruchung *n,sg,f*

reverse load; Wechsellast
n,sg,f (beim Dauerversuch)

reversible process;
umkehrbarer Vorgang

revision *n,sg;* Änderung *n,sg,f*

revolutions per minute *(short:*
RPM); Umdrehungen pro
Minute

revolve *v;* drehen *v*

rhombic girder; Rautenträger
n,sg,m

ridge *n,sg;* Dachfirst *n,sg,m*

ridge lantern *n,sg* [AE];
Dachlaterne *n,sg,f (Dachreiter,*
Dachaufsatz)

ridge purlin *n,sg;* Firstbalken
n,sg,m; Firstpfette *n,sg,f*

ridge transom *n,sg;* Firstriegel
n,sg,m

ridge tree *n,sg;* Firstpfette
n,sg,f

ridge turret *n,sg;* Dachreiter
n,sg,m

ridging *n,sg;* Dachfirst *n,sg,m*

right hand; Ausführung rechts

right side view; Seitenansicht
von rechts

right type; rechte Ausführung

right-hand thread *n,sg;*
Rechtsgewinde *n,sg,nt*

rigid *adj;* biegesteif *adj*

rigid arch; eingespannter Bogen

rigid chimney *(rigid*
smokestack); eingespannter
Schornstein

rigid connection; Anschluß
n,sg,m (steifer Anschluß)

rigid fixing; vollständige
Einspannung

rigid frame; Steifrahmen
n,sg,m; biegefester Rahmen

rigid support; steifes Auflager

rigid-frame bridge *n,sg;*
Rahmenträgerbrücke *n,sg,f*

rigidity *n,sg;* Starrheit *n,sg,f;*
Steifigkeit *n,sg,f*

riming steel *n,sg;* unberuhigter
Stahl

ring craneway *n,sg;*
Ringkranbahn *n,sg,f (in einer*
Fabrikhalle)

ring craneway *n,sg (with*
trolley); Ringkatzbahn *n,sg,f*
(in einer Fabrikhalle)

ring platform *n,sg (to charge);*
Ringbühne *n,sg,f (des*
Hochofens); Rundbühne *n,sg,f*
(des Hochofens)

rise *n,sg;* Pfeilhöhe *n,sg,f*

rise of arch; Bogenpfeil *n,sg,m*

rise-span ratio *n,sg;*
Pfeilverhältnis *n,sg,nt*

riser *n,sg;* Standrohr *n,sg,nt;*

Steigleitung *n,sg,f*
rising flank; aufsteigende
Flanke
river span *n,sg;* Strombrücke
n,sg,f
rivet *n,sg;* Niet *n,sg,m;* Niete
n,sg,f
rivet back-mark *n,sg;*
Nietrißlinie *n,sg,f*
rivet body *n,sg;* Nietschaft
n,sg,m
rivet carrying stress; Kraftniet
n,sg,m
rivet connection *n,sg;*
Nietanschluß *n,sg,m*
rivet cross section *n,sg;*
Nietquerschnitt *n,sg,m*
rivet diameter *n,sg;*
Nietdurchmesser *n,sg,m*
rivet gauge line *n,sg;*
Nietrißlinie *n,sg,f*
rivet head *n,sg;* Nietkopf
n,sg,m
rivet heating *n,sg;*
Nietvorwärmung *n,sg,f*
rivet hole diameter *n,sg;*
Nietlochdurchmesser *n,sg,m*
rivet pitch *n,sg;* Nietabstand
n,sg,m; Nietteilung *n,sg,f*
rivet section *n,sg;*
Nietquerschnitt *n,sg,m*
rivet shank *n,sg;* Nietschaft
n,sg,m
rivet snap *n,sg;* Nietdöpper
n,sg,m (Schelleisen)
rivet spacing *n,sg;*
Nietabstand *n,sg,m;*
Nietteilung *n,sg,f*
rivet steel *n,sg;* Nietstahl
n,sg,m
riveted connection;
Nietanschluß *n,sg,m;*

Nietverbindung *n,sg,f*
riveted flange; Nietflansch
n,sg,m
riveted joint; Nietanschluß
n,sg,m; Nietverbindung *n,sg,f*
riveting *n,sg;* Nieten *n,sg,nt;*
Nietung *n,sg,f*
riveting hammer *n,sg;*
Niethammer *n,sg,m*
riveting set *n,sg;* Nietdöpper
n,sg,m (Schelleisen)
road bridges *n,pl;* Straßen- und
Wegbrücken
roadway *n,sg;* Fahrbahn *n,sg,f*
(auf der Brücke)
roadway covering *n,sg;*
Fahrbahnabdeckung *n,sg,f*
roadway drainage *n,sg;*
Fahrbahnentwässerung *n,sg,f*
roadway surfacing *n,sg;*
Brückenbelag *n,sg,m;*
Fahrbahnabdeckung *n,sg,f*
roadway width *n,sg;*
Fahrbahnbreite *n,sg,f*
robot welder *n,sg;*
Schweißroboter *n,sg,m*
rocker *n,sg;* Lagerpendel
n,sg,nt; Wiege *n,sg,f*
rocker bearing *n,sg;* Kipplager
n,sg,nt; Pendellager *n,sg,nt;*
Schwingenlager *n,sg,nt;*
Stelzenlager *n,sg,nt*
rocker pin *n,sg;* Kippzapfen
n,sg,m; Wiegezapfen *n,sg,m*
rocker post *n,sg;* Pendelstütze
n,sg,f
Rockwell hardness test *n,sg;*
Rockwell-Härteprüfung *n,sg,f*
rod *n,sg;* Schweißdraht *n,sg,m;*
Stab *n,sg,m (Stabstahl)*
rod *n,sg (bar);* Stange *n,sg,f*
rod holder *n,sg;*

Elektrodenhalter *n,sg,m*

roll flattening *n,sg;* Glätten
n,sg,nt; Planieren *n,sg,nt*

roll straightening *n,sg;*
Rollenrichten *n,sg,nt*

roll welding *n,sg;*
Walzschweißen *n,sg,nt (DIN
1910)*

rolled beam; Profilträger *n,sg,m*

rolled joist; Profilträger *n,sg,m*

rolled plate; Walzblech *n,sg,nt;*
Walztafel *n,sg,f*

rolled products;
Walzwerkerzeugnisse *n,pl,nt*

rolled section [BE]; Walzprofil
n,sg,nt

rolled shape [AE]; Walzprofil
n,sg,nt

rolled sheet metal; Walzblech
n,sg,nt; Walztafel *n,sg,f*

rolled steel joist; Walzträger
n,sg,m; Doppel-T-Träger *n,sg,m*

rolled wire; Walzdraht *n,sg,m*

roller *n,sg (e.g. support of roller
bridge);* Auflager *n,sg,nt
(beweglich; z.B. Brückenende);*
Walze *n,sg,f*

roller bearing *n,sg;*
Walzenlager *n,sg,nt*

roller dam *n,sg;* Walzenwehr
n,sg,nt

roller gate *n,sg;* Rollenschütz
n,sg,m

roller sluice gate *n,sg;*
Rollenschütz *n,sg,m*

rolling defect *n,sg;* Walzfehler
n,sg,m

rolling load; Verkehrslast *n,sg,f*

rolling mill products *n,pl;*
Walzwerkerzeugnisse *n,pl,nt*

rolling skin *n,sg;* Walzhaut
n,sg,f

roof batten *n,sg;* Dachlatte
n,sg,f

roof beam *n,sg;* Dachbalken
n,sg,m

roof cap *n,sg;* Dachaufsatz
n,sg,m

roof construction *n,sg;*
Dachkonstruktion *n,sg,f*

roof covering *n,sg;*
Dacheindeckung *n,sg,f*

roof framework *n,sg;*
Dachstuhl *n,sg,m*

roof girder *n,sg;* Dachträger
n,sg,m

roof plane *n,sg;* Dachebene
n,sg,f

roof sheathing *n,sg;* Dachhaut
n,sg,f

roof sheeting *n,sg;* Dachhaut
n,sg,f

roof slap *n,sg;* Dachplatte *n,sg,f*

roof slope *n,sg;* Dachneigung
n,sg,f

roof support *n,sg;*
Stollenausbau *n,sg,m*

roof truss *n,sg;* Dachbinder
n,sg,m; Fachwerkbinder
n,sg,m; Dachstuhl *n,sg,m*

roof truss shoe *n,sg;*
Dachbinderfuß *n,sg,m;*
Dachfuß *n,sg,m*

roofing *n,sg;* Bedachung *n,sg,f;*
Dacheindeckung *n,sg,f
(Bedachung)*

rooflight *n,sg;* Oberlicht *n,sg,nt*

root *n,sg (e.g. of weld seam);*
Wurzel *n,sg,f (z.B. der
Schweißnaht)*

root bend *n,sg;* Wurzelbiegung
n,sg,f

root bend specimen *n,sg;*
Wurzelbiegeprobestück *n,sg,nt*

root crack *n,sg;* Wurzelriß
n,sg,m

root defect *n,sg;* Wurzelfehler
n,sg,m

root diameter *n,sg;*
Kerndurchmesser *n,sg,m (z.B.
einer Schraube)*

root face *n,sg;* Steghöhe *n,sg,f;*
Stegflanke *n,sg,f*

root of thread; Gewindekern
n,sg,m

root opening *n,sg;*
Wurzelöffnung *n,sg,f*

root pass *n,sg;* Wurzellage
n,sg,f

rope pulley *n,sg;* Seilscheibe
n,sg,f (z.B. am Fördergerüst)

rope sheave *n,sg;* Seilscheibe
n,sg,f (z.B. am Fördergerüst)

rotary crane *n,sg;* Drehkran
n,sg,m

rotary tower crane;
Turmdrehkran *n,sg,m*

rotating jig *n,sg;*
Drehvorrichtung *n,sg,f*

rotating load *n,sg;*
Umfangslast *n,sg,f*

rotation *n,sg;* Verdrehung
n,sg,f

rough *adj;* roh *adj (uneben);*
unbearbeitet *adj*

rough dimension; Rohmaß
n,sg,nt

round *n,sg;* Rundstab *n,sg,m*

round bar *n,sg;* Rundstab
n,sg,m

round bar steel; Rundstahl
n,sg,m

round member *n,sg;* Rundstab
n,sg,m

round reinforcing rod;
Bewehrungsrundstahl *n,sg,m*

round steel *n,sg (rounds);*
Rundstahl *n,sg,m*

round thin-walled steel silo;
dünnwandiges Rundsilo aus
Stahl

round timber; Rundholz *n,sg,nt*

round-cornered *adj;*
rundkantig *adj*

round-edged *adj;* rundkantig
adj

round-edged equal angle;
gleichschenkliger rundkantiger
Winkelstahl

round-head rivet *n,sg;*
Halbrundniet *n,sg,m*

rounding off *n,sg;* Ausrundung
n,sg,f

row of holes; Lochreihe *n,sg,f*

row of rivets; Nietreihe *n,sg,f*

rule *n,sg (standard);* Regel
n,sg,f (Norm)

run *n,sg;* Schweißlage *n,sg,f*
(Schicht); Lage *n,sg,f*
(Schweißlage)

run-off tab *n,sg (cut off after
welding);* Nahtauslaufblech
n,sg,nt (künstlich verlängert)

run-out plate *n,sg (cut off after
weld);* Auslaufblech *n,sg,nt
(nach dem Schweißen abtrennen)*

rung *n,sg (of a ladder);* Sprosse
n,sg,f

running rail *n,sg;*
Kranbahnschiene *n,sg,f;*
Kranschiene *n,sg,f;*
Laufschiene *n,sg,f*
(Kranbahnschiene, Kranschiene)

runout *n,sg;* Auslauf *n,sg,m*
(der Schweißnaht)

runout of seam;
Schweißnahtauslauf *n,sg,m*

runway *n,sg;* Bedienungssteg

n,sg,m; Laufsteg *n,sg,m*
rupture *v;* brechen *v*
(vernichten, zerbrechen)
rupture stress *n,sg;*
Bruchspannung *n,sg,f*
rust *v;* rosten *v*
rust layer *n,sg;* Rostbelag
n,sg,m
rust preventive *n,sg;*
Rostschutzmittel *n,sg,nt*
rust removal *n,sg;* Entrostung
n,sg,f
rust resistance *n,sg;*
Korrosionsbeständigkeit *n,sg,f;*
Rostbeständigkeit *n,sg,f*
rust-preventive paint;
Rostschutzanstrich *n,sg,m*
rust-proof *adj;*
korrosionsbeständig *adj;*
nichtrostend *adj (rostfrei);*
rostbeständig *adj*
rust-protective agent;
Rostschutzmittel *n,sg,nt*
rust-resisting *adj;*
korrosionsbeständig *adj;*
rostbeständig *adj*
rustless *adj (stainless);* rostfrei
adj (nichtrostend);
nichtrostend *adj (rostfrei)*

S

saddle roof *n,sg;* Satteldach
n,sg,nt
saddle support *n,sg;*
Sattellager *n,sg,nt*
safe load; Belastung *n,sg,f*
(zulässige Ladung, Last);
zulässige Belastung; zulässige
Last
safe working load; zulässige
Nutzlast

safety against ...; Sicherheit
gegen ...
safety against local buckling;
Beulsicherheit *n,sg,f*
safety against overturning;
Kippsicherheit *n,sg,f*
safety cage *n,sg;* Rückenschutz
n,sg,m
safety chain *n,sg;*
Sicherheitskette *n,sg,f*
safety device *n,sg;*
Schutzvorrichtung *n,sg,f*
safety factor *n,sg;*
Sicherheitsfaktor *n,sg,m*
(Sicherheitszahl)
safety factor *n,sg;*
Sicherheitszahl *n,sg,f*
(Sicherheitsfaktor)
safety guard *n,sg;*
Schutzvorrichtung *n,sg,f*
sag *n,sg;* Durchbiegung *n,sg,f*
sag *n,sg (e.g. of cable);*
Durchhang *n,sg,m (eines
Bauteils, z.B. Kabel)*
sag bar *n,sg* [BE];
Pfettenaufhängung *n,sg,f*
sag rod *n,sg* [AE];
Pfettenaufhängung *n,sg,f*
sagging bending moment
[BE]; positives Biegemoment
salamander *n,sg (e.g. platinum,
gold or silver);* Sau *n,sg,f
(wertvoller Rest im Hochofen)*
salamander tap *n,sg;*
Sauabstich *n,sg,m (Entfernen
des Hochofenrests)*
sale price *n,sg;* Verkaufspreis
n,sg,m
sample a random; Stichproben
nehmen
sampling *n,sg;* Bemusterung
n,sg,f; Probeentnahme *n,sg,f;*

Probenahme *n,sg,f*
sand-blast *v;* sandstrahlen *v*
sand-blast apparatus *n,sg;*
Sandstrahlgebläse *n,sg,nt*
sand-blasting *n,sg;*
Sandstrahlen *n,sg,nt*
sanding *n,sg (with emery
paper);* Abschmirgeln *n,sg,nt
(mit Sandpapier)*
sanitation *n,sg;* Sanierung
n,sg,f (an einem Bau)
sash bar *n,sg;* Glasdachsprosse
n,sg,f; Sprossenstahl *n,sg,m*
SAW *(Abv.);* UP *(Abk. f.
Unterpulverschweißen)*
saw-cutting *n,sg;* Sägen *n,sg,nt*
saw-tooth roof *n,sg;* Sehddach
n,sg,nt; Sheddach *n,sg,nt*
sawing *n,sg;* Sägen *n,sg,nt*
scaffold *n,sg;* Baugerüst
n,sg,nt; Gerüst *n,sg,nt*
scaffolding *n,sg;* Baugerüst
n,sg,nt
scale *n,sg;* Walzzunder *n,sg,m*
scale *n,sg (e.g. in drawings);*
Abbildungsmaßstab *n,sg,m
(z.B. der Zeichnung)*
scaled drawing;
maßstabsgerechte Zeichnung
scatter band *n,sg;* Streubereich
n,sg,m
scatter range *n,sg;*
Streubereich *n,sg,m*
scatter zone *n,sg;* Streubereich
n,sg,m
school building *n,sg;*
Schulgebäude *n,sg,nt*
scope *n,sg;* Anwendungsbereich
n,sg,m; Geltungsbereich *n,sg,m*
scope of analysis;
Analysengrenze *n,sg,f
(Umfang)*

scotch derrick *n,sg* [BE];
Derrickkrane mit 270
Schwenkbereich
scrap *n,sg;* Schrott *n,sg,m*
scratch gauge *n,sg;* Streichmaß
n,sg,nt (Anreißwerkzeug)
screed *n,sg;* Glättbalken
n,sg,m; Belag *n,sg,m*
screed *n,sg (screeding);*
Überzug *n,sg,m (Glättung)*
screeding *n,sg;* Belag *n,sg,m*
screw *n,sg;* Schraube *n,sg,f*
screw connection *n,sg;*
Anschlußverschraubung *n,sg,f*
screw flange *n,sg;*
Schraubflansch *n,sg,m*
screw jack *n,sg;*
Schraubenwinde *n,sg,f*
screw steel *n,sg;*
Schraubenmaterial *n,sg,nt
(Werkstoff)*
screwed bolt; Gewindebolzen
n,sg,m
sculptor's plaster;
Bildhauergips *n,sg,m;* Stuck
n,sg,m
sea level *n,sg;* Meereshöhe
n,sg,f (Meeresspiegel)
seal *n,sg;* Verschluß *n,sg,m*
seal weld *n,sg;*
Dichtschweißung *n,sg,f*
sealing stud *n,sg;*
Verschlußzapfen *n,sg,m*
seam *n,sg (welding, weld seam);*
Naht *n,sg,f;* Schweißnaht
n,sg,f; Halsnaht *n,sg,f*
seam crown *n,sg;* Nahtscheitel
n,sg,m
**seam free from any disconti-
nuities;** fehlerfreie
Schweißnaht
seam leg *n,sg;* Nahtschenkel

n,sg,m
seam root *n,sg;* Nahtwurzel
n,sg,f
seam state *n,sg;*
Nahtbeschaffenheit *n,sg,f*
seam weld *n,sg;*
Nahtschweißung *n,sg,f*
seamless *adj;* nahtlos *adj*
seamless steel tube; nahtloses
Stahlrohr
seamless tube; nahtloses Rohr
**seams free from any disconti-
nuities;** fehlerfreie
Schweißnähte
seat of fire; Brandherd *n,sg,m*
seating angle *n,sg* [AE];
Aufsetzwinkel *n,sg,m*
seating cleat *n,sg;*
Aufsetzwinkel *n,sg,m*
secondary beam [BE];
Deckenträger *n,sg,m*
secondary loads; Zusatzlasten
n,pl,f
secondary stress *n,sg;*
Nebenspannung *n,sg,f*
section *n,sg;* Durchschnitt
n,sg,m (Schnitt); Formstahl
n,sg,m; Profil *n,sg,nt;*
Profilstahl *n,sg,m;* Schnitt
n,sg,m (Sektion);
Schnittangabe *n,sg,f;* Schuß
n,sg,m
section *n,sg (angle sections);*
L-Stahl *n,sg,m*
section *n,sg (member);* Glied
n,sg,nt
section modulus *n,sg;*
Widerstandsmoment *n,sg,nt*
(z.B. eines Querschnitts)
section property *n,sg;*
Querschnittswert *n,sg,m*
section shears *n,pl;*

Profilschere *n,sg,f*
sectional area;
Querschnittsfläche *n,sg,f*
sectional steel; Formstahl
n,sg,m; Profilstahl *n,sg,m*
sections *n,pl;* Formstahl *n,sg,m*
sector gate *n,sg* [BE];
Sektorschütz *n,sg,m*
see sketch; siehe Skizze
segment fitting *n,sg;*
Segmentarmatur *n,sg,f*
segmental arch; Segmentbogen
n,sg,m
segregation *n,sg;* Seigerung
n,sg,f
seismic spectrum; seismisches
Spektrum
seismogram *n,sg;*
Seismogramm *n,sg,nt*
seismometer *n,sg;* Seismometer
n,sg,nt
self weight *n,sg;* Eigengewicht
n,sg,nt
self-propelled crane; Kran mit
Selbstantrieb
self-tapping screw;
Halbrundblechschraube *n,sg,f*
selling price *n,sg;*
Verkaufspreis *n,sg,m*
semi-finished products;
Halbzeug *n,sg,nt*
semi-killed steel;
halbberuhigter Stahl
semi-parabolic girder;
Halbparabelträger *n,sg,m*
semis *n,pl;* Halbzeug *n,sg,nt*
sense of rotation; Drehrichtung
n,sg,f
sensitivity to ...;
Empfindlichkeit gegen ...
sensitivity to ageing;
Alterungsempfindlichkeit *n,sg,f*

separator *n,sg;* Distanzstück
n,sg,nt
sequence *n,sg (welding
sequence);* Folge *n,sg,f
(Schweißfolge)*
service gangway *n,sg;*
Bedienungslaufsteg *n,sg,m*
service load *n,sg;*
Gebrauchslast *n,sg,f;* Nutzlast
n,sg,f
service stress *n,sg;*
Gebrauchsspannung *n,sg,f*
service tract *n,sg;*
Versorgungstrakt *n,sg,m*
service-load stress *n,sg;*
Gebrauchsspannung *n,sg,f*
set *n,sg (material testing);*
Durchbiegung *n,sg,f*
set bolt *n,sg;* Kopfbolzen *n,sg,m*
set head *n,sg;* Setzkopf *n,sg,m
(bei einer Nietung)*
set screw *n,sg;* Kopfschraube
n,sg,f
set-up *n,sg;* Aufbau *n,sg,m
(Montage)*
setting-out plan *n,sg;*
Absteckungsplan *n,sg,m*
settlement *n,sg;* Senkung *n,sg,f*
settlement of supports; nicht
planmäßige Stützensenkung
settling *n,sg;* Senkung *n,sg,f*
sewage channel *n,sg;*
Entwässerungskanal *n,sg,m*
sewage fitting *n,sg;*
Abwasserformstück *n,sg,nt*
sewage pipe *n,sg;*
Abwasserrohr *n,sg,nt*
sewage pipe line *n,sg;*
Entwässerungsleitung *n,sg,f*
sewage system *n,sg;*
Entwässerungsanlage *n,sg,f*
shaft *n,sg;* Schaft *n,sg,m*

shaft construction *n,sg;*
Schachtausbau *n,sg,m*
shaft walling *n,sg;*
Schachtausbau *n,sg,m*
shaking sieve *n,sg;* Rüttelsieb
n,sg,nt
shank *n,sg;* Schaft *n,sg,m*
shank *n,sg (of a screw);*
Schraubenschaft *n,sg,m*
shank diameter *n,sg;*
Schaftdurchmesser *n,sg,m*
shank section *n,sg;*
Schaftquerschnitt *n,sg,m*
shape *v;* gestalten *v;* formen *v*
shape *n,sg (structure);* Profil
n,sg,nt; Formstahl *n,sg,m;*
Profilstahl *n,sg,m*
shape factor *n,sg;*
Plastizitätszahl *n,sg,f;*
Querschnittsformbeiwert *n,sg,m*
shape of force trajectories;
Kraftlinienverlauf *n,sg,m*
shaped probe; angepaßter
Prüfkopf
shaped steel; Formgebung
n,sg,f; Profilstahl *n,sg,m*
shear *n,sg;* Abscheren *n,sg,nt;*
Querkraft *n,sg,f;* Schub *n,sg,m*
shear *v;* abschneiden *v*
shear blade *n,sg;*
Scherenmesser *n,sg,nt*
shear centre *n,sg* [BE];
Schubmittelpunkt *n,sg,m*
shear connector *n,sg;* Dübel
n,sg,m; Schubdübel *n,sg,m;*
Verbundanker *n,sg,m*
shear diagram *n,sg;* Querfläche
n,sg,f; Querkraftfläche *n,sg,f*
shear force *n,sg;*
Scherfestigkeit *n,sg,f;*
Scherkraft *n,sg,f;* Schubkraft
n,sg,f

shear modulus *n,sg;*
Gleitmodul *n,sg,nt*
(Schubmodul)
shear plane *n,sg;*
Schubkraftfläche *n,sg,f*
shear strength *n,sg;*
Scherfestigkeit *n,sg,f;*
Schubfestigkeit *n,sg,f*
shear stress *n,sg;*
Scherspannung *n,sg,f;*
Schubspannung *n,sg,f*
shear stressing *n,sg;*
Scherbeanspruchung *n,sg,f;*
Schubbeanspruchung *n,sg,f*
shear to length; ablängen *v*
shearing *n,sg;* Abscheren
n,sg,nt; Schub *n,sg,m*
shearing area *n,sg;*
Scherfläche *n,sg,f*
shearing force *n,sg;* Querkraft
n,sg,f; Scherfestigkeit *n,sg,f;*
Scherkraft *n,sg,f;* Schubkraft
n,sg,f
shearing modulus *n,sg (of
elasticity);* Schubmodul *n,sg,nt*
**shearing modulus of elastici-
ty;** Gleitmodul *n,sg,nt*
shearing rod *n,sg (between
track rollers);* Scherleiste *n,sg,f*
(zwischen Laufrollen)
shearing strain *n,sg;*
Verformungswinkel *n,sg,m*
(Verzerrungswinkel)
shearing strength *n,sg;*
Abscherfestigkeit *n,sg,f;*
Schubfestigkeit *n,sg,f*
shearing stress *n,sg;*
Abscherbeanspruchung *n,sg,f;*
Scherspannung *n,sg,f;*
Schubspannung *n,sg,f*
shearing test *n,sg;*
Scherversuch *n,sg,m*

shears *n,pl;* Schere *n,sg,f*
sheathing *n,sg (sheeting);*
Schalung *n,sg,f (z.B.
Kletterschalung)*
shed *n,sg;* Halle *n,sg,f*
(Fabrikhalle)
shed girder *n,sg;* Shedträger
n,sg,m
sheet *n,sg;* Feinblech *n,sg,nt*
sheet asphalt *n,sg;* Gußasphalt
n,sg,m
sheet covering *n,sg;* Blechbelag
n,sg,m
sheet edge *n,sg;* Blechecke
n,sg,f
sheet gauge *n,sg;* Blechdicke
n,sg,f
sheet lead *n,sg;* Bleiblech
n,sg,nt
Sheet No.; Blatt Nr.
sheet pile *n,sg (piling steel);*
Spundbohle *n,sg,f*
sheet steel *n,sg;* Feinblech
n,sg,nt
sheet steel casing *n,sg;*
Mantelblech *n,sg,nt*
sheet zinc *n,sg;* Zinkblech
n,sg,nt
shield metal arc welding *n,sg;*
Elektroschweißen *n,sg,nt*
shielded *adj (e.g. against
possible damage);* umhüllt *adj
(geschützt)*
shielded arc welding;
Schutzgasschweißung *n,sg,f*
(DIN 1910)
shielded metal arc welding;
CO2-Schweißen *n,sg,nt;*
Lichtbogenhandschweißen
n,sg,nt
shift *n,sg* [AE]; Schicht *n,sg,f*
(Schichtende und Mannschaft)

shim *n,sg;* Unterlagsblech
  n,sg,nt (beim Strahlentest)
shim stock *n,sg;* Satz von
  Beilageplatten
ship's ladder; Schiffstreppe
  n,sg,f
shiplift *n,sg;* Schiffshebewerk
  n,sg,nt
shivel hook *n,sg;* drehbarer
  Haken
shock *n,sg;* Schlag *n,sg,m*
  (Stoß)
shock welding *n,sg;*
  Schockschweißen *n,sg,nt*
shock-absorbing buffer;
  Stoßdämpfer *n,sg,m*
shop *n,sg;* Betrieb *n,sg,m*
  (Werkstatt)
shop and field work;
  Werkstatt- und Baustellenarbeit
shop assembling *n,sg;*
  Werkstattzusammenbau *n,sg,m*
shop assembly *n,sg;*
  Werkstattmontage *n,sg,f*
shop coat *n,sg;*
  Werkstattanstrich *n,sg,m*
shop connection *n,sg;*
  Werkstattstoß *n,sg,m*
shop drawing *n,sg;*
  Konstruktionszeichnung *n,sg,f;*
  Werkstattzeichnung *n,sg,f*
shop foreman *n,sg;*
  Werkstattleiter *n,sg,m (z.B.*
  ein Meister)
shop joint *n,sg;* Werkstattstoß
  n,sg,m
shop painting *n,sg;*
  Werkstattanstrich *n,sg,m*
shop rivet *n,sg;* Werkstattniet
  n,sg,m
shop welding *n,sg;* F.S. *(Abk.*
  f. Fabrikschweißung);

  Fabrikschweißung *n,sg,f;*
  Werkstattschweißung *n,sg,f*
shop-driven rivet;
  Werkstattniet *n,sg,m*
shored beam [AE];
  unterstempelter Träger
shoring *v (sheathing);*
  abstützen *v (Grabenwand*
  durch Verbau)
shoring up *n,sg;* Absteifung
  n,sg,f
shot blasting *n,sg;* Strahlen mit
  Stahlsand
shrink *v;* schrumpfen *v;*
  schwinden *v*
shrinkage *n,sg (e.g. of concrete);*
  Schwinden *n,sg,nt;*
  Schrumpfung *n,sg,f*
shrinkage *n,sg (the amount of*
  shrinkage); Schrumpfmaß
  n,sg,nt
shrinkage cavity *n,sg;* Lunker
  n,sg,m (Hohlraumbildung,
  Schrumpfung)
shrinkage crack *n,sg;*
  Schrumpfriß *n,sg,m*
shrinkage hole *n,sg;* Lunker
  n,sg,m (Hohlraumbildung,
  Schrumpfung)
shrinkhole *n,sg;* Lunker *n,sg,m*
  (Hohlraumbildung,
  Schrumpfung)
shutter *n,sg;* Fensterladen
  n,sg,m; Jalousie *n,sg,f*
shutter *v;* verschalen *v*
shuttering *n,sg;* Schalung
  n,sg,f (Beton); Verschalung
  n,sg,f (im Betonbau)
side bay *n,sg;* Seitenschiff
  n,sg,nt (z.B. einer Halle oder
  Kirche)
side bend specimen *n,sg;*

Querfaltbiegeprobe *n,sg,f*
side elevation *n,sg;*
  Seitenaufriß *n,sg,m*
side face *n,sg;* Seitenfläche
  n,sg,f
side nave *n,sg;* Seitenschiff
  *n,sg,nt (z.B. einer Halle oder
  Kirche)*
side plate *n,sg;*
  Innenflanschlasche *n,sg,f*
side span *n,sg;* Seitenöffnung
  n,sg,f (bei einer Brücke)
side wall *n,sg;* Seitenwand
  n,sg,f
sidewalk *n,sg* [AE]; Gehbahn
  n,sg,f; Fußweg *n,sg,m*
sidewalk bracket *n,sg* [AE];
  Fußwegkonsole *n,sg,f*
sidewalk railing *n,sg* [AE];
  Fußweggeländer *n,sg,nt*
siding *n,sg;* Gleisanschluß
  n,sg,m
silo *n,sg;* Bunker *n,sg,m;* Silo
  n,sg,m
silo bins *n,pl;* Silozellen *n,pl,f*
simple beam; Träger auf zwei
  Stützen
simple bending; einfache
  Biegung; reine Biegung;
  Biegung *n,sg,f*
simple support; einfaches Lager
simplified calculation;
  vereinfachte Berechnung
simplified formula;
  vereinfachte Formel
simply supported; frei
  aufliegend
simply supported beam;
  Träger auf zwei Stützen
sine *n,sg;* Sinus *n,sg,m*
single bevel with root face;
  HY-Naht *n,sg,f*

single row *n,sg (e.g. rivet
  connection);* einreihig *adj (z.B.
  Nietverbindung)*
**single storey industrial buil-
  ding;** Halle *n,sg,f (Fabrikhalle)*
single test *n,sg;* Einzelversuch
  n,sg,m
single track *n,sg;* eingleisig *adj*
single U; U-Naht *n,sg,f*
single U *(special weld seam);*
  SU-Naht *n,sg,f
  (Schweißsondernaht)*
single U notch; U-Kerbe *n,sg,f*
single V; V-Naht *n,sg,f*
single V groove; V-Naht *n,sg,f*
single V notch; Spitzkerbe
  n,sg,f
single Y; Y-Naht *n,sg,f*
single Y with root face; Y-Naht
  n,sg,f (mit Steg)
single-bay industrial building;
  einschiffige Halle
single-pass welding *n,sg;*
  Einlagenschweißung *n,sg,f*
single-roller bearing *n,sg;*
  Einrollenlager *n,sg,nt*
single-run welding *n,sg;*
  Einlagenschweißung *n,sg,f*
single-span *adj;* einfeldrig *adj*
single-span girder *n,sg;*
  Einfeldträger *n,sg,m*
sinking *n,sg* [BE]; Senkung
  n,sg,f
site *n,sg;* Baustelle *n,sg,f*
site connection *n,sg* [BE];
  Baustellenanschluß *n,sg,m;*
  Baustellenstoß *n,sg,m;*
  Montagestoß *n,sg,m*
site equipment *n,sg;*
  Baustelleneinrichtung *n,sg,f*
site joint *n,sg;* Baustellenstoß
  n,sg,m (nicht in der Werkstatt)

site painting *n,sg;*
Baustellenanstrich *n,sg,m*
site plan *n,sg;* Lageplan *n,sg,m*
site rivet *n,sg* [BE];
Baustellenniet *n,sg,f*
site welding *n,sg;* M.S. *(Abk. f.*
Montageschweißung);
Baustellenschweißung *n,sg,f;*
Montageschweißung *n,sg,f*
site-driven rivet [BE];
Baustellenniet *n,sg,f*
size stemm *n,sg;* Dicke *n,sg,f*
(bei T-Stahl)
skeleton *n,sg;* Tragwerk *n,sg,nt*
sketch *n,sg;* Entwurf *n,sg,m*
skew *adj;* schief *adj*
skew bridge; schiefe Brücke
skewback hinge *n,sg;*
Kämpfergelenk *n,sg,nt (nach*
Kämpfer)
skimming coat *n,sg;*
Glattstrich auf Putz
skirting board *n,sg;* Fußleiste
n,sg,f
skylight *n,sg;* Oberlicht *n,sg,nt*
skylight purlin *n,sg;*
Oberlichtpfette *n,sg,f*
skyscraper *n,sg;* Hochhaus
n,sg,nt (Wolkenkratzer)
skyscraper *n,sg;*
Wolkenkratzer *n,sg,m*
(Hochhaus)
slab *n,sg;* Platte *n,sg,f*
slackening *n,sg;* Lockerung
n,sg,f (beim Niet)
sleeve joint *n,sg;* Einsteckstoß
n,sg,m; Rohrstoß mit
Einsteckmuffe
slenderness ratio *n,sg;*
Schlankheitsgrad *n,sg,m*
slewing crane *n,sg;* Drehkran
n,sg,m; Turmdrehkran *n,sg,m*

slide line *n,sg;* Gleitlinie *n,sg,f*
slide-rule *n,sg;* Rechenschieber
n,sg,m; Rechenstab *n,sg,m*
sliding *n,sg;* Gleiten *n,sg,nt*
(Rutschen, Ausrutschen)
sliding bearing *n,sg;* Gleitlager
n,sg,nt
sliding gate *n,sg;* Schiebetor
n,sg,nt
sliding pole *n,sg;* Gleitstange
n,sg,f
sling *n,sg;* Schlinge *n,sg,f*
sling with several legs;
Anschlagseil mit mehreren
Trummen
slip joint *n,sg;* Einsteckstoß
n,sg,m
slip line *n,sg;* Gleitlinie *n,sg,f*
slippage *n,sg;* Gleiten *n,sg,nt*
(Rutschen, Ausrutschen)
slope *n,sg;* Neigung *n,sg,f*
slope *n,sg (e.g. downwards*
slope); Gefälle *n,sg,nt*
(Steilstelle)
slope upwards; Steigung *n,sg,f*
slot weld *n,sg;* Langlochnaht
n,sg,f; Lochnaht mit Schlitz;
Lochschweißung *n,sg,f;*
Schlitznaht *n,sg,f (Lang- oder*
Rundloch)
slot welding *n,sg;*
Schlitzschweißung *n,sg,f*
slug test *n,sg;* Ausreißversuch
n,sg,m
sluice gate *n,sg;* Schütz *n,sg,nt;*
Wehrschütz *n,sg,nt*
sluice weir *n,sg;* Schützenwehr
n,sg,m
SMAW *(Abv);* E-Schweißen
n,sg,nt
smoke control *n,sg;*
Rauchkontrolle *n,sg,f*

smoke detector *n,sg;*
  Rauchmelder *n,sg,m*
smoke emission *n,sg;*
  Rauchentwicklung *n,sg,f*
smoke exhaust system *n,sg;*
  Rauchabsauganlage *n,sg,f*
smoke-proof *adj;* rauchdicht
  adj
smokestack *n,sg (chimney);*
  Kamin *n,sg,m*
  (Fabrikschornstein)
SN-curve *n,sg* [AE];
  Wöhlerkurve *n,sg,f*
snap die *n,sg;* Döpper *n,sg,m*
  (drückt z.B. die Niete
  zusammen); Nietdöpper *n,sg,m*
  (drückt Niete zusammen);
  Nietstempel *n,sg,m*
snap head *n,sg;* Schließkopf
  n,sg,m (bei einer Nietung)
snow load *n,sg;* Schneelast
  n,sg,f
social charges; Soziallasten
  n,pl,f
socket *n,sg;* Schelle *n,sg,f;*
  Seilschelle *n,sg,f (z.B. an der*
  Hängebrücke)
soft annealed; weichgeglüht *adj*
soft cushioning seam;
  Pufferung *n,sg,f (polsternde*
  Schweißschicht)
soft steel; Flußstahl *n,sg,m*
softening *n,sg;* Enthärtung
  n,sg,f; Weichmachung *n,sg,f*
soldering *n,sg;* Weichlöten
  n,sg,nt
sole plate; Grundplatte *n,sg,f*
  (z.B. Fußplatte)
sole-plate *n,sg (sole);* Sohle
  n,sg,f
solid steel suspension rod;
  Hängestange aus Vollstahl

solid web arch; Vollwandbogen
  n,sg,m
solid web beam;
  Vollwandträger *n,sg,m*
solid web girder;
  Vollwandträger *n,sg,m*
solid-webbed *adj;* vollwandig
  adj
source of error; Fehlerquelle
  n,sg,f
south entrance *n,sg;* Eingang
  Süd *n,sg,m*
sow *n,sg (rest of a precious metal*
  in a blast furnace); Sau *n,sg,f*
  (wertvoller Rest im Hochofen)
sow tap *n,sg (salamander*
  chute); Saurinne *n,sg,f (Rinne,*
  auf der die Sau aus dem
  Hochofen fließt)
space frame *n,sg;*
  Raumfachwerk *n,sg,nt*
spacer *n,sg;* Distanzstück
  n,sg,nt
spacing *n,sg;* Abstand *n,sg,m;*
  Mittenabstand *n,sg,m*
spacing of trusses;
  Binderabstand *n,sg,m*
spacing piece *n,sg;* Beilegblech
  n,sg,nt
span *n,sg;* Feld *n,sg,nt (Brücke,*
  Träger); Spannweite *n,sg,f*
  (Stützweite); Überbau *n,sg,m*
span *n,sg (e.g. of a bridge);*
  Öffnung *n,sg,f (z.B. einer*
  Brücke); Stützweite *n,sg,f (z.B.*
  Spannweite einer Brücke)
span *n,sg (what a bridge spans);*
  Brücke *n,sg,f (was eine Brücke*
  überspannt)
span length *n,sg;* Spannweite
  n,sg,f (Stützweite); Stützweite
  n,sg,f (z.B. Spannweite einer

Brücke)

spandrel *n,sg;* Ständer *n,sg,m;*
Stütze *n,sg,f*

spandrel-braced arch bridge;
Bogenbrücke mit
aufgeständerter Fahrbahn

spare parts *n,pl;* Ersatzteile
n,pl,nt

spacing bar *n,sg;*
Abstandshalter *n,sg,m*

special material;
Sondermaterial *n,sg,nt*

special seam; Sondernaht
*n,sg,f (häufig ohne
Schweißsymbol)*

special section; Sonderprofil
n,sg,nt; Spezialprofil *n,sg,nt*

special-purpose steel;
Sonderstahl *n,sg,m*

**special-purpose structural
steel;** Sonderbaustahl *n,sg,m*

specific heat; spezifische Wärme

specification *n,sg;*
Ausschreibungsunterlagen
n,pl,f; Lastenheft *n,sg,nt;*
Pflichtenheft *n,sg,nt;*
Vorschrift *n,sg,f*

specification *n,sg (standard);*
Spezifikation *n,sg,f (Norm)*

specimen *n,sg;* Versuchsstück
n,sg,nt

spherical bearing;
Punktkipplager *n,sg,nt*

spider *n,sg;* Handkreuz *n,sg,nt*
(Spinne, Stern)

spillway *n,sg;* Überlauf *n,sg,m*
(für Flüssigkeiten)

splatter *n,sg;* Schweißspritzer
n,sg,m

splice *n,sg;* Laschenstoß
n,sg,m; Lasche *n,sg,f;*
Laschenverbindung *n,sg,f;*

Stoß *n,sg,m;* Stumpfstoß *n,sg,m*

splice *v;* verlaschen *v*

splice angle *n,sg;* Winkellasche
n,sg,f

splice joint *n,sg;* Laschenstoß
n,sg,m

splice material *n,sg;*
Stoßdeckungsteil *n,sg,nt*

splice member *n,sg;*
Stoßdeckungsteil *n,sg,nt*

splice plate *n,sg;* Decklasche
n,sg,f (Stoßlasche); Lasche
n,sg,f; Stoßlasche *n,sg,f*

splice-plate bolt *n,sg;*
Laschenbolzen *n,sg,m*

splice-plate riveting *n,sg;*
Laschennietung *n,sg,f*

splicing *n,sg;* Überlaschung
n,sg,f

split beam *n,sg;* halber I-Träger

split tee *n,sg;* halbes I-Profil

spot weld *n,sg;* Schweißpunkt
n,sg,m

spot weld *n,sg (spot-welded
seam);* Punktnaht *n,sg,f
(punktgeschweißte Naht)*

spot welding *n,sg;*
Punktschweißung *n,sg,f*

spot-weld *v;* punktschweißen *v*

spray gun *n,sg;* Pistole *n,sg,f;*
Spritzpistole *n,sg,f*

spray unit *n,sg;* Spritzanlage
n,sg,f

sprayer *n,sg;* Zerstäuber *n,sg,m*

spreader *n,sg;* Traverse *n,sg,f*

spring steel *n,sg;* Federstahl
n,sg,m

spring wire *n,sg;*
Federstahldraht *n,sg,m*

springing *n,sg;* Kämpfer
n,sg,m (Firmenname)

springing hinge *n,sg;*

Kämpfergelenk *n,sg,nt (nach Kämpfer)*

sprinkler *n,sg;* Feuerlöschbrause *n,sg,f (Sprinkler)*

square *adj;* viereckig *adj (quadratisch)*

square *n,sg;* Vierkantstab *n,sg,m*

square bar steel *n,sg;* Vierkantstahl *n,sg,m*

square bolt *n,sg;* Vierkantschraube *n,sg,f*

square edge *n,sg;* Steilflanke *n,sg,f*

square head *n,sg;* Vierkantkopf *n,sg,m*

square member *n,sg;* Vierkantstab *n,sg,m*

square steel *n,sg;* Vierkantstahl *n,sg,m*

square steel tube *n,sg;* Quadratstahlrohr *n,sg,nt*

square weld *n,sg;* I-Naht *n,sg,f*

square-cornered *adj;* scharfkantig *adj*

square-edged *adj;* scharfkantig *adj*

square-edged equal angle; gleichschenkliger scharfkantiger Winkelstahl

square-headed bolt; Vierkantschraube *n,sg,f*

squares *n,pl;* Vierkantstahl *n,sg,m*

squash strength *n,sg;* Quetschfestigkeit *n,sg,f;* Stauchfestigkeit *n,sg,f*

squinch arch *n,sg;* Strebenbogen *n,sg,m*

stability against lateral-torsional buckling; Kippsicherheit *n,sg,f*

stability against local buckling; Beulsicherheit *n,sg,f*

stability against sliding; Gleitsicherheit *n,sg,f*

stability problem *n,sg;* Stabilitätsproblem *n,sg,nt*

stabilizing arrangement for the launching; Stabilisierungseinrichtung für den Vorschub

stable equilibrium; stabiles Gleichgewicht

stack *n,sg (chimney, smokestack);* Schornstein *n,sg,m*

staggered riveting; versetzte Nietung

stainless *adj;* korrosionsbeständig *adj;* rostbeständig *adj;* nichtrostend *adj (rostfrei)*

stainless steel; nichtrostender Stahl

stair *n,sg (step);* Stufe *n,sg,f;* Treppenstufe *n,sg,f*

stamping flow *n,sg;* Stampfbewegungen *n,pl,f*

stanchion *n,sg* [BE]; Stütze *n,sg,f*

stanchion base *n,sg;* Stützenfuß *n,sg,m*

stanchion detail *n,sg;* Stützendetail *n,sg,nt*

stanchion head *n,sg;* Stützenkopf *n,sg,m*

stanchion joint *n,sg;* Stützenstoß *n,sg,m*

stanchion shaft *n,sg;* Stützenschaft *n,sg,m*

stand *v;* aufnehmen *v (z.B. Druck usw.)*

stand *n,sg;* Bock *n,sg,m*

stand *n,sg (tripod);* Stativ
n,sg,nt
stand-by lighting *n,sg;*
Notbeleuchtung *n,sg,f*
standard curve *n,sg;*
Normkurve *n,sg,f;*
Standardkurve *n,sg,f*
standard deviation *n,sg;*
Standardabweichung *n,sg,f*
standard I-beam *n,sg;*
Doppel-T-Profil *n,sg,nt;*
Doppel-T-Träger *n,sg,m*
standard joint configuration
n,sg; Nahtennorm *n,sg,f;*
Nahtnorm *n,sg,f*
standard loading *n,sg;*
Regellast *n,sg,f*
standard section *n,sg;*
Normalprofil *n,sg,nt;*
Regelprofil *n,sg,nt*
standard sheet *n,sg;*
Normenblatt *n,sg,nt*
standard test specimem *n,sg;*
Normprobe *n,sg,f*
standardize *v;* normen *v*
standardized fire; Normbrand
n,sg,m
Standards Committee *n,sg;*
Normenausschuß *n,sg,m*
Standards Institution *n,sg;*
Normenausschuß *n,sg,m*
standpipe *n,sg;* Standrohr
n,sg,nt; Steigleitung *n,sg,f*
starting force *n,sg;*
Anfahrkraft *n,sg,f (bei
Fahrtbeginn)*
starting power *n,sg;*
Anfahrkraft *n,sg,f (bei
Fahrtbeginn)*
state *n,sg;* Zustand *n,sg,m*
state of equilibrium;
Gleichgewichtszustand *n,sg,m*

state of stress;
Spannungszustand *n,sg,m*
static *adj;* statisch *adj*
static equilibrium conditions;
Gleichgewichtsbedingung *n,sg,f*
static load; Belastung *n,sg,f
(ruhende Gewichtslast);*
ruhende Belastung; ständige
Last
statical moment; statisches
Moment
statical stress; statische
Beanspruchung
statical stressing; statische
Beanspruchung
statically determined; statisch
bestimmt
statically indetermined;
statisch unbestimmt
statics *n,sg;* Baustatik *n,sg,f*
statics ready for approval;
prüffähige Statik *(bei Bauamt
oder Versicherung)*
statics ready for checking;
prüffähige Statik *(bei Bauamt
oder Versicherung)*
statistical data; statistische
Angabe
statistics *n,sg;* Statistik *n,sg,f*
stay *n,sg;* Abspanndraht
n,sg,m; Abspannungsseil
n,sg,nt; Spannseil *n,sg,nt*
stay *n,sg (post, stanchion);* Stiel
n,sg,m (im Bau; z.B. Türstiel)
stay plate *n,sg* [AE];
Bindeblech *n,sg,nt*
stay rope *n,sg;* Abspanndraht
n,sg,m; Abspannungsseil
n,sg,nt; Spannseil *n,sg,nt*
stay wire *n,sg;*
Abspannungsseil *n,sg,nt;*
Spannseil *n,sg,nt*

stay-pole *n,sg;* Abspannmast
n,sg,m

staying *n,sg;* Abspannung
n,sg,f; Absteifung *n,sg,f;*
Verspannung *n,sg,f*

steady *adj;* ständig *adj*

steady load; ständige Last

steam exhaust *n,sg;*
Dampfabzugshaube *n,sg,f*

steam power plant *n,sg* [BE];
Dampfkraftwerk *n,sg,nt*

steam power station *n,sg*
[AE]; Dampfkraftwerk *n,sg,nt*

steam traps *n,pl;*
Kondensatableiter *n,pl,m*

steel *n,sg;* Stahl *n,sg,m*

steel beam *n,sg;* Stahlträger
n,sg,m

steel bridge *n,sg;* Stahlbrücke
n,sg,f

steel building *n,sg;*
Stahlbauwerk *n,sg,nt*

steel cable *n,sg;* Stahlkabel
n,sg,nt

steel castings *n,pl;*
Stahlformguß *n,sg,m*

steel connecting plate *n,sg;*
Stahlblechanschlußplatte *n,sg,f*

steel construction *n,sg;*
Stahlbau *n,sg,m;*
Stahlkonstruktion *n,sg,f*

**steel construction for hydrau-
lic engineering;**
Stahlwasserbau *n,sg,m*

steel consumption *n,sg;*
Stahlverbrauch *n,sg,m*

steel fabric *n,sg;* Stahlgewebe
n,sg,nt

steel fabricator *n,sg* [AE];
Stahlbaufirma *n,sg,f;*
Stahlbauunternehmen *n,sg,nt*

steel facing *n,sg;*

Auftragschweißung *n,sg,f*

steel for bridges;
Brückenbaustahl *n,sg,m*

**steel for general structural
purposes;** allgemeiner
Baustahl

steel for prestressed concrete;
Spannbetonstahl *n,sg,m*

**steel for use at high tempera-
tures;** warmfester Baustahl

steel frame *n,sg;* Stahlrahmen
n,sg,m; Stahlskelett *n,sg,nt*

steel framework *n,sg;*
Stahlfachwerk *n,sg,nt;*
Stahlskelett *n,sg,nt*

steel girder *n,sg;* Stahlträger
n,sg,m

steel grade *n,sg;* Stahlsorte
n,sg,f

steel grid *n,sg;* Stahlgitterrost
n,sg,m

steel grit *n,sg (has sharp edges);*
Stahlsand *n,sg,m (scharfkantig)*

steel in common use;
Massenstahl *n,sg,m*

steel maker *n,sg (steel worker);*
Stahlkocher *n,sg,m*
(Stahlwerker in der Hütte)

steel mast *n,sg;* Stahlmast
n,sg,m

steel member *n,sg;*
Stahlbauteil *n,sg,nt*

steel pedestrian bridge *n,sg;*
Stahlfußgängerbrücke *n,sg,f*
(Kastenbrücke)

steel pipe *n,sg;* Stahlrohr
n,sg,nt

steel plant *n,sg;* Stahlwerk
n,sg,nt

steel plate *n,sg;* Stahlblech
n,sg,nt; Stahlplatte *n,sg,f*

steel pole *n,sg;* Stahlmast

n,sg,m

steel production *n,sg;*
Stahlerzeugung *n,sg,f*

steel quality *n,sg;* Stahlgüte
n,sg,f

steel radiotowers *n,pl;*
Antennentragwerke aus Stahl

steel road bridge *n,sg;*
stählerne Straßenbrücke

steel sections *n,pl;* Profilstahl
n,sg,m

steel sheet *n,sg;* Stahlblech
n,sg,nt

steel shot *n,sg;* Stahlsand
n,sg,m (kugelförmig)

steel skeleton *n,sg;*
Stahlskelett *n,sg,nt*

steel stack *n,sg;* Schornstein
aus Stahl

steel structure *n,sg;*
Stahlkonstruktion *n,sg,f;*
Stahlskelett *n,sg,nt;*
Stahltragwerk *n,sg,nt*

steel superstructure *n,sg;*
Stahlüberbau *n,sg,m*

steel troughing *n,sg;*
Belagstahl *n,sg,m*

steel tube *n,sg;* Stahlrohr
n,sg,nt

steel weight *n,sg;* Stahlgewicht
n,sg,nt

steel window *n,sg;*
Stahlfenster *n,sg,nt*

steel wire *n,sg;* Stahldraht
n,sg,m

steel wire fabric *n,sg;*
Baustahlgewebe *n,sg,nt*

steel worker *n,sg (steel maker);*
Stahlwerker *n,sg,m*
(Stahlkocher in der Hütte)

steel-concrete bridge *n,sg;*
Verbundbrücke aus Stahl und
Beton

steel-concrete interface;
Berührungsfuge *n,sg,f*

steel-frame building *n,sg;*
Stahlskelettbau *n,sg,m*

steel-framed building;
Stahlskelettbau *n,sg,m*

**steel-framed building con-
struction;** Stahlhochbau
n,sg,m

steel-grid floor *n,sg;*
Stahlgitterrostfahrbahn *n,sg,f*

steel-grit blasting *n,sg;*
Sandstrahlen mit Stahlsand

steel-grit blasting *n,sg;*
Strahlen mit Stahlsand

steelwork company *n,sg;*
Stahlbaufirma *n,sg,f;*
Stahlbauunternehmen *n,sg,nt*

steelwork erector *n,sg;*
Montageunternehmer *n,sg,m*

steelwork fabricating shop
n,sg; Stahlbauwerkstatt *n,sg,f*

steelwork fabrication *n,sg;*
Stahlverarbeitung *n,sg,f*

steelwork fabricator *n,sg;*
Stahlbauunternehmer *n,sg,m*

steep roof *n,sg;* Steildach
n,sg,nt

stem *n,sg;* Wandstiel *n,sg,m*

step-back welding *n,sg;*
Pilgerschrittsschweißung *n,sg,f*

stick electrode *n,sg;*
Stabelektrode *n,sg,f*
(Schweißwerkzeug)

stick electrode handle *n,sg;*
Stabelektrodenhalter *n,sg,m*

stiff-leg derrick *n,sg* [AE];
Derrickkrane mit 270
Schwenkbereich

stiffen *v;* aussteifen *v;*
versteifen *v*

stiffener *n,sg;* Aussteifung
n,sg,f; Aussteifungsträger
n,sg,m; Steife *n,sg,f*
stiffener angle *n,sg;*
Aussteifungswinkel *n,sg,m*
stiffening *n,sg;* Versteifung
n,sg,f; Verstärkung *n,sg,f;*
Abstützung *n,sg,f*
stiffening *n,sg (web stiffening);*
Aussteifung *n,sg,f (von Stegen)*
stiffening fins *n,pl;*
Aussteifungslamelle *n,sg,f*
stiffening girder *n,sg;*
Versteifungsträger *n,sg,m*
stiffening member *n,sg;*
Aussteifungsbalken *n,sg,m*
stiffening plate *n,sg;*
Aussteifblech *n,sg,nt;*
Verstärkungsblech *n,sg,nt*
stiffening plate *n,sg*
(bulkhead); Schottblech *n,sg,nt*
(in der
Schweißkastenkonstruktion)
stiffening rib *n,sg;*
Aussteifungslamelle *n,sg,f;*
Versteifungsrippe *n,sg,f*
stiffening truss *n,sg;*
Aussteifungsträger *n,sg,m;*
Versteifungsträger *n,sg,m*
stiffness *n,sg;* Steifigkeit *n,sg,f*
stirrup *n,sg;* Bügel *n,sg,m*
(z.B. Steigbügel)
stitch rivet *n,sg* [AE]; Heftniet
n,sg,m
stitch riveting *n,sg* [AE];
Heftnietung *n,sg,f*
stitch welding *n,sg;*
Heftschweißung *n,sg,f*
stoichiometry *n,sg;*
Stöchiometrie *n,sg,f (Messen*
chemischer Mischungen)
stone bolt *n,sg;* Steinschraube

n,sg,f
stop block *n,sg;* Prellbock
n,sg,m; Puffer *n,sg,m*
(Prellbock der Kranbahn)
storage *n,sg;* Lagerung *n,sg,f*
storage building *n,sg;*
Lagerschuppen *n,sg,m*
storage shed *n,sg* [AE]; Lager
n,sg,nt (Schuppen, Magazin);
Lagerschuppen *n,sg,m*
store material *n,sg;* Lagerstoff
n,sg,m
store shed *n,sg* [BE]; Lager
n,sg,nt (Schuppen, Magazin)
storey *n,sg* [BE]; Etage *n,sg,f;*
Geschoß *n,sg,nt;* Stockwerk
n,sg,nt
story *n,sg* [AE]; Etage *n,sg,f;*
Geschoß *n,sg,nt;* Stockwerk
n,sg,nt
straight seam; Längsnaht *n,sg,f*
straight-line pitch *n,sg;*
geradliniger Nietabstand
straighten *v;* geraderichten *v;*
richten *v*
straighten *v (beat out dents);*
ausbeulen *v (z.B. Kotflügel)*
straightening *n,sg;*
Geraderichten *n,sg,nt;* Richten
n,sg,nt (Begradigen)
straightening plate *n,sg;*
Richtplatte *n,sg,f*
straightening roll *n,sg;*
Richtwalze *n,sg,f*
strain *n,sg;* Verformung *n,sg,f;*
Formänderung *n,sg,f*
strain *n,sg (strain);* Dehnung
n,sg,f (durch Temperatur)
strain deformation *n,sg;*
Verformung auf die
Längeneinheit bezogen
strain energy *n,sg;*

Formänderungsarbeit *n,sg,f;*
Verformungsarbeit *n,sg,f*
strain gage *n,sg (strain gauge);*
Dehnungsmeßstreifen *n,sg,m*
(DMS)
strain hardening *n,sg;*
Kalthärtung *n,sg,f;*
Verfestigung durch
Kaltverformung
strainability *n,sg;*
Ausdehnungsfähigkeit *n,sg,f*
stray current; Irrstrom *n,sg,m;*
Kriechstrom *n,sg,m*
strength *n,sg;* Festigkeit *n,sg,f;*
Steifigkeit *n,sg,f*
strength calculation *n,sg;*
Festigkeitsberechnung *n,sg,f*
strength test *n,sg;*
Festigkeitsprüfung *n,sg,f*
strength-property *n,sg;*
Festigkeitseigenschaft *n,sg,f*
strengthening *n,sg;*
Verstärkung *n,sg,f*
stress *v;* beanspruchen *v*
stress *n,sg;* Spannung *n,sg,f;*
Beanspruchung *n,sg,f*
stress analysis *n,sg;*
Festigkeitsberechnung *n,sg,f;*
Kräftebestimmung *n,sg,f;*
Spannungsermittlung *n,sg,f;*
Spannungsnachweis *n,sg,m*
stress concentration *n,sg;*
Spannungsanhäufung *n,sg,f*
stress corrosion *n,sg;*
Korrosion unter mechanischer
Beanspruchug
stress crack *n,sg;*
Spannungsriß *n,sg,m*
stress cycle *n,sg;* Lastspiel
n,sg,nt (Dauerversuch)
stress diagram *n,sg;*
Kräfteplan *n,sg,m*

stress distribution *n,sg;*
Spannungsverteilung *n,sg,f*
stress in the bars; Stabkraft
n,sg,f
stress relieving *n,sg (by
annealing);*
Spannungsfreiglühen *n,sg,nt*
stress sheet *n,sg;* Kräfteplan
n,sg,m
stress-resultant components;
Schnittkräfte *n,pl,f*
stress-strain curve *n,sg* (in
general);
Spannungs-Formänderungs-Kurv
e *n,sg,f*
stress-strain diagram n,sg;
Spannungs-Dehnungs-Schaubild
n,sg,nt;
Spannungs-Dehnungs-Diagramm
n,sg,nt
stress-strain limit *n,sg;*
Proportionalitätsgrenze *n,sg,f*
stressing *n,sg;* Beanspruchung
n,sg,f; innere Kraft
stressless *adj;* spannungsfrei
adj
string *n,sg;* Strang *n,sg,m*
(Trägerstrang); Treppenwange
n,sg,f
string bead *n,sg;* Strichraupe
n,sg,f
string bead technique *n,sg;*
Strichraupentechnik *n,sg,f*
string board *n,sg;*
Treppenwange *n,sg,f*
stringer *n,sg;* Längsträger
n,sg,m; Treppenwange *n,sg,f*
strip steel *n,sg;* Band *n,sg,nt;*
Streifen *n,pl,m*
strips *n,pl;* Band *n,sg,nt;*
Streifen *n,pl,m*
structural analysis; statische

Berechnung
structural bearings; Lager im
Bauwesen
structural design; Ausführung
n,sg,f; bauliche Ausbildung
structural detailing; bauliche
Durchbildung
structural engineering *n,sg;*
Bautechnik *n,sg,f*
**structural engineering in
steel;** Stahlhochbau *n,sg,m*
structural fire design;
brandtechnische Bemessung
structural imperfection;
strukturelle Imperfektion
structural member; Bauglied
n,sg,nt
structural part;
Konstruktionsteil *n,sg,nt*
**structural parts and connec-
tions;** Bauglieder und
Verbindungen
structural safety; Sicherheit
der Baukonstruktion
structural shape; Profil n,sg,nt
structural steel; Baustahl
n,sg,m
structural steel engineering;
Stahlbau *n,sg,m*
structural steel in building;
Stahlhochbau *n,sg,m*
structural steel workshop
[BE]; Stahlbauwerkstatt *n,sg,f*
structural steelwork [BE];
Stahlbau *n,sg,m;*
Stahlkonstruktion *n,sg,f*
structure *n,sg;* Konstruktion
n,sg,f
strut *v;* abstützen *v;*
verstreben *v*
strut *n,sg;* Druckstab *n,sg,m
(im Fachwerkverband);* Strebe

n,sg,f
strutting *n,sg;* Abstützung
n,sg,f (z.B. Einsturzbedrohtes)
stucco *n,sg;* Bildhauergips
n,sg,m; Stuck *n,sg,m*
stuck weld *n,sg;*
Kaltschweißung *n,sg,f*
stud *n,sg;* Stiftschraube *n,sg,f;*
Wandstiel *n,sg,m;* Zylinderstift
n,sg,m
stud bolt *n,sg;* Stiftschraube
n,sg,f
stud screw *n,sg;* Stiftschraube
n,sg,f
stud shear connector *n,sg;*
Bolzendübel *n,sg,m;*
Kopfbolzendübel *n,sg,m*
stud weld *n,sg;* Stiftschweißung
n,sg,f
sub-assembly *n,sg;*
Teilmontage *n,sg,f*
sub-diagonal *n,sg;* Hilfsstab
n,sg,m (schräger Hilfsstab)
sub-vertical *n,sg;* Hilfsstab
n,sg,m (senkrechter Hilfsstab)
subassembly *n,sg;*
Teilzusammenstellung *n,sg,f*
subcontractor *n,sg (e.g. in
construction work);*
Subunternehmer *n,sg,m (z.B.
Glaser beim Bau)*
submerged arc welding *(short:
SAW);* Unterpulverschweißen
n,sg,nt (kurz: UP; DIN 1910);
Tauchlichtbogenschweißung
n,sg,f; Ellira-Schweißung *n,sg,f*
submission *n,sg;* Angebot
n,sg,nt (Ausschreibung)
subsequent flame-cutting;
nachbrennen *v (nachträgliche
Arbeit)*
subsequent treatment;

Nachbehandlung *n,sg,f*
subsidence *n,sg;* Senkung
n,sg,f
subsidence of ground;
Bodensenkung *n,sg,f*
subsiding *n,sg;* Senkung *n,sg,f;*
Trägersenkung *n,sg,f*
subsoil *n,sg;* Untergrund
n,sg,m
substructure *n,sg;* Tiefbau
n,sg,m; Unterbau *n,sg,m*
substructure *n,sg (propping
system);* Stützkonstruktion
n,sg,f
subterranean *adj;* unterirdisch
adj
sum curve *n,sg* [BE];
Summenkurve mit
Normalverteilung
superelevation *n,sg;*
Querneigung *n,sg,f (der
Fahrbahn)*
superficial contents;
Flächeninhalt *n,sg,m*
superimpose *v;* überlagern *v*
superimposed *adj;* überlagert
adj
superimposed load;
Verkehrslast *n,sg,f*
superseded by; ersetzt durch
superstructure *n,sg;* Oberbau
n,sg,m; Überbau *n,sg,m*
superstructure *n,sg (building);*
Hochbau *n,sg,m*
supervision *n,sg;*
Überwachung *n,sg,f (Aufsicht,
Inspektion)*
supervisor *n,sg;*
Schweißaufsicht *n,sg,f*
support *n,sg;* Lager *n,sg,nt
(Abstützung);* Lagerkörper
n,sg,m; Stütze *n,sg,f;* Träger

n,sg,m; Stützung *n,sg,f*
support *v (e.g. a building);*
stützen *v;* aufnehmen *v
(stützen)*
support *n,sg (later added prop;
Y-shaped);* Mistgabel *n,sg,f
(Stütze an einer Stahlbrücke)*
support bearing *n,sg;*
Lagerung *n,sg,f*
support block *n,sg (carries e.g.
a crane or pulley);* Stützbock
n,sg,m
support condition *n,sg;*
Auflagerbedingung *n,sg,f*
support frame *n,sg;* Bock
n,sg,m (Stützrahmen)
support moment *n,sg;*
Stützmoment *n,sg,nt (Moment
an einer Stütze)*
support point *n,sg;*
Auflagerpunkt *n,sg,m*
support reaction *n,sg;*
Auflagerreaktion *n,sg,f;*
Auflagerkraft *n,sg,f*
supported *adj;* gestützt *adj*
supporting area *n,sg;*
Tragfläche *n,sg,f*
supporting structure;
Stützkonstruktion *n,sg,f;*
Tragwerk *n,sg,nt*
supporting-structure detail
n,sg; Tragwerkdetail *n,sg,nt*
surcharge *n,sg;* Auflast *n,sg,f*
surface condition *n,sg;*
Oberflächenbeschaffenheit *n,sg,f*
surface defect *n,sg;*
Oberflächenfehler *n,sg,m*
surface imperfection *n,sg;*
Oberflächenfehler *n,sg,m*
surface preparation *n,sg;*
Oberflächenvorbereitung *n,sg,f*
surface pressure *n,sg;*

Flächenpressung *n,sg,f*
surface quality *n,sg;*
Oberflächenbeschaffenheit
n,sg,f
surface temperature *n,sg;*
Oberflächentemperatur *n,sg,f*
surface treatment *n,sg;*
Oberflächenbehandlung *n,sg,f*
surge *n,sg (e.g. of crane
runway);* Seitenkraft *n,sg,f*
surge tank *n,sg;* Druckkammer
n,sg,f
survey *n,sg;* Übersicht *n,sg,f*
surveyor *n,sg;* Landvermesser
n,sg,m
suspended *adj;* aufgehängt
adj; eingehängt *adj*
suspended ceiling;
Hängedecke *n,sg,f;*
Doppeldecke *n,sg,f (abgehängte
Decke)*
suspended deck; aufgehängte
Fahrbahn
suspended platform; unten
liegende Fahrbahn
suspended roof; Hängedach
n,sg,nt
suspended span; Koppelträger
n,sg,m; Einhängeträger *n,sg,m
(einer Gerberbrücke)*
suspender *n,sg;* Hänger *n,sg,m
(Hängestange)*
suspension *n,sg (hangs in air);*
Abhänger *n,sg,m (z.B. seitlich
an Brücke)*
**suspension of mid-points of
roofs;** Aufhängung des
Dachmittelpunkts
suspension pole *n,sg* [AE];
Tragmast *n,sg,m*
suspension rod *n,sg;* Hänger
n,sg,m (Hängestange)

suspension support *n,sg;*
Tragmast *n,sg,m*
swage block *n,sg;* Lochplatte
n,sg,f
swage head *n,sg;* Setzkopf
n,sg,m (bei einer Nietung)
sway *n,sg;* Drift *n,sg,m
(waagerechte Durchbiegung)*
sway bracing *n,sg;*
Querverband *n,sg,m (Brücke)*
swing bridge *n,sg;* Drehbrücke
n,sg,f (z.B. Bremerhaven)
swivelling *adj;* schwenkbar *adj
(z.B. Drehstuhl)*
symbol seam *n,sg;* Symbolnaht
n,sg,f
symmetrical *adj;* symmetrisch
adj
synthetic adhesive;
Kunstharzklebstoff *n,sg,m*

T

T *n,sg;* T-Eisen *n,sg,nt
(T-stahl);* T-Stahl *n,sg,m*
T-bar *n,sg (T-iron);* T-Eisen
n,sg,nt (T-stahl); T-Stahl
n,sg,m
T-joint *n,sg;* T-Naht *n,sg,f
(beim Schweißen);* T-Stoß
n,sg,m (Schweißanschluß)
T-piece *n,sg;* T-Stück *n,sg,nt*
T-steel bar *n,sg;* T-Stahl *n,sg,m*
table *n,sg (of values);* Tabelle
n,sg,f
table of values; Zahlentafel
n,sg,f (Tabelle)
tabular drawing;
Tabellenzeichnung *n,sg,f*
tack rivet *n,sg* [BE]; Heftniet
n,sg,m
tack riveting *n,sg* [BE];

Heftnietung *n,sg,f*

tack weld *n,sg;* Heftschweißen
n,sg,nt; Heftstelle *n,sg,f*

tack welder *n,sg;*
Heftschweißer *n,sg,m*

tack welding *n,sg;*
Punktschweißung *n,sg,f;*
Heftschweißung *n,sg,f*

tack-weld *v;* punktschweißen *v*
(heften); heftschweißen *v*

tack-welding machine *n,sg;*
Schlosserschweißmaschine
n,sg,f (Heftmaschine)

tacker *n,sg;* Heftschweißer
n,sg,m

tacking of edges; Heften der
Kanten

tackle *n,sg;* Ausrüstung *n,sg,f;*
Einrichtung *n,sg,f;*
Flaschenzug *n,sg,m*

taintor gate *n,sg;*
Segmentschütz *n,sg,m*

take the burr off; abgraten *v;*
entgraten *v*

taking a sample;
Probeentnahme *n,sg,f;*
Probenahme *n,sg,f*

tangent *n,sg;* Tangens *n,sg,m*

tangent modulus *n,sg;*
Tangentenmodul *n,sg,m*

tangent pole *n,sg* [BE];
Tragmast *n,sg,m*

tangential force;
Tangentialkraft *n,sg,f*

tank *n,sg* [AE]; Behälter
n,sg,m (Tank)

tank construction *n,sg* [AE];
Behälterbau *n,sg,m*

tap bar *n,sg;* Stichlochstange
n,sg,f

tapered *adj;* konisch *adj*
(kegelförmig); verjüngt *adj*

tapered edge;
Seitenflächenverjüngung *n,sg,f*

tapered washer; konische
Unterlegscheibe;
Unterlegscheibe *n,sg,f (konisch)*

taphole *n,sg (mouth of a*
furnace); Stichloch *n,sg,nt (des*
Hochofens; Ofenloch)

taphole plug *n,sg;*
Stichlochpfropf *n,sg,m*

taphole plugging machine
n,sg; Stichlochstopfmaschine
n,sg,f

tear *v;* brechen *v (vernichten,*
zerbrechen)

tearing off *n,sg (of shear*
connector); Ausreißen *n,sg,nt*
(eines Dübels)

tees *n,pl (steel);* T-Stahl *n,sg,m*

temperature effect *n,sg;*
Temperatureinfluß *n,sg,m*

temperature gradient *n,sg;*
Temperaturgradient *n,sg,m*
(Wärmegefälle); Wärmegefälle
n,sg,nt

temperature stress *n,sg;*
Temperaturbeanspruchung
n,sg,f; Wärmespannung *n,sg,f*

temperature variation *n,sg;*
Temperaturschwankung *n,sg,f*

tempered steel; gehärteter Stahl

tempering *n,sg;* Enthärtung
n,sg,f; Weichmachung *n,sg,f*

template *n,sg (templet, pattern);*
Schablone *n,sg,f*
(Zeichenschablone)

templet *n,sg;* Pfette *n,sg,f*

temporary bolt; Montagebolzen
n,sg,m

temporary bridge;
Behelfsbrücke *n,sg,f (z.B.*
Bailey-Brücke)

tenacious *adj;* zäh *adj*
tender *n,sg;* Angebot *n,sg,nt*
tender specification *n,sg;*
 Lastenheft *n,sg,nt*
 (Leistungsverzeichnis)
tensile breaking strength;
 Zerreißfestigkeit *n,sg,f*
tensile fibre; Zugfaser *n,sg,f*
tensile force; Zugkraft *n,sg,f*
tensile load; Zugbeanspruchung
 n,sg,f
tensile strength *(e.g. 490 - 630*
 N/mm2); Rm *(Abk.; Festigkeit*
 des Metalls)
tensile stress;
 Zugbeanspruchung *n,sg,f;*
 Zugspannung *n,sg,f*
tensile stressing;
 Zugbeanspruchung *n,sg,f*
tensile test; Zugprobe *n,sg,f*
 (Zugversuch); Zugprüfung
 n,sg,f (Zugversuch)
tensile test piece; Zerreißprobe
 n,sg,f
tension *n,sg;* Zug *n,sg,m*
 (Spannung)
tension cable *n,sg;* Spannseil
 n,sg,nt
tension chord *n,sg;* Zuggurt
 n,sg,m (Fachwerkträger)
tension crack *n,sg;*
 Spannungsriß *n,sg,m*
tension diagonal *n,sg;*
 Zugdiagonale *n,sg,f*
tension flange *n,sg (of plate*
 girder); Zuggurt *n,sg,m (eines*
 Blechträgers)
tension load *n,sg;* Spannkraft
 n,sg,f
tension member *n,sg;* Zugstab
 n,sg,m
tension of a cable; Spannkraft

 eines Kabels
tension rod *n,sg;* Zugband
 n,sg,nt; Zugstange *n,sg,f*
tension test *n,sg;*
 Zerreißversuch *n,sg,m;*
 Zugversuch *n,sg,m*
tension zone *n,sg;* gezogener
 Querschnittsteil; Zugzone *n,sg,f*
tensional member *(tension*
 bar); Zugstab *n,sg,m*
terminal pole *n,sg;* Endmast
 n,sg,m; Endmast *n,sg,m (z.B.*
 Lichtmast auf Brücke)
terminal support *n,sg;*
 Endmast *n,sg,m*
terminal tower *n,sg* [BE];
 Endmast *n,sg,m*
test *n,sg;* Probe *n,sg,f;* Prüfung
 n,sg,f (Untersuchung, Prüfen)
test *n,sg (e.g. compressive test);*
 Test *n,sg,m (z.B. Druckversuch)*
test *n,sg (trial);* Versuch *n,sg,m*
 (Probe)
test assembly *n,sg;*
 Gesamtprüfstück *n,sg,nt (z.B.*
 für Schweißprobe)
test bar *n,sg;* Probestab *n,sg,m;*
 Prüfstab *n,sg,m*
test evaluation *n,sg;*
 Versuchsauswertung *n,sg,f*
test load *n,sg;* Probebelastung
 n,sg,f
test piece *n,sg;* Probekörper
 n,sg,m; Probestab *n,sg,m;*
 Probestück *n,sg,nt;* Prüfstück
 n,sg,nt
test report *n,sg;* Prüfbericht
 n,sg,m; Versuchsbericht *n,sg,m*
test run *n,sg (test operation);*
 Probeeinsatz *n,sg,m*
test specimen *n,sg;*
 Probekörper *n,sg,m;* Probestab

n,sg,m; Probestück n,sg,nt;
Prüfstück n,sg,nt; Prüfstab
n,sg,m; Versuchsstück n,sg,nt
testing n,sg; Prüfung n,sg,f
(Untersuchung, Prüfen)
testing apparatus n,sg;
Prüfeinrichtung n,sg,f
testing assembly n,sg;
Vormontage n,sg,f
(Probemontage)
testing laboratory n,sg;
Versuchsanstalt n,sg,f
testing machine n,sg;
Versuchspresse n,sg,f
(Preßgerät)
testing machine n,sg *(tests
compression or tension)*; Presse
n,sg,f *(Versuchspresse)*
testing method n,sg;
Prüfverfahren n,sg,nt
theoretical fillet thickness;
a-Maß n,sg,nt
theoretical line; Netzlinie
n,sg,f; Systemlinie n,sg,f
theoretical value; Sollwert
n,sg,m *(theoretischer Wert)*
thermal conductibility;
Wärmeleitvermögen n,sg,nt
**thermal conductibility coeffi-
cient**; Wärmeleitzahl n,sg,f
thermal deformation;
Wärmeverformung n,sg,f
thermal expansion;
Wärmeausdehnung n,sg,f
**thermal expansion coeffi-
cient**; Temperaturdehnzahl
n,sg,f
thermal insulation;
Wärmedämmung n,sg,f;
Wärmeisolation n,sg,f
**thermal power generating
plant**; Wärmekraftanlage

n,sg,f
thermal radiation;
Wärmeübergang n,sg,m
thermal stress;
Wärmespannung n,sg,f
thermal stress crack;
Wärmespannungsriß n,sg,m
thermic lance [BE];
Thermolanze n,sg,f
thermo-compression welding
n,sg; Heizelementschweißen
n,sg,nt *(DIN 1910)*
thermocouple n,sg;
Thermoelement n,sg,nt
thick plate; Grobblech n,sg,nt
thickness of flange;
Flanschdicke n,sg,f
thickness of web; Stegdicke
n,sg,f *(z.B. eines Trägers)*
thin plate; dünnwandige Scheibe
thin section *(e.g. for microscopic
examination)*; Dünnschliff
n,sg,m
thin sheet n,sg; Feinblech
n,sg,nt
thin-walled adj; dünnwandig
adj
thin-webbed adj; dünnstegig
adj
third point n,sg; Drittelpunkt
n,sg,m
thread n,sg; Gewinde n,sg,nt
thread fillet n,sg; Gewindegang
n,sg,m
three-hinged arch;
Dreigelenkbogen n,sg,m
three-hinged frame;
Dreigelenkrahmen n,sg,m
three-phase current n,sg;
Drehstrom n,sg,m
throat crack n,sg; Längsriß
n,sg,m *(der Schweißnaht)*

throat depth *n,sg;*
Schweißnahtdicke *n,sg,f;*
Kehlnahtdicke *n,sg,f*
throat thickness *n,sg;*
Nahtdicke *n,sg,f*
thrust *n,sg;* Bogenschub
n,sg,m; Druckkraft *n,sg,f;*
Längsdruck *n,sg,m;* Schub
n,sg,m
thrust line *n,sg;* Stützlinie
n,sg,f
thrust of arch; Bogenschub
n,sg,m
tide span *n,sg;* Flutbrücke
n,sg,f
tie *n,sg;* Zugband *n,sg,nt;*
Zugstange *n,sg,f*
tie bolt *n,sg;* Ankerschraube
n,sg,f
tie member *n,sg;* Zugband
n,sg,nt
tie plate *n,sg* [AE]; Bindeblech
n,sg,nt
tie rod *n,sg;* Zuganker *n,sg,m;*
Zugband *n,sg,nt;* Zugstange
n,sg,f
tied arch; Bogenträger mit
Zugband
tied-arch bridge *n,sg;*
Stabbogenverbundbrücke *n,sg,f*
TIG; WIG *(Abk. f.*
Wolfram-Inert-Gas)
tiled stove; Kachelofen *n,sg,m*
tilting gate *n,sg;* Klappschütz
n,sg,m
timber *n,sg;* Holz *n,sg,nt;*
Nutzholz *n,sg,nt*
timber deck *n,sg;*
Holzfahrbahn *n,sg,f*
timber decking *n,sg;*
Holzfahrbahn *n,sg,f*
timber floor *n,sg;*

Holzfahrbahn *n,sg,f*
timber plank *n,sg;* Holzbohle
n,sg,f
timber planking *n,sg;*
Bohlenbelag *n,sg,m*
time schedule *n,sg;*
Terminplan *n,sg,m*
time spent on designing;
Konstruktionsstunde *n,sg,f*
(Ingenieurstunde)
time yield *n,sg;* Kriechen
n,sg,nt (Beton)
time-temperature curve *n,sg;*
Temperatur-Zeit-Kurve *n,sg,f*
tin plate *n,sg;* Weißblech *n,sg,nt*
tinned sheet iron; Weißblech
n,sg,nt
tinning *n,sg;* Flaschnerei *n,sg,f*
(Spenglerei, Klempnerei);
Verzinnung *n,sg,f*
tirfor winch *n,sg (rope);*
selbsttätige Kabelklemme
title block *n,sg;* Schriftfeld
n,sg,nt (in einer Zeichnung)
toe crack *n,sg;* Einbrandkerbriß
n,sg,m (Riß an der
Einbrandkerbe); Unternahtriß
n,sg,m (der Schweißnaht)
toe plate *n,sg;* Fußleiste *n,sg,f*
tolerance *n,sg;* Maßgenauigkeit
n,sg,f; Toleranz *n,sg,f;*
zulässige Maßabweichung
tongs *n,pl;* Zange *n,sg,f*
toothed rim; Zahnkranz *n,sg,m*
top *adj;* obenliegend *adj*
top boom; Obergurt *n,sg,m*
(oberer Träger)
top chord; Dachbinder-Obergurt
n,sg,m; Obergurt *n,sg,m*
(Fachwerkträger)
top chord connection;
Obergurtanschluß *n,sg,m*

top chord of bridge truss;
Brückenobergurt *n,sg,m*
top edge; Oberkante *n,sg,f*
top flange; Oberflansch *n,sg,m*
top flange *(of plate girder);*
Obergurt *n,sg,m (eines*
Blechträgers)
top flange angle;
Obergurtwinkel *n,sg,m*
top flange connecting plate;
Oberflanschanschlußplatte
n,sg,f
top platform; oben liegende
Fahrbahn
top seam; Decklage *n,sg,f*
(oberste Schweißschicht)
top... *affix;* Ober... *affix*
torch *n,sg;* Schweißbrenner
n,sg,m; Brenner *n,sg,m*
torch-cut *v;* abschneiden *v*
(durch Brennschneiden);
abbrennen *v;* brennschneiden
v; brennschweißen *v*
torque *n,sg;* Drehmoment
n,sg,nt; Drilling *n,sg,nt;*
Drillmoment *n,sg,nt;* Torsion
n,sg,f (unerwünschte
Verwindung oder Verdrehung);
Torsionsmoment *n,sg,nt*
torsion *n,sg;* Drilling *n,sg,nt;*
Torsion *n,sg,f (unerwünschte*
Verwindung oder Verdrehung);
Verdrehung *n,sg,f*
torsional buckling;
Drillknicken *n,sg,nt;*
Druckgurt *n,sg,m*
torsional moment;
Drehmoment *n,sg,nt*
(Torsionsmoment);
Drillmoment *n,sg,nt*
(Torsionsmoment)
torsional stress;

Drehbeanspruchung *n,sg,f;*
Verdrehungsbeanspruchung
n,sg,f
torsional stressing;
Torsionsbeanspruchung *n,sg,f*
torsional-flexural buckling;
Biegedrillknicken *n,sg,nt*
total height; Gesamthöhe *n,sg,f*
total load; Gesamtbelastung
n,sg,f
total stress; Gesamtspannung
n,sg,f
total weight; Gesamtgewicht
n,sg,nt
touch up *v (paint);* ausbessern
v (z.B. Anstrich); nachbessern
v (z.B. einen Anstrich
ausbessern)
touch welding *n,sg;*
halbautomatische Schweißung
touch-up welding *n,sg;*
Nachbesserungsschweißen
n,sg,nt
tower *n,sg;* Turm *n,sg,m;* Mast
n,sg,m
tower crane *n,sg;* Turmkran
n,sg,m
tower silo in steel;
Gärfutterbehälter aus Stahl
tower stanchion *n,sg;*
Turmstütze *n,sg,f*
trace *v;* vorzeichnen *v*
tracer *n,sg;* Vorzeichner *n,sg,m*
tracing *n,sg;* Pause *n,sg,f*
(Kopie)
track rail *n,sg (railway rail);*
Eisenbahnschiene *n,sg,f*
traction cable *n,sg;* Zugseil
n,sg,nt
traction rope *n,sg;* Zugseil
n,sg,nt
tractive force; Anfahrkraft

n,sg,f (bei Fahrtbeginn)
traffic lane *n,sg;* Bahn *n,sg,f*
(Spur); Fahrbahn *n,sg,f*
traffic load *n,sg;* Verkehrslast
n,sg,f
train load *n,sg* [AE];
Lastenzug *n,sg,m*
transition temperature *n,sg;*
Übergangstemperatur *n,sg,f*
transition zone *n,sg;*
Übergangszone *n,sg,f*
transmission *n,sg;*
Transmission *n,sg,f (Getriebe);*
Übertragung *n,sg,f*
transmission line *n,sg;*
elektrische Leitung;
Fernleitung *n,sg,f*
transmission of force;
Kraftübertragung *n,sg,f*
transmission-line tower *n,sg;*
Freileitungsmast *n,sg,m*
transom *n,sg (girder);*
Verbindungsriegel *n,sg,m*
(Querbalken)
transporter bridge *n,sg;*
Förderbrücke *n,sg,f*
transversal section *n,sg (cross*
drawing); Querschnitt *n,sg,m*
(z.B. in einer Zeichnung)
transverse axis *n,sg;*
Querachse *n,sg,f*
transverse beam *n,sg;*
Querträger *n,sg,m*
transverse bed test *n,sg;*
Querbiegeversuch *n,sg,m*
transverse bracing *n,sg;*
Querverband *n,sg,m (Brücke)*
transverse bracing by rigid
frame; Portalverband *n,sg,m*
transverse crack *n,sg;* Querriß
n,sg,m
transverse crack in welded

joints; Querriß in
Schweißnähten
transverse diaphragm *n,sg;*
Querschott *n,sg,m*
transverse elongation *n,sg;*
Querdehnung *n,sg,f*
transverse flat bend test *n,sg;*
Querfaltversuch *n,sg,m*
transverse plate *n,sg;*
Querplatte *n,sg,f (bei*
Stützenstößen)
transverse pre-stressing *n,sg;*
Quervorspannung *n,sg,f*
transverse rigidity *n,sg;*
Quersteifigkeit *n,sg,f*
transverse section *n,sg;*
Querschnitt *n,sg,m (z.B. in*
einer Zeichnung)
transverse shear *n,sg;*
Querkraft *n,sg,f*
transverse slope *n,sg;*
Querneigung *n,sg,f (der*
Fahrbahn)
transverse stability *n,sg;*
Querstabilität *n,sg,f*
transverse stiffness *n,sg;*
Quersteife *n,sg,f*
transverse test specimen *n,sg;*
Querprobe *n,sg,f*
transversing girder *n,sg;*
Querträger *n,sg,m*
trap door *n,sg;* Klapptor *n,sg,nt*
trapezoidal girder;
Trapezträger *n,sg,m*
trapezoidal load; Trapezlast
n,sg,f
travelling carriage *n,sg;*
Laufkatze *n,sg,f*
travelling crab *n,sg;*
Kranlaufbahn *n,sg,f*
travelling platform *n,sg;*
Schiebebühne *n,sg,f*

travelling rim *n,sg;* Laufkranz
n,sg,m
traverser *n,sg;* Schiebebühne
n,sg,f
treamie *n,sg* [AE]; Silotrichter
n,sg,m
trellis *n,sg;* Gitter *n,sg,nt;*
Sprosse *n,sg,f*
trellis work *n,sg;* Gitterwerk
n,sg,nt
tremie *n,sg;* Silotrichter *n,sg,m*
trend of a curve; Verlauf einer
Kurve
trestle *n,sg (stand);* Bock
n,sg,m; Bockgerät *n,sg,nt;*
Bockgerüst *n,sg,nt*
trestle bridge *n,sg;* Bockbrücke
n,sg,f
trial run *n,sg (trial operation);*
Probeeinsatz *n,sg,m*
triangle of forces;
Kräftedreieck *n,sg,nt*
triangulated bracing;
Dreiecksverband *n,sg,m*
triangulated load; Dreieckslast
n,sg,f
triaxial *adj;* dreiachsig *adj*
triaxial stress; dreiachsige
Spannung
triaxial stress condition;
dreiachsiger Spannungszustand
trigonometry *n,sg;*
Trigonometrie *n,sg,f*
trim *v;* abgraten *v;* entgraten *v*
trim *n,sg;* Gleichgewichtslage
n,sg,f (z.B. des Flugzeugs)
trim the edges off; abgraten *v;*
entgraten *v*
trimmer *n,sg;* Stichbalken
n,sg,m
trimming *n,sg;* Entgraten
n,sg,nt

trolley *n,sg;* Kranbahnkatze
n,sg,f; Kranlaufbahn *n,sg,f;*
Laufkatze *n,sg,f*
trough bridge *n,sg;* Trogbrücke
n,sg,f
trough plate girder span *n,sg;*
Vollwandtrogbrücke *n,sg,f*
trough sheet *n,sg;* Trogblech
n,sg,nt
**trough truss bridge without
pony truss;** oben offene
Fachwerkbrücke
truck weigh-bridge *n,sg* [AE];
Brückenwaage *n,sg,f
(Lkw-Waage)*
truck-mounted crane;
Automobilkran *n,sg,m*
true to size; maßgerecht *adj*
trunk *n,sg;* Schaft *n,sg,m
(Säulenschaft)*
trunnion screw *n,sg;*
Zapfenschraube *n,sg,f*
truss *n,sg;* Binder *n,sg,m;*
Sprengwerk *n,sg,nt;* Fachwerk
n,sg,nt (Baugerippe);
Fachwerkträger *n,sg,m
(leichter R-Träger)*
truss bridge *n,sg;*
Fachwerkträgerbrücke *n,sg,f
(z.B. aus Metall);*
Fachwerkbrücke *n,sg,f (z.B.
aus Metall)*
truss frame *n,sg;* Sprengwerk
n,sg,nt
truss frame work *n,sg;*
Sprengwerk *n,sg,nt*
truss girder *n,sg;*
Fachwerkträger *n,sg,m (meist
waagerecht)*
truss member *n,sg;*
Fachwerkselement *n,sg,nt*
truss member *n,sg;*

Fachwerkstab *n,sg,m*
(Gerüstteil)
truss rafter *n,sg;*
Dachbinder-Obergurt *n,sg,m*
truss-head rivet *n,sg;*
Flachrundniet *n,sg,m*
trussed arch; Fachwerkbogen
n,sg,m
tube *n,sg;* Rohr *n,sg,nt*
tube bracket *n,sg;* Rohrlasche
n,sg,f
tube section *n,sg;*
Rohrquerschnitt *n,sg,m*
tubular arch *n,sg;* Rohrbogen
n,sg,m
tubular construction *n,sg;*
Rohrkonstruktion *n,sg,f*
tubular pole *n,sg;* Rohrmast
n,sg,m
tubular rivet *n,sg;* Hohlniet
n,sg,m
tubular scaffolding *n,sg;*
Rohrgerüst *n,sg,nt*
tubular section;
Hohlquerschnitt *n,sg,m;*
Rohrquerschnitt *n,sg,m*
tubular steel pole;
Stahlrohrmast *n,sg,m*
tubular steel scaffolding;
Stahlrohrgerüst *n,sg,nt*
turn *n,sg;* Schicht *n,sg,f*
(Schichtende und Mannschaft);
Umdrehung *n,sg,f*
turn pillar *n,sg;* Drehpfeiler
n,sg,m
turnbuckle *n,sg;* Spanschloß
n,sg,nt
turned bolt; Paßschraube
n,sg,f; gedrehte Schraube
turning crane *n,sg;* Drehkran
n,sg,m
turning device *n,sg;*

Drehvorrichtung *n,sg,f*
turntable *n,sg;* Drehscheibe
n,sg,f
turntable ladder *n,sg* [BE];
fahrbare Leiter *(Drehleiter);*
Drehleiter *n,sg,f (fahrbare
Leiter)*
twin bridge *n,sg;* Doppelbrücke
n,sg,f
twin girder *n,sg;*
Zwillingsträger *n,sg,m*
twin-bay *n,sg;* zweischiffige
Halle
twinning *n,sg (e.g. of beams or
girder);* Verkupplung *n,sg,f*
(z.B. von Trägern)
twisting *n,sg;* Drilling *n,sg,nt;*
Drillmoment *n,sg,nt;* Torsion
*n,sg,f (unerwünschte
Verwindung oder Verdrehung)*
twisting moment *n,sg;*
Drehmoment *n,sg,nt;*
Torsionsmoment *n,sg,nt*
two-bay industrial building;
zweischiffige Halle
two-hinged arch;
Zweigelenkbogen *n,sg,m*
two-hinged frame;
Zweigelenkrahmen *n,sg,m*
two-nave hall; zweischiffige
Halle
two-pinned member
(two-hinged member);
Zweigelenkstab *n,sg,m*
type of connection;
Verbindungsart *n,sg,f*
type of joint; Stoßart *n,sg,f*
type of stressing;
Beanspruchungsweise *n,sg,f*
types of beams; Trägerarten
n,pl,f
types of bridges; Brückensorten

n,pl,f
types of construction;
  Bauarten n,pl,f
types of flow sheets;
  Fließbildarten n,pl,f

U

U-profile butt weld n,sg;
  Tulpenschweißung n,sg,f
U-shaped rail; U-Schiene n,sg,f
U-weld n,sg; U-Naht n,sg,f
U.T. (Abv.); US-Prüfung n,sg,f
  (Ultraschalltest)
**ultimate moment of resistan-
  ce of a composite section;**
  Grenzlastmoment im
  Verbundquerschnitt
ultimate strength;
  Bruchfestigkeit n,sg,f;
  Bruchdehnung n,sg,f (z.B. des
  Metalls)
ultimate strength design;
  Bruchberechnung n,sg,f
**ultimate strength of a shear
  connection;** Tragkraft eines
  Dübels
ultimate tensile strength;
  Zerreißfestigkeit n,sg,f
ultrasonic equipment (used in
  welding); Ultraschallprüfgerät
  n,sg,nt
ultrasonic hot-welding;
  Ultraschallwarmschweißen
  n,sg,nt
ultrasonic test; US-Prüfung
  n,sg,f (Ultraschalltest);
  Ultraschallprüfung n,sg,f
ultrasonic test specification;
  Ultraschallprüfvorschrift n,sg,f
ultrasonic welding;
  Ultraschallschweißen n,sg,nt

unavoidable imperfection;
  unvermeidliche Imperfektion
undamped probe;
  ungedämpfter Prüfkopf
**underbead crack in the heat-
  affected zone;** Unternahtriß in
  der Wärmeeinflußzone
underbeam n,sg; Unterzug
  n,sg,m (unterster Träger)
undercut n,sg; Einbrandkerbe
  n,sg,f (Rand der Schweißnaht)
underdraft n,sg; Unterzug
  n,sg,m (Windrichtung im Ofen)
underfill n,sg (underfilled
  seam); nicht aufgefüllte Naht
underground adj; unterirdisch
  adj
underground construction
  n,sg; Tiefbau n,sg,m
**underground construction
  work** n,sg; Tiefbau n,sg,m
underground factor n,sg;
  Untergrundfaktor n,sg,m
underpass n,sg; Unterführung
  n,sg,f
underprop v (prop up);
  abfangen v (stützen)
undersize n,sg; Untermaß
  n,sg,nt
unequal angle;
  ungleichschenkliger Winkelstahl
unequal-leg angle;
  ungleichschenkliger Winkelstahl
**unequal-leg round-cornered
  angle;** ungleichschenkliger
  rundkantiger Winkelstahl
unfinished bolt; rohe schwarze
  Schraube; schwarze Schraube
uniaxial bending; einfache
  Biegung
unified coarse thread series;
  Einheits-Grobgewinde n,sg,nt

unified constant-pitch thread series; Einheitsgewinde mit konstanter Steigung

unified extra-fine thread series; Einheits-Extra-Feingewinde *n,sg,nt*

unified fine thread series; Einheits-Feingewinde *n,sg,nt*

uniformly distributed load; gleichmäßig verteilte Belastung; gleichmäßig verteilte Last

uniformly scattered porosity; gleichmäßig verteilte Porosität

unionmelt welding *n,sg;* Ellira-Schweißung *n,sg,f*

unit *n,sg (e.g. unit welding);* Baugruppe *n,sg,f;* BG *n,sg,f (Abk)*

unit construction brigde system *n,sg;* Standardbrückengerät *n,sg,nt*

unit of length; Längeneinheit *n,sg,f*

unit pressure *n,sg;* Flächendruck *n,sg,m*

universal beam [AE]; Doppel-T-Profil *n,sg,nt;* Doppel-T-Träger *n,sg,m*

universal mill plate; Breitflachstahl *n,sg,m;* Universalstahl *n,sg,m*

universal plate; Breitflachstahl *n,sg,m;* Universalstahl *n,sg,m*

unkilled steel; unberuhigter Stahl

unknown *n,sg;* Unbekannte *n,sg,f*

unless otherwise specified; falls nicht anders angegeben

unless otherwise specified; wenn nicht anders angegeben

unlimited complete penetration; unbegrenzt vollständiger Einbrand

unmachined *adj;* roh *adj (uneben);* unbearbeitet *adj*

unpropped beam [BE]; nicht unterstempelter Träger

unputtied *adj;* kittlos *adj*

unshored beam [AE]; nicht unterstempelter Träger

unstable equilibrium; labiles Gleichgewicht; unsicheres Gleichgewicht

unstressed *adj;* spannungsfrei *adj*

unsymmetrical *adj;* symmetrielos *adj;* asymmetrisch *adj*

upkeep *n,sg;* Unterhaltung *n,sg,f (Wartung, Pflege, Erhaltung)*

upkeep *n,sg (maintenance);* Instandhaltung *n,sg,f (Pflege, Erhalt)*

uplift *n,sg;* negative Auflagerkraft; negativer Auflagerdruck

upper boom; Obergurt *n,sg,m (Fachwerkträger)*

upper chord; Obergurt *n,sg,m (Fachwerkträger)*

upper chord member; Obergurtstab *n,sg,m*

upper deck; obenliegende Fahrbahn; Oberdeck *n,sg,nt*

upper edge; Oberkante *n,sg,f*

upper flange; Oberflansch *n,sg,m*

upset *v;* anstauchen *v;* stauchen *v*

upsetting *n,sg;* Stauchen *n,sg,nt*

US *(Abv.)*; US-Prüfung *n,sg,f*
(Ultraschalltest)
useful cross section; nutzbarer
Querschnitt

V

V-engine *n,sg;* V-Motor *n,sg,m*
valence of weld;
Nahtwertigkeit *n,sg,f*
validity range *n,sg;*
Geltungsbereich *n,sg,m*
valley gutter *n,sg;* Traufe
n,sg,f (Abfluß)
valve *n,sg;* Ventil *n,sg,nt*
variable *n,sg;* Veränderliche
n,sg,f
variable coefficient;
veränderlicher Faktor
variant drawing *n,sg;*
Variantenzeichnung *n,sg,f*
variation *n,sg;* Variante *n,sg,f*
variation of temperature;
Temperaturschwankung *n,sg,f*
velocity of wind;
Windgeschwindigkeit *n,sg,f*
ventilation *n,sg;* Lüftung
n,sg,f (Be- und Entlüftung)
verification *n,sg;* Nachprüfung
n,sg,f
vertical *n,sg;* Pfosten *n,sg,m;*
Ständer *n,sg,m;* Vertikale
n,sg,f (z.B. beim Fachwerk);
Vertikalstab *n,sg,m*
**vertical adjustment of sup-
ports;** planmäßige
Stützensenkung
vertical bracing;
Vertikalverband *n,sg,m*
vertical drill *n,sg;*
Senkrechtbohrmaschine *n,sg,f*
vertical lift bridge; Hubbrücke

n,sg,f
vertical member *(of a frame);*
Rahmenstiel *n,sg,m*
vertical radiation *(test in the
USA);* Senkrechteinschallung
n,sg,f
vertical rod; Vertikalstab
n,sg,m
**vertical separation of concrete
slab from steel beam;**
Abheben der Betonplatte
vertical stem; senkrechter
Wandstiel
vertical stiffener;
Vertikalsteifer *n,sg,m*
vertical welding;
Senkrechtschweißung *n,sg,f*
vertical-up weld; Steilnaht
*n,sg,f (entsteht beim
Schweißen);* Stehnaht *n,sg,f*
vertically down; Fallnaht *n,sg,f*
vertically movable mount *(e.g.
girder);* vertikal beweglicher
Anschluß
vessel shop *n,sg;*
Kesselbauwerkstatt *n,sg,f*
vibration *n,sg;*
Schwingungsbeanspruchung
n,sg,f
vibration *n,sg (shock);*
Erschütterung *n,sg,f*
vibratory stress;
Schwingungsbeanspruchung
n,sg,f
vice *n,sg* [BE]; Schraubstock
n,sg,m (Zwinge)
Vickers hardness *n,sg;*
Vickershärte *n,sg,f*
Vierendeel girder *n,sg;*
Vierendeelträger *n,sg,m*
(Profilträger)
Vierendeel truss *n,sg;*

Vierendeelträger *n,sg,m*
(Profilträger)
void *n,sg;* Blase *n,sg,f*
(Gaseinschluß); Gasblase *n,sg,f*
volume *n,sg;* Rauminhalt
n,sg,m
volume of the structures;
Bauwerksgrößen *n,pl,f*

W

walkway *n,sg;* Fußweg *n,sg,m*
wall *n,sg;* Wand *n,sg,f*
wall below the window sill;
Brüstung *n,sg,f;*
Fensterbrüstung *n,sg,f*
wall bond *n,sg;* Verband
n,sg,m (des Mauerwerks)
wall member *n,sg;* Wandstab
n,sg,m
wall post *n,sg* [BE]; Wandstiel
n,sg,m
wall thickness *n,sg;*
Wanddicke *n,sg,f*
walled-in space; umbauter
Raum *(in einem Haus oder
einer Halle)*
warm creep test;
Warmkriechversuch *n,sg,m*
warning system *n,sg;*
Alarmnetz *n,sg,nt*
warp *v;* sich werfen *v*
warping *n,sg;* Verwerfung
n,sg,f (Verziehen)
warping moment *n,sg;*
Wölbmoment *n,sg,nt*
Warren girder *n,sg;*
Strebenfachwerkträger *n,sg,m*
Warren truss *n,sg;*
Strebenfachwerkträger *n,sg,m*
Warren-type truss *n,sg;*
Strebenfachwerk *n,sg,nt;*

Strebenfachwerkträger *n,sg,m*
washer *n,sg;* Futterring *n,sg,m*
(z.B. Unterlegscheibe); Scheibe
n,sg,f
water curtain *n,sg;*
Wasserschleier *n,sg,m*
water engineering *n,sg;*
Wasserwirtschaft *n,sg,f*
water glass *n,sg;* Wasserglas
n,sg,nt
water gun *n,sg;* Wasserkanone
n,sg,f (Wasserwerfer);
Wasserwerfer *n,sg,m*
water main *n,sg;* Wasserrohr
n,sg,nt
water mains *n,pl (water mains
system);* Rohrnetz *n,sg,nt*
water pocket *n,sg;* Wassersack
n,sg,m (Laschung)
water reserve *n,sg;*
Löschwasservorrat *n,sg,m*
water supply *n,sg;*
Löschwasserversorgung *n,sg,f*
water tower *n,sg;* Löschturm
n,sg,m (Wasserturm);
Wasserhochbehälter *n,sg,m;*
Wasserturm *n,sg,m*
water turm *n,sg;* Wasserturm
n,sg,m
water-distribution plant *n,sg;*
Wasserverteilungsanlage *n,sg,f*
waterproof weld; wasserdichte
Schweißung
weakening *n,sg;* Schwächung
n,sg,f
wear *n,sg;* Verschleiß *n,sg,m*
wear and tear; Abnutzung und
Verschleiß
wear and tear part;
Verschleißteil *n,sg,nt*
wear index *n,sg;* Verschleißzahl
n,sg,f

wear part *n,sg;* Verschleißteil
n,sg,nt

wear ring *n,sg;*
Verschleißschutzring *n,sg,m*

wear shoe *n,sg;*
Verschleißschutzsohle *n,sg,f*

wear sole *n,sg;*
Verschleißschutzsohle *n,sg,f*

wear-resistant steel;
verschleißfester Stahl

wearing *n,sg;* Abnutzung
n,sg,f; Verschleiß *n,sg,m*

wearing element *n,sg;*
Verschleißeinlage *n,sg,f*

wearing surface *n,sg;*
Verschleißschicht *n,sg,f*

weather resistance *n,sg;*
Wetterbeständigkeit *n,sg,f*

weathering steel *n,sg;*
witterungsbeständiger Stahl

web bracing *n,sg;* Ausfachung
n,sg,f (Fachwerk)

web depth *n,sg;* Stegblechhöhe
n,sg,f

web joint *n,sg;* Stegblechstoß
n,sg,m

web member *n,sg;* Füllstab
n,sg,m (Fachwerk);
Füllungsstab *n,sg,m*
(Gitterstab); Gitterstab *n,sg,m*
(Füllungsstab)

web member *n,sg;* Wandstab
n,sg,m

web panel *n,sg;* Stegblechfeld
n,sg,nt

web plane *n,sg;* Stegebene
n,sg,f

web plate *n,sg;* Schottblech
n,sg,nt; Stegblech *n,sg,nt*

web plate replacing *n,sg;*
Stegblecherneuerung *n,sg,f*

web splice *n,sg;* Stegblechstoß

n,sg,m

web splice plate *n,sg;*
Verbindungslasche für
Stegverbindungen

web stiffener *n,sg;*
Stegblechsteifer *n,sg,m*

web thickness *n,sg;* Stegdicke
n,sg,f (z.B. eines Trägers)

wedge test *n,sg;* Keilprobe
n,sg,f

weigh-bridge *n,sg;*
Brückenwaage *n,sg,f*
(Lkw-Waage)

**weight per cubic metre built
space;** Gewicht per Kubikmeter
umbauten Raumes

**weight per cubic metre of en-
closed space;** Gewicht per
Kubikmeter umbauten Raumes

weight per current meter;
Gewicht pro laufenden Meter

weight per drawing; Gewicht
pro Zeichnung

weight per linear meter;
Gewicht pro laufenden Meter

weight tolerance *n,sg;*
Gewichtstoleranz *n,sg,f*

weir plant *n,sg;* Wehranlage
n,sg,f

weld *v;* schweißen *v*

weld *n,sg;* Schweißstelle *n,sg,f;*
Naht *n,sg,f;* Schweißnaht *n,sg,f*

weld deposit *n,sg;* Schweißgut
n,sg,nt

weld displacement *n,sg;*
Wandern von Schweißnähten

weld gun *n,sg;* Pistole *n,sg,f*
(zum Schweißen)

weld inspection *n,sg;*
Schweißnahtprüfung *n,sg,f*

weld junction *n,sg;*
Übergangszone *n,sg,f (zwischen*

zwei Blechen)
weld metal *n,sg;* Schweißgut
n,sg,nt
weld metal test specimen *n,sg;*
Probe aus dem Schweißgut
weld nugget diameter *n,sg;*
Linsendurchmesser *n,sg,m*
(beim Schweißen)
weld position *n,sg;*
Schweißlage *n,sg,f (Position)*
weld reinforcement *n,sg;*
Nahtüberhöhung *n,sg,f*
weld seam *n,sg;* Schweißnaht
n,sg,f
weld seam all around;
umlaufende Naht
weld sensor *n,sg (mechanical);*
Schweißnahtabtaster *n,sg,m*
(mechanisch)
weld shape *n,sg;* Nahtform
n,sg,f
weld smoke *n,sg (welding*
smoke); Schweißrauch *n,sg,m*
weld testing installation *n,sg;*
Schweißnahtprüfanlage *n,sg,f*
weld through *v;*
durchschweißen *v*
weld waterproof; wasserdicht
schweißen
weld with full penetration;
durchschweißen *v*
weld-seam testing equipment
n,sg; Schweißnahtprüfanlage
n,sg,f
weldability *n,sg;*
Schweißbarkeit *n,sg,f*
weldability test *n,sg;*
Schweißbarkeitsprüfung *n,sg,f;*
Prüfung auf Schweißbarkeit
weldable *adj;* schweißbar *adj*
weldable steel; schweißbarer
Stahl

welded *adj;* geschweißt *adj*
welded assembly [BE];
Schweißkonstruktion *n,sg,f;*
Schweißteil *n,sg,nt*
welded connection;
Schweißverbindung *n,sg,f*
welded construction;
Schweißkonstruktion *n,sg,f*
welded design;
Schweißkonstruktion *n,sg,f*
welded frame; Schweißrahmen
n,sg,m
welded joint; Schweißstelle
n,sg,f; Schweißverbindung
n,sg,f
welded lug; Schweißnase *n,sg,f*
welded part; Schweißteil *n,sg,m*
welded screw-coupling;
Einschweißverschraubung *n,sg,f*
welded structures;
Schweißarbeiten *n,pl,f*
welded tank; geschweißter
Behälter
welded tube; geschweißtes Rohr
welded wall; geschweißte Wand
welded-in stub; Schweißnippel
n,sg,m; Einschweißnippel
n,sg,m
welded-stub connection;
Einschweißnippel *n,sg,m*
welder *n,sg;* Schweißer *n,sg,m;*
Handschweißgerät *n,sg,nt*
welder's gloves;
Schweißerhandschuhe *n,pl,m*
(Dreifingerhandschuhe)
welder's helmet;
Schweißerhelm *n,sg,m (mit*
Athermalglas)
welder's test; Schweißprüfung
n,sg,f
welding *n,sg;* Schweißen
n,sg,nt; Schweißtechnik *n,sg,f;*

Schweißung *n,sg,f;*
Schweißvorgang *n,sg,m*
welding apparatus *n,sg;*
Schweißgerät *n,sg,nt*
welding area *n,sg;*
Schweißbereich *n,sg,m*
welding bead *n,sg;* Raupe
n,sg,f (Schweißnaht);
Schweißwulst *n,sg,f*
welding beads *n,pl;*
Schweißperlen *n,pl,f*
welding caliber *n,sg (gauge);*
Schweißlehre *n,sg,f*
welding certificate *n,sg;*
Schweißbescheinigung *n,sg,f;*
Schweißprüfbescheinigung
n,sg,f
welding converter *n,sg;*
Schweißumformer *n,sg,m*
welding crack *n,sg;*
Schweißriß *n,sg,m*
welding design *n,sg;*
Schweißkonstruktion *n,sg,f*
welding edge *n,sg;*
Schweißkante *n,sg,f*
welding electrode *n,sg;*
Schweißelektrode *n,sg,f*
welding engineer *n,sg;*
Schweißfachingenieur *n,sg,m*
(Abk.: SFI); SFI *n,sg,m (Abk.*
f. Scweißfachingenieur)
**welding engineering stand-
ards** *n,pl;*
Schweißingenieurnormen *n,pl,f*
welding filler *n,sg;*
Schweißzusatzwerkstoff *n,sg,m*
welding flux *n,sg;*
Schweißpulver *n,sg,nt*
welding goggles *n,pl;*
Schweißerschutzbrille *n,sg,f*
welding instruction *n,sg;*
Schweißanweisung *n,sg,f;*

Schweißvorschrift *n,sg,f*
welding jig *n,sg;*
Schweißdrehtisch *n,sg,m*
welding manipulator *n,sg;*
Schweißdrehtisch *n,sg,m*
welding nut *n,sg (with*
threading); Schweißmutter
n,sg,f (auf Blech aufgeschweißt)
welding operator *n,sg;*
Maschinenschweißer *n,sg,m*
welding operator qualification
n,sg;
Maschinenschweißerzulassung
n,sg,f
welding parameter *n,sg;*
Schweißausstattung *n,sg,f;*
Schweißparameter *n,sg,m*
welding position *n,sg;*
Schweißposition *n,sg,f*
welding positioner *n,sg;*
Schweißdrehtisch *n,sg,m*
welding procedure *n,sg;*
Schweißverfahren *n,sg,nt*
welding procedure data sheet
n,sg;
Schweißverfahrensdatenblatt
n,sg,nt
**welding procedure specifica-
tion** *n,sg;*
Schweißverfahrensrichtlinie
n,sg,f
welding process *n,sg;*
Schweißvorgang *n,sg,m*
welding report *n,sg;*
Schweißprotokoll *n,sg,nt*
welding rod *n,sg;* Schweißdraht
n,sg,m; Schweißelektrode
n,sg,f; Schweißstab *n,sg,m*
welding seam *n,sg;*
Schweißnaht *n,sg,f*
welding seam image converter
n,sg; Schweißnahtbildgerät

n,sg,nt
welding sequence *n,sg;*
Schweißfolge *n,sg,f*
welding sequence plan *n,sg;*
Schweißfolgeplan *n,sg,m*
welding set *n,sg;* Schweißgerät
n,sg,nt
welding shop *n,sg;*
Schweißerei *n,sg,f*
welding slot *n,sg;*
Schweißschlitz *n,sg,m*
welding splatter *n,sg;*
Schweißspritzer *n,sg,m*
welding stress *n,sg;*
Schweißspannung *n,sg,f*
welding supervisor *n,sg;*
Schweißaufsicht *n,sg,f;*
Schweißkontrolleur *n,sg,m*
welding template *n,sg;*
Schweißschablone *n,sg,f*
welding torch *n,sg;*
Schweißbrenner *n,sg,m*
welding torsion *n,sg;*
Schweißspannung *n,sg,f*
welding wire *n,sg;*
Schweißdraht *n,sg,m*
welding with pressure;
Preßschweißen *n,sg,nt (DIN
1910)*
welding-seam gauge *n,sg;*
Schweißnahtlehre *n,sg,f*
weldment *n,sg* [AE];
Schweißkonstruktion *n,sg,f;*
Schweißteil *n,sg,m*
west elevation *n,sg;*
Westansicht *n,sg,f*
wheel axle *n,sg;* Radachse
n,sg,f
wheel base *n,sg;* Achsstand
n,sg,m; Radstand *n,sg,m*
wheel pressure *n,sg;* Raddruck
n,sg,m

wheel spacing *n,sg;* Radstand
n,sg,m
wheel-resistant welding;
Rollschweißen *n,sg,nt*
whipple truss *n,sg;*
mehrteiliges Pfostenfachwerk
white lead; Bleiweiß *n,sg,nt*
white metal; Lagermetall
n,sg,nt; Weißmetall *n,sg,nt*
wide flange beam [AE];
Breitflanschträger *n,sg,m*
wide plate; Breitflachstahl
n,sg,m; Universalstahl *n,sg,m*
wide-flange T; breitfüßiger
T-Stahl
width of flange; Flanschbreite
n,sg,f
width of roadway;
Fahrbahnbreite *n,sg,f*
winch *n,sg* [BE]; Aufzugswinde
n,sg,f (Winde)
winch bridge *n,sg;*
Windenbrücke *n,sg,f (z.B. auf
einem Frachtschiff)*
winch drum *n,sg;*
Windentrommel *n,sg,f*
winch force *n,sg;* Windenkraft
n,sg,f
winch motor *n,sg;*
Windenmotor *n,sg,m*
wind bracing *n,sg;*
Windverband *n,sg,m (Bauteil);*
Windversteifung *n,sg,f*
wind bracing bar *n,sg;*
Windverbandstab *n,sg,m*
wind girder *n,sg;* Windträger
n,sg,m
wind intensity *n,sg;*
Windstärke *n,sg,f*
wind load *n,sg;* Windbelastung
n,sg,f; Windlast *n,sg,f*

**wind load of structures not
susceptible to vibrations**;
Windlast nicht
schwingungsanfälliger Bauten

wind pressure *n,sg;*
Winddruck *n,sg,m*

wind speed *n,sg;*
Windgeschwindigkeit *n,sg,f*

wind strength *n,sg;*
Windstärke *n,sg,f*

wind velocity *n,sg;*
Windgeschwindigkeit *n,sg,f*

winding tower *n,sg;*
Förderturm *n,sg,m*

window frame *n,sg;*
Fensterrahmen *n,sg,m*

window sill *n,sg;* Fensterbank
n,sg,f; Fensterbrett *n,sg,nt*

windward *adj;* luvseitig *adj;*
windseitig *adj*

wire *n,sg;* Draht *n,sg,m*

wire cable *n,sg;* Drahtseil
n,sg,nt

wire cloth *n,sg;* Drahtgewebe
n,sg,nt

wire coil *n,sg;* Drahtring
n,sg,m

wire fabric *n,sg;*
Baustahlgewebe *n,sg,nt*

wire gauze *n,sg;* Drahtgewebe
n,sg,nt

wire mesh *n,sg;*
Baustahlgewebe *n,sg,nt*

wire netting *n,sg;*
Drahtgeflecht *n,sg,nt*

wire rope *n,sg;* Seil *n,sg,nt*
(Kabel)

wired rolled glass; Drahtglas
n,sg,nt

wireless mast [BE];
Antennenmast *n,sg,m;*
Funkmast *n,sg,m*

wirerope splice *n,sg;* Spleiß
n,sg,m; Verspleißung *n,sg,f*

without cavities; lunkerfrei *adj*

without hidden line removal;
ohne Ausblendung unsichtbarer
Kanten

without mastic; kittlos *adj*

withstand *v;* aufnehmen *v;*
aushalten *v;* widerstehen *v*

work hardening *n,sg;*
Kalthärtung *n,sg,f*

work pipe *n,sg;* Arbeitsleitung
n,sg,f

workbench *n,sg;* Zulage *n,sg,f*
(Werkbank)

working light *n,sg;*
Arbeitsscheinwerfer *n,sg,m*

working line *n,sg;* Netzlinie
n,sg,f

working load *n,sg;*
Gebrauchslast *n,sg,f;* Nutzlast
n,sg,f; zulässige Tragkraft

working radius *n,sg (of a
crane);* Ausladung *n,sg,f (eines
Kranes)*

working stress *n,sg
(permissible stress);* elastische
Spannung; Gebrauchsspannung
n,sg,f; zulässige Spannung

workpiece *n,sg (e.g. to be
welded);* Teilstück *n,sg,nt (z.B.
zu schweißendes Teil);* zu
schweißender Teil

works *n,pl (other than
buildings);* Kunstbauten *n,pl
(z.B. Brücke oder Tunnel)*

works certificate *n,sg;*
Werkstattest *n,sg,m;*
Werksbescheinigung *n,sg,f*

workshop *n,sg* [BE]; Betrieb
n,sg,m (Werkstatt)

workshop assembly *n,sg;*

Werkstattzusammenbau *n,sg,m*
workshop drawing *n,sg;*
Konstruktionszeichnung *n,sg,f;*
Werkstattzeichnung *n,sg,f*
workshop equipment *n,sg;*
Werkstatteinrichtung *n,sg,f*
workshop installation *n,sg;*
Werkstatteinrichtung *n,sg,f*
Wöhler curve *n,sg* [BE];
Wöhlerkurve *n,sg,f*
wrinkles *n,pl;* Krähenfüße
n,pl,m (Schweißen)
wrought iron *n,sg;*
Schweißeisen *n,sg,nt;*
Schweißstahl *n,sg,m;*
Puddeleisen *n,sg,nt;*
Schmiedestahl *n,sg,m*

X

X-ray *v (e.g. weld seams);*
röntgen *v (durchleuchten)*
X-ray inspection *n,sg;*
Röntgenprüfung *n,sg,f*
X-ray inspection device *n,sg;*
Röntgenprüfgerät *n,sg,nt*
X-ray material testing *n,sg;*
Röntgenstrahlenmaterialpüfung
n,sg,f
X-ray testing *n,sg;*
Röntgenüberpüfung *n,sg,f*

Y

yield *n,sg;* Ertrag *n,sg,m*
yield point *n,sg;* Fließgrenze
n,sg,f (z.B. bei Stahl St 37)
yield point *n,sg (= 55 N/mm);*
R *(Abk. Streckgrenze)*
yield stress *n,sg;*
Fließspannung *n,sg,f*
yielding *n,sg;* Fließvorgang
n,sg,m
yoke bearing *n,sg;*
Gabellagerung *n,sg,f*
Young's modulus;
Elastizitätsmodul *n,sg,nt*

Z

Z-bar *n,sg;* Z-Stahl *n,sg,m*
zed *n,sg* [BE]; Z-Stahl *n,sg,m*
zee *n,sg* [AE]; Z-Stahl *n,sg,m*
zero point *n,sg;* Nullpunkt
n,sg,m
zone *n,sg;* Zone *n,sg,f*
zone of compression;
Druckzone *n,sg,f*
zone of penetration;
Einbrandzone *n,sg,f*
zone of tension; Zugzone *n,sg,f*
zone of transition;
Übergangszone *n,sg,f*
zores steel *n,sg;* Belagstahl
n,sg,m